教育基本法「改正」に抗して

教育の自由と公共性

佐貫 浩

花伝社

教育基本法「改正」に抗して——教育の自由と公共性◆目次

まえがき

（一）

教育基本法「改正」案が、二〇〇六年四月二八日閣議で了承された。ついに国会で、教育基本法の「改正」が議論されることになった。さらに五月一一日には、連日の審議が可能な「特別委員会」の設置が決められ、短期間に成立をはかろうとする強行姿勢が示されている。

日本国憲法と教育基本法が成立して以来、約六〇年、日本の保守勢力の悲願であった憲法の「改正」と教基法の「改正」についに手がつけられた。まず、教基法「改正」案が国会に上程された。

戦後六〇年間の公教育の基本理念と基本原則を導いてきた教育における準憲法といわれる教基法の「改正」を問うためには、この六〇年間を本格的にふり返り、さらにいかなる理念を加えるかを、まさに国民的な議論によって明らかにし、少なくとも今後の半世紀を見通すほどの視野が求められよう。しかし教基法の「改正」をめざす勢力は、できるだけこれを秘密裏に進め、短期決戦で勝負をつけたいと考えているようである。なぜそのような姿勢を貫こうとするのだろうか。

一つには、「改正」論者は、教基法に書き込まれてきた教育理念の高さに、正面から向かう勇気を持ち合わせていないのではないか。これと真正面から議論して、戦後の出発の時に示された国民の平和と自由への熱い決意を思い起こされることを恐れているのではないか。そういう高い理想を「改正」する正当な理由を国民の前に示すことなどできないと尻込みしているのではないか。もう一つには、今回提出された「改正」案のあまりのひどさに、まともな国会論争は不利と見ているのではないか。一読して、この「改正」案が成立したときの危うさに、おそれを抱かざるを得ない。これは誇張ではない。私は率直にそう感じる。そのような内容が明るみに出ないうちに、短期決戦で「改正」議論をやり過ごさないと、大きな世論の反撃を呼び起こし、「改正」派が逆に大きな危機に直面し、この後に控えている憲法「改正」に連続的に挑戦していく機会すら遠のいてしまうのではないかと、彼らが恐れているのではないか。

（二）

今回の「改正」案は、あの忌まわしい侵略戦争と結びついた教育勅語の悪夢をよみがえらせる。再び断っておかねばならない。これは誇張ではないと。準憲法といわれる教基法の条文に、国民に求められる「資質」であるとされる徳目が、「教育の目標」（改正第二条）として二〇項目にもわたって書き込まれているのである（巻末資料参照）。この「改正」を許せば、国旗・国歌への忠誠が求められ、それに従わない教員は処分されるという、いま東京都に出現している憲法違反の内心の自由の侵害が、「改正」教基法の名において進められることになろう。「国を愛する態度」を表す行動様式が国家によって恣意的に決められ、すべての国民は、その行動様式をとらないと、教基法に書かれた国民たるに「必要な資質」がないとして、譴責され、差別されることになりかねないのである。このような人間の態度や内心を拘束する法律が、そもそも日本国憲法の下で存在できるのかどうかが、まず問われなければならない。

同時に今回の教基法「改正」案は、「教育の目標」の内容を確実に実現するために、国家が学習指導要領で詳細な内容を定め、学校と教員はその実現の責務を背負わされ、その達成度に応じた「待遇の適正」（第九条「教員」）化がはかられることになり、そういう公教育を推進する「教育振興基本計画」が、国や自治体当局によって作成され、予算措置を伴って学校や地域にまで強力に及ぼされることになる。今日本の各地で強引に推進されている行政主導の教育改革、教育の自由を踏みにじって競争と格差拡大を進める新自由主義的な教育改革の全体が、「改正」教育基本法の論理によって正当化され、権威化されることになるのである。

この二点が、今回の「改正」の真のねらいであろう。通常の感覚では、日本国憲法の存在する現代においては、時代錯誤ともいうべき改変が意図されているのである。

（三）

しかし時代錯誤といっても、それは、この「改正」がリアリティーを欠いているということを意味してはいない。九〇年代半ばから急速に進行する巨大多国籍資本主導のグローバリゼーションの中で、今、日本社会は大きな混乱と社会崩壊の危機を孕んで、人権が切り下げられ、希望が剥奪されつつある。フリーターやニートと呼ばれる不安定就労者、失業者の拡大、国家的な規制が取り払われる中での低賃金かつ短期の雇用の拡大、医療や福祉制度の水準が押し下げられ、「自己責任」が押しつけられるような社会制度の改変、挙げればきりがないほどの社会システムの激変が進行している。人権の水準が押し下げられ、未来への安心が奪われるような変化が、日本社会を席巻している。国民的な批判運動が爆発しても不思議ではない事態に立ち至っているのである。

にもかかわらず、事態はそういう方向に動いてはいない。逆に今、そういう中で、日本社会にナショナリズムの感情が呼び起こされつつあるようにみえる。グローバリゼーションの中で、民族や国家単位で競争場に引き出され、自分の所属する国家や民族の勝ち残りを切望する感情が国民のなかに引きだされつつあるかにみえる。そして、そういう中で、日本という国が、軍事的、経済的な強国となるためには、国民が一丸となって国家政策に協力しなければならないというような国家主義的な言説が、広がりつつあるようにも思える。国旗・国歌の強制の異常さが、あまり国民的な疑問を呼び起こさないままに推移している背景には、そういう変化があるのではないだろうか。

いずれにしても、社会統合の危機を日本社会が抱えるに至っているということは間違いないだろう。そしてそういう社会の危機を統御し、グローバルな競争に挑戦しようとしている巨大資本をバックアップする強大な国家を維持していくためには、強力な国民統合の方法が不可欠になってきているのである。そういうときに教育が政治の道具として利用されるというのは歴史の教訓であろう。グローバル競争に勝ち抜く人材の育成、そして国民統合のためのナショナリズムの感情の醸成、この二つの課題が、教育に強引に背負わせられようとしている。

(四)

改めて今日の学校教育の困難、危機の原因を考えてみる時、一九六〇年代からの企業社会の下での激しい受験競争、競争の教育の極限にまで至る展開があったことが指摘できる。競争は、一定の限定の下で利用されるならば、人々の活力を引き出すことがあることは否定できない。しかし果たして、極限にまで展開された競争、しかもその中で多くの子どもや青年が人生における失格を早々と宣告されるような残酷な競争が、人間をたくましく成長させていくと言えるのだろうか。加えて一九九〇年代後半からの格差社会の進行は、「負け組」に対しては、未来の希望につながる仕事へのアクセス、人々の間で励まされ期待されるような人間関係すら奪うような社会的排除（exclusion）をも強制するものとなりつつある。社会の新自由主義的な変化が、人間らしく生きられる基盤を剥奪しつつあるのである。そして子どもも青年も、そういう中で生きる意欲や目的を奪われ、共に信頼し合って生きる仲間を奪われ、惨めな自分自身にいらだち、時にはこの社会と自分を消し去ってしまいたい衝動にすら襲われてしまうのである。それは決して教育基本法のせいなどではない。

教基法は個人の人権ばかりを強調したと批判し、ライブドアのホリエモンのような金儲け主義の利己主義者が出現したのも、教育のせいで、だから「教育基本法は改正しなければならない」（安倍官房長官）、耐震偽装事件も教育のせいで、「教育基本法改正」が必要（自民党武部幹事長）、などという主張には何の根拠もない。人権と人間の尊厳を何よりも大事にした日本国憲法と教育基本法の精神が、実現されていないからこそ、こういう困難が日本社会に拡大しつつあるのである。今日の人間性の破壊やゆがみを教基法のせいにするという、根拠のないすりかえは許されない。今日の教育の困難は、憲法に示された人権と福祉実現の基本方向に背いて日本社会の安定性を掘り崩しつつある新自由主義的社会改変と、教育基本法の原理に敵対して、地域・学校からの教育改革の創意的な展開の自由を抑圧する点で一貫していた教育政策にこそある。

（五）

にもかかわらず、現行の教育基本法では、今日の学級崩壊などの困難を克服できないのではないかという論調が、教基法の「改正」を当然のこととして受け止める雰囲気を作り出しているように思える。一つには、教基法では、個人のことしか書かれておらず、利己主義者を生み出してしまい、今日の学校教育の荒れや無秩序ぶりをコントロールできないという考えである。そしてそのような「弱点」を克服するには、日本国家を担うことのできる国民の資質、また社会の秩序を担うことのできる国民の態度を政府が決め、その資質と態度を獲得させる教育が不可欠だとする。「改正」案に書き込まれた「教育の目標」の二〇項目にもおよぶ態度や資質——その中心は「国を愛する態度」におかれていると見て良い——は、日本という「公」を担うことのできる国民の「資質」であるとされている。そのような「公」に向かう価値意識や態度を教基法に組み込むことが、教育の公共性の実現にとって不可欠だとするのである。

だが、教基法の成立の時点に立ち戻ってみるとき、この法が最も切実に希求したのは、平和的な国家をいかに作り出すかということであり、そういう国を作り出す力を国民に獲得させる教育を実現することであった。平和と人間の尊厳を実現する国家を作り出さないかぎり日本の復興は望み得ないという社会崩壊の地点から、新しい人間と国家をどう育て作り出していくかが、憲法と教基法の最大のテーマであったのである。国家が望ましい国民の「資質」を教育勅語によって上から決め、統制したことへの反省に立って、国家に統制されない自由な個人の創出を土台に、民主主義を実現し、人間の尊厳と平和を基軸にして、新しい社会を作り出そうとしたのである。

たしかに私たちは、未だそういう社会の創出に成功していないというべきだろう。しかしそれは教基法の不十分さのせいなどではなく、教基法のこの高い理念を未だ達成し得ていない日本社会の未熟さの故であろう。この未完の課題、教基法の求める課題を投げ捨てて、国家の意のままに動く国民を作り出す教育へと後戻りすることは、絶対にさけなければならない。

(六)

もう一つには、教育基本法のいう教育の自由の論理は、むしろ教師の独断を許してきたのであり、その結果、学校教育は親・住民の願いを聞く姿勢を失って閉ざされてきたのだという理解である。この問題は学校教育の公共性をいかに実現するかという問題である。

政府は、このような「公共性の実現」の「失敗」に対して、一方で、学校教育を市場的な競争にさらし、親が学校をえらべる学校選択制度を導入するような新自由主義的教育改革を推進するとともに、もう一方で、自治体の政治権力・教育行政が掲げる教育目標の実現を学校と教師の責務として強力な統制と管理を及ぼすという新公共管理(ニュー・パブリック・マネージメント)を強力に進めている。その結果、上から管理統制された学校と教師が、教育市場に押し出されて競争させられるという事態が生まれている。この構図が、果たして教育の公共性を実現する枠組みたり得るであろうか。むしろ国家の意図する「教育の目標」（教育基本法「改正」案第二条）を効率的に実現していく統制的競争システムというべきではないか。

それに対して、現行教育基本法が何よりも重視したのは、権力の「不当な支配」を禁止するという論理、教育は「国民に対し直接に責任を負つて行われる」という「直接責任性」の論理、そして教育行政は国民の教育の自由から提起されてくる教育を実現するための「条件整備」を責務とするという規定――教育基本法第一〇条に書き込まれたこの三つの規定――、そこから導き出される国民の教育の自由の理念である。ここに、教育が国民のもの、住民のものであることを保障する最も根本的な原理、すなわち公共性の基本原理があるとする現行教基法の論理を、今回の「改正」によって廃棄するならば、日本の教育の公共性は、大きな後退を余儀なくされるであろう。

（七）

そもそも憲法に準じる教育の根本法としての教育基本法は、教育に関する国民の権利、子どもの権利を明示し、その権利を実現する国家と社会の責務を掲げる教育宣言でなければならない。また国民の自己実現と真理探究の自由を保障する教育の基本原理が宣言されていなければならない。一九四七年、初めて日本国民は、国際的にも高い水準を持ったそういう教育宣言としての教基法を獲得したのである。それから六〇年が経過した。紆余曲折はあったが、教育実践と学問研究に支えられ、その理念が具体化され、また実践の高まりによって教基法の理念が押し上げられるという相互作用の中で、教基法自体が発展してきた。ユネスコ学習権宣言や子どもの権利条約などの国際的な権利の発展もまた教基法理念とつながって、日本の公教育の理念を高めてきた。

一方、日本の歴代の保守政権は、教基法を、目の敵にしてきた。国家による教育統制が思うままにできない、教科書検定が思うままにできない、教師統制が十分にできない、国家政策を支持する国民意識の形成がうまくいかない、等々。そのため教基法の理念の具体化をおこたり、国家統制を拡大しようとしてきた。その結果、教基法の理念は、未だ多くの未完のプロジェクトとして、私たちの手によるその豊かな展開をまっている。親・住民が教職員とともに学校を作る「参加」の実現、権力の不当な介入からの自由の下で国民の教育の自由に支えられて展開される教師の創造的な教育実践、子どもの学習権に基づいて落ちこぼれをなくし学ぶ喜びを味わえる授業と学びの創造、過度の競争の教育を取り押さえて子どもたちが互いに協同しつながり合うことのできる教育の実現、日本と世界の平和や諸国民・諸民族の協同に向かう教育の創造……これらの課題は現行の教基法がめざすものであり、その基本原則が教基法には書き込まれている。私たちに求められているのは、その未完のプロジェクトをここで放棄するのではなく、守り通し、さらに発展した形で次の世代にその事業を引き継ぐことである。今回の「改正」は、その営みを挫折させ、そのよりどころを奪い去ろうとするものである。

（八）

しかし、そういう視野で見るとき、日本の教育の現実が、教基法の理念から大きく遠ざけられてきたことをも改めて認識しなければならない。日本の学校教育は、教育基本法のいう「平和的な国家及び社会の形成者」の育成という課題を、一体どういうレベルで実現し得てきたのだろうか。「ひとしく」「能力に応ずる教育」という現行第三条の規定を、平等主義と個性実現の二つの理念の上に立った子どもの権利実現の指針として、どう制度化し得てきたのだろうか。また、激しい競争の教育の中で、多くの子どもが「個人の尊厳」の感覚を剥奪されている現在の困難と矛盾に、無力と無念をも感じざるを得ない。だが、そうであるとしても、私たちの道は、教育基本法の理念の実現をめざして、新たな課題に挑戦するほかない。その理念を改めて高く掲げる以外に道はない。そのためにも、教基法の理念を今こそ深く読み解き、現実を批判的に分析し、その理念の具体化された姿を一層鮮明に解明しなければならない。教基法を守るたたかいは、その理念を、今日の現実の上に立って、より深く再把握する営みと結びつかなければならない。教基法が今日の教育現実にとってなお未来への指標、未完のプロジェクトであるということは、私たちのこの再把握の深さとそこからイメージされるラジカルな教育改革のリアリティーによって示されなければならない。

(九)

本書は、教育基本法の「改正」という今まさに展開しつつある政治過程に対して、この「改正」の真のねらいを明らかにすること、そして現行の教基法の歴史的な意義と、未来に対して持っている「未完のプロジェクト」としての意義を明らかにすることで、この教基法を日本社会に維持し続けるべきものであることを明らかにしたいという意図で急きょまとめたものである。しかしそのためにも、こんにちの教育改革のテーマに即してその問題の本質と、新たな理念を刻む必要を痛感し、そのいくつかの論点について、試論的な展開をも試みた。

具体的には、第一に、教基法の第一〇条の「直接責任性」の概念を核として、教育改革の基本的な対抗関係を「選択」と「参加」、「市場的な公共性」と「参加論的な公共性」の対抗として把握する論点、第二に、教基法の「教育の目的」に記された「平和的な国家及び社会の形成者」の育成という視点を、「つながりから公共性の再建へ」という文脈でその今日的意義を把握する論点、第三に、新自由主義のもとで、市場主義的教育改革が学校と教師への統制をむしろ増幅させつつ進行しているその構造と必然性という論点、第四に、今日の学力についての議論を、積極的に現代日本社会の統治主体形成という課題の下に発展的に読み解く論点、などにこだわって、展開を試みた。

教基法を今日の時点で深く再把握する理論的な試みと、今日の教育改革問題を読み解く視点の構築とを重ねて、お読みいただければ幸いである。この本が、危険で許されざる教基法「改正」を押しとどめる力につながるものとなることを願っている。

なお、いくつかの章の論文は、それが発表された時点での表現のままに収録していることをあらかじめお断りしておきたい。特に第二、三章については、与党協議会の教基法改正についての「中間報告」(二〇〇四年六月一六日)批判という形で論旨が展開されていることをあらかじめお断りしておきたい。この「中間報告」と今回の政府「改正案」とは、本質においていささかも変わりはないが、文言上一定の変化があるので、そのことを留意してお読みいただきたい。

Ⅰ　教育基本法「改正」のねらい

第1章　教育基本法「改正」案を批判する

一　密室協議と国民無視の暴挙

二〇〇六年四月二八日、政府は閣議において教育基本法「改正」案を決定し、国会に上程した。これは、自民党と公明党との「与党協議会」において、国民には秘密裏に検討した結論を、ほぼそのまま法案化したものである。

一読して明確なように今回の「改正」の最大のねらいは、「我が国……を愛する……態度」などの道徳的態度を「教育の目標」として示し、それにそって国民の教育をその内容や価値にまで及んで統制しようとすることにあるといわなければならない。それは、教基法が作られた基本的な意図――国家による教育統制を排して、教育の自由を実現しようとしたこと――から考えて、教基法をそれとは全く反対のもの、国家による教育統制、国民の価値観や個人の道徳観にまでおよんで干渉し統制する法へとまさに一八〇度組み替えようとするものである。しかも、教育における根本法と呼ばれることにもあらわされているように、準憲法的性格を持った教基法の「改正」案を、ほとんど与党単独の「密室的」協議で作成し、最終合意とともに、国民の意見を聞く期間を置くこともなく、直ちに国会に上程し、短期間に国会を通過させようというのは、民主主義の道理からして、暴挙というほかない。この与党合意の経過は、議事の内容は非公開とされ、いったいどういう議論の結果、こういう「合意」がなされたのかさえ「秘密」のままである。

戦後約六〇年間、日本の公教育の精神の根幹とされてきた理念を「改訂」するには、慎重かつ国民的な議論が必要であり、密室協議と国会における「改正」派の圧倒的多数に依拠した「改正」強行は、日本の教育に消すことのできない汚点と後退をもたらすものである。

二　教基法「改正」案の問題点——国家と教育の関係の逆転

この改正案は、一読すれば明確なように、教基法の核心となっている民主主義的な教育理念を取り払い、教基法が禁じてきた教育価値と内容への国家統制——教育内容や個人の道徳的価値観にまで踏み込んでの国家的な統制——を可能にすることをねらったものである。そのため「教育の目標」条項を新たに設け、そこに「我が国……を愛する……態度」をはじめ多くの徳目と態度を書き込み、それを学校教育が実現し、また個人が身につけることを求めるものとなっている。これは、教基法がその排除を明確にした戦前の教育勅語の国家主義的道徳強制の構造を教基法の中に再び組み込むものとすら表現することが可能な暴挙である。

改正案の基本的な問題点は、一言で表現するならば、国家と教育との関係構造が組み替えられ、今までと逆転した関係が作り出されようとしていることである。次の四点がその逆転の内容を明確に示している。

1　「教育の目標」を規定して現場の教育内容を点検する法となる危険性

今回の最大の条文上の「改正」点は、学校教育の教育内容を直接に点検する意図を持った「教育の目標」条項をあらたに組み込んだことである。教基法は、教育に対する国家の統制を排することを理念的核心として打ち出したものであった。そのため、第一条「教育の目的」において、「人格の完成」と「平和的な国家及び社会の形成者」の育成とを掲げた。重要なことは、これは、それまでの教育が、国家の政治目的に従属させられ、その国家戦略を実現する手段として利用されたことへの深い反省にたち、二度と国家権力が教育を直接支配し利用してはならないこと、教育は、政治的干渉や国家的干渉を受けることなく個人の人格形成それ自体のために行われるべきこと、さらに国家が人格のあり方を規定・統制するのではなく、国家を作り出す主権者、統治主体を作り出すことが教育の目的であることを明らかにしたのである。したがって、教基法は、歴史的反省にもとづいて、具体的な教育価値と内容の基準を定めて、それを国家が法的に強制するような教育制度を設けてはならないことを明らかにしたのである。「教育の目的」が規定されたことの最大の意図はそこにある。

そういう趣旨からすればこの条項に書かれた「目的」は、教育本来の「人格の完成」という目的にのみ沿い、また憲法の民主的理念の実現をめざして行われるべきことのみを求めるものであって、しかもその目的に沿う教育がどのようなものであるかは、教基法の示す国民の教育の自由の原理の下で探求されるべきことを求めているのである。したがって、教基法は、決して、今回の改正案のいうような、国民に「必要な資質」（改正案第一条）を決め、その具体的内容を「教育の目標」（改正案第二条）として規定するようなものであってはならないのである。

しかるに、今回の「改正」は、公然と教基法の中に国民の「必要な資質」を決め、それをおよそ二〇項目にもわたる態度や徳目として「教育の目標」に書き込み、その「目標を達成するよう行」うことを法的に求め、学校や教師のその実現を責務として強制し、その達成を評価・管理し、また教育行政や地方自治体にその「目標」を実施するための「教育振興基本計画」を作成することを求めるものとしているのである。このような「改正」は、現在進行している政府と自治体教育行政による強権的かつ業績管理的な新自由主義的教育改革、学校改革を、ほぼその全体にわたって法的に正当化するものとなろう。

2 「我が国を愛する態度」（＝愛国心）の強制

また、多くの徳目と態度を書き込み、個人の内心を統制し、「国を愛する態度」という形で愛国心を強制しようとすることは、教基法に教育勅語の構造が組み込まれることを意味する。このような教基法の「改正」は絶対に許してはならないものである。

「改正」案は、「教育の目標」に、「伝統と文化を尊重し、それらをはぐくんできた我が国と郷土を愛するとともに、他国を尊重し、国際社会の平和と発展に寄与する態度」を書き込んだ。「我が国……を愛する……態度」と「愛国心」とは別物である等という議論など成立するはずがない。この「改正」案が成立するならば、「国を愛する態度」を論拠にして、「愛国心」を強制する教育が全国各地で展開するようになるだろう。すでに東京都では、異常としかいいようのない国旗・国歌の強制が広がっている。卒業式などでの国歌斉唱に対して、教員が起立したかしなかったか、口を開けて歌ったかどうか、声はちゃんと出ていたか（声量調査）などをもチェックし、命令に背いたり基準に合わないと職務命令違反で大量処分を行っている。さらに内心の自由を論拠に国歌を歌わないと意思表示する生徒がいるのは教師の指導力不足であるとして、生徒の口を無理にでもこじ開けるようなおよそ非教育的な指導を教師に強制することまで行われるようになっている。

教育勅語制定（一八九〇年）の直後に内村鑑三不敬事件が引き起こされ、勅語の徳目への忠誠が強要されたように、「改正」教基法が成立するならば、東京都で現実化しているように、国旗・国歌への「不敬」を摘発する法として機能させられる可能性が非常に高いと言わなければならないだろう。

しかし本来何が愛国心であるかの判断は、個人の思想や信条の問題であって、その内容を国家が決定して、特定の愛国心（思想）を強制することなど、今日の日本国憲法の下では許されないことである。にもかかわらず国歌を起立して大きな声で歌うことなどが愛国心の表れであるとして、それを行わないものは愛国心に欠け、そういう人間は差別されたり統制されても仕方ないというような事態が、教基法を根拠に全国化するならば、日本社会は、政府にもの申す表現の自由が奪われ、内心の自由が犯されるものとなる可能性が高まる。

「平和……に寄与する態度」という、それ自体だれも反対しない文言も、それが法律に書き込まれ、たとえば自衛隊を認めることがその「態度」基準にされるならば、それはただちに国民の思想や行動管理となる。態度や価値の基準を法で規定することは絶対に行ってはならないものなのである。

3　「教育の自由」規定の大きな後退

第三に、周知のように、教基法は、「国民の教育の自由」を規定した法律として読み取られてきた。しかし教基法には「教育の自由」という文言は直接には組み込まれていない。ではどのようにして教育の自由の論理が組み込まれているのか。

確かに教育の自由は、教基法全体を貫く理念であるというべきであり、現行の第一条「教育の目的」、第二条「教育の方針」(学問の自由などの規定)等も深く関係している。しかしその最も核心は、第一〇条に規定されている。すなわち、教育の自由は、①第一〇条の「教育は不当な支配に服することなく」という規定と、②同じく一〇条の「教育は……国民全体に対し直接に責任を負つて行われるべきものである」という規定と、③同じく一〇条の二項の「教育行政は、この自覚のもとに、教育の目的を遂行するに必要な諸条件の整備確立を目標として行われなければならない」という三つの規定によって成立する理念として教基法に組み込まれてきた。

すなわち、教育はこの「直接責任性」の原理にもとづいて、親・住民と教職員、そして子どもを中心とする国民自身が、直接に教育の事業、学校づくり、とくにその教育価値の実現に関わり、その営みに国家権力や教育行政が「不当な支配」を及ぼすことなく、教育行政は、「教育の目的を遂行するに必要な諸条件の整備確立を目標と」することが義務づけられ、それら全体が構造化される中で、国民の教育の自由が実現されるとしたのである。最後の規定(一〇条第二項)は条件整備行政ともいわれ、教育行政は、教育内容に直接介入することをさけ、国民の教育の自由がうまく展開していくような教育の外的な条件整備を中心に行うべきだという規定として読まれてきた。

　ところが今回の「改正」案は、第一の「教育は不当な支配に服することなく」という規定についてみれば、その文言は辛くも残されているが、「法律の定めるところにより」という文言が付け加えられることになった。これは教基法の準憲法的な性格をあいまいにし、法に規定されていれば「不当な支配ではない」という論理で、不当な支配が正当化される危険性をもたらすものである。教基法は、一般の教育法規をも規制するまさに準憲法的な性格を持って、「不当な支配」を禁止するものであって、たとえ法律の定めにしたがってプロセスが進行していく教育行政であっても、その具体的内容が「不当な支配」に陥ることを禁止するとともに、そもそも教育関係法規が「不当な支配」を及ぼすものとならないかどうかについても規制を及ぼしているのである。

　二〇〇五年六月段階の与党協議会の教基法「改正」のための「中間報告案」では、ここの「教育は」という表記が「教育行政は不当な支配に服することなく」という規定へと変えられていた。それはこの第一〇条の理念を全く一八〇度転換させるものであった。教育行政こそ不当な支配の可能性を持つ重要な「主体」であるのに、その教育行政が「不当な支配」の主体には含まれず、もっぱら不当な支配を受ける「被害者」の位置に置かれる文言にすり変えられたのである。国民の中に組織されたいろいろな教育運動や教職員組合から教育行政への批判がなされると、それは「不当な支配」であるとして国民の声を退けることができるような文言へと改編されていたのである。しかし強い批判の前に、この点は元に戻された。ところが今回は、「法律の定めるところにより」という文言が付け加えられたことで、法律にもとづけば不当な支配にはあたらないと主張できるように「改正」されているのである。

第二に、現行の第一〇条の「教育は……国民全体に対し、直接に責任を負つて行われるべきものである」という規定は削除された。「直接責任性」は、戦後の教基法の出発時点においては、公選制教育委員会の理念を支える核心として位置づけられていた。一般の議会制民主主義の政治ルートによって選ばれた権力が教育行政を行うのではなく、住民の直接選挙によって選ばれた公選制の教育委員が教育委員会を構成し、教育行政を行うことがそこでは示されていたのである。「直接責任性」とは、まさに教育の自由を成立させる核心的理念として、規定されていたことがこのことからも明確である。また今日、学校教育への親・住民の参加が強調されるようになっているが、この参加を直接理念づける教基法の中の規定も、この「直接責任性」である。今回その規定が完全に削除されている。

第三に、同じく一〇条の二項の「諸条件の整備確立を目標」とした「教育行政」という規定も削除されてしまった。そして改正案第一六条の「教育行政」では、「全国的な教育の機会均等と教育水準の維持向上を図るため、教育に関する施策を総合的に作成し、実施しなければならない」として、政治権力が、「教育水準の維持向上」を理由にして教育の内的なあり方にまで深く関与することを正当化するような規定へと変えられている。すでに、教基法の「改正」を提案した中教審答申（二〇〇三年三月二〇日）は、『必要な諸条件の整備』には、教育内容も含まれる」として、教基法は、教育内容についても直接に関与できるとの見解を示していたが、それと合わせてみると、より明確な教育内容への行政的統制が正当化されるような改変がねらいであると見ることができる。*

＊　教基法を「改正」しようという自民党と民主党の有志の懇談会である「日本の教育改革」有識者懇談会が発表した『新教育基本法の提唱』（二〇〇四年一一月）掲載の「新教育基本法大綱」（発表は二〇〇四年六月、以下「大綱案」と表記）では、この点はもっと明確に、「教育の方針」で、「国は教育目的を達成するため、初等中等教育における教育内容を定め、評価の義務を負う旨規定する」と、国家が教育内容を全面的に決定するとしていた。教基法「改正」のねらいがここにはあからさまに示されている。（傍点引用者）

したがって今回の「教育行政」の文言の「改正」は、現行法の核心とも言うべき教育の自由の論理を大幅に後退させるものといわなければならない。また、教育委員会の必要性を支える論拠として、「直接責任性」の理念が大きな意味を持っていたことからすれば、今回の「改正」案で、この規定が削除されていることは、教育委員会設置の「自由化」、すなわち教育委員会を置かなくても良い、とする方向への教育行政システムの改変をより容易にする可能性があることも注意しておく必要がある。それは、現在の自治体の教育行政方針の決定が、教育委員会で審議されないというだけでなく、教育行政部局をも越えて、自治体の知事部局、総務局など、直接首長がイニシャティブをとる部局の決定によって強力かつ専断的に推進されるように変化しつつあることと結びついていると思われる。

4　「教育振興基本計画」の組み込み

今回の教基法「改正」案の最後の第一七条に、「教育振興基本計画」の根拠規定が組み込まれている。「教育振興基本計画」は「政府（が）……基本的な計画を定め、これを国会に報告するとともに、公表」

するものとされている。したがって、この「計画」は閣議決定の文書であると予想される。そうすると、閣議決定で決められたことが直ちに教基法に根拠を持つ政府の政策文書になるという状況が生まれる。したがって「教育振興基本計画」に書かれたことが、直ちに教基法の権威によって、教育現場へとおろされていく事態が生まれるのではないだろうか。しかもその内容は、「教育の進行に関する施策の総合的かつ計画的な推進を図るため」とされ、すでに出されているモデル（二〇〇三年中教審答申の参考資料「（参考）今後の審議において計画に盛り込むことが考えられる具体的な政策目標等の例」）では、学力テストの実施や習熟度別授業なども書き込まれている。政府の「振興計画」に盛り込めば、教育内容に関することを含んで、それが直ちに教基法の権威の下で強行実現されていくということになる危険性がある。

しかも今回の改正によって、政府にとどまらず各自治体にも、「改正」教基法に規定された教育の「目標」を実現するための「教育振興基本計画」を策定することがほぼ義務化され、教育内容をも含んだ「計画」が行政によってどんどん現場におろされていくこととなろう。

一般に政府の決定した「基本計画」にもとづいて行われる基本法行政は、全体として議会制民主主義を軽視する行政システムであるという批判もあるように、「教育振興基本計画」を閣議で決定して、それを直ちに予算獲得と結びつけ、そこで書かれた目標をそのまま行政指導に組み込んで実施するというシステムは、強力な政府統制につながるおそれがある。またそのようなシステムは、政府・内閣の考えや政策を教基法の正当な解釈に依拠したものとし、いわば教基法の政府解釈を伴って教育政策の正当性を現場に受け入れさせていく圧力ともなるだろう。そうなると、新しく出された教育振興基本計画に適合するように、政府、内閣によって絶えず（いわば日常的に）教基法が一方的に拡大解釈されていく状況が生まれるのではないか。「教育振興基本計画」を組み込むことは、教基法の準憲法的な性格――絶えずその理念によって政府や行政の行動を点検し、逸脱を監視、チェックするという権力統制の性格――を剥奪し、政府解釈を絶えず教基法自体の中に組み込んでいくものへと組み替えることを意味するものだろう。

5　「改正」の全体的性格――国家と教育の関係の逆転

以上に述べたことを再度総括してみよう。

戦前・戦中、国家が一方的に教育を管理・支配し、国の目的、国家の戦争のために、国民を侵略戦争に動員する手段として教育が利用された。教基法はそういう戦前の事態への根本的反省に立って、教育に国家が直接介入し、教育内容や教育価値を強制することを禁じるために、第一〇条に「教育は不当な支配に服することなく」と明記した。今回の「改正」の中心的なねらいは、教基法のそういう国家権力への「規制」を取り払うことにあると見ることができる。

そのことによって国が「必要な資質」（教育の目的）を定め、それを「教育の目標」条項を新設してそこに二〇を超える態度や価値観として書き込み、「義務教育」（第五条）の第二項では「義務教育として行われる普通教育」はその「資質を養うことを目的として行われる」とし、「学校」条項では、この「教育の目標が達成されるよう……体系的な教育が組織的に行われなければならない」（「改正」案、「学校教育」第六条二項）とし、「教員」条項では「職責の遂行に努め」ることが規定され、さらにそれに対して「待遇の適正が期せられる」とされている。すなわち国家が教育内容と価値、個人の資質と態度を示し（「教基法の教育目標」⇓「学習指導要領」⇓「教科書検定」）、その実現を学校と教師の使命とし（「教育振興基本計画」⇓地方自治体の「教育振興計画」⇓「（学校の）教育目標の達成（の義務）」）、その遂行過程を評価し管理する（「学力テスト」、「教師の人事考課」）全体的な教育システムを体系的に完成させる法的構造が組み込まれると見なければならないのである。当然この中では、学習指導要領のいわゆる法的拘束性は、教基法によって正当化されるという方向へと動いていくだろう。これこそが今出現しようとしている「改正」教基法の本質なのである。

もちろんここでは、教育における個人と国家の関係も組み替えられようとしている。国家が「望ましい国民」（具体的には「国を愛する態度」などを持つこと）を規定し、それに向けて教育を行うという法論理が組み込まれようとしている。戦前の教育勅語は、これこそが最も望ましい国民（臣民）であるという規定――臣民の価値観と道徳性の内容――を設け、それを国民に強制した。教基法が、そういうあるべき「国民」像を国家が規定し管理する法律に改編されるならば、民主主義国家の大原則としての個人を原点とした国家と個人の関係が、これまた一八〇度転換させられてしまう。それは、同時に、教育における国民主権概念の否定ともいうべき事態である。

愛国心は、歴史的には異なった性格を持ったものとして展開してきた。一つは、フランス革命期において、「フランス共和国万歳」という感情で結ばれた革命的市民の国家建設への情熱を一つの典型として、民主主義を通して国家を形成していく国民が抱く、自らの国への誇りや自らの主権者としての情熱を表すものとして、二つには、帝国主義戦争に国民を動員するための排外主義、自民族優越主義のイデオロギーとしての愛国心——日本の天皇絶対主義はその最も盲目的で凶暴なものとして存在したという教訓をこそ日本はふまえなければならない——、三つには、植民地化された非抑圧民族の、民族自決のたたかいを支える感情として。このことから考えても愛国心（国を愛する態度も愛国心とほとんど同じものであろう）という規定を教基法に盛り込むことは、ただちに大論争を引き起こすことは明瞭である。

しかも、愛国心は、「心」あるいは「態度」についての規定となっており、人間人格の核心としての内心の自由や価値観と深く結びついている。何が正当な愛国心であるかの判断を、法的に行うことなど不可能といってよい。たとえば、日本の今の現実を憂い、現在の政府や政策を批判しつつ、人間らしく生きられる日本社会を作ることで、この国に生きてよかったと思えるような状態を何とか作り出したいと考える人は、真の愛国者と呼んでさしつかえないだろう。でもそういう人が存在したとして、はたしてその「愛国者」が現存する国を愛する「心」や「態度」を持っていると言えるのだろうか。ましてや、現実の国のあり方を無条件で支持することが愛国心の名で強制されたり、日本の侵略の歴史を押し隠して日本の「栄光」の歴史を教えることが愛国心の教育であるとされたり、国歌を歌うという態度が「国を愛する態度」の基準であるとされたりするならば、国民は、表現の自由も内心の自由も良心の自由も剥奪されることになる。

自民党と民主党の教基法「改正」をめざす有志の懇談会である「日本の教育改革有識者懇談会」が発表した「新教育基本法大綱」（発表は二〇〇四年六月）はなぜ愛国心を記すことが必要かについて明確に述べている。すなわち、「教育は人間の内在価値を開発して、共同体の関わりのなかで人格を陶冶」するものであるとし、「日本国民は……独自の文化を拠り所とする歴史的使命を有している」（前文）と、日本人の「使命」を規定している。さらに「大綱案」は「公民教育」条項を設け、「公民教育は、国民が社会における自己の責任を自覚し、国家社会の発展に積極的役割を担うことを目的とする旨規定する」としていた。「日本人」としての「歴史的使命」を背負って、「国家社会の発展に積極的役割を担う」という文言は、日本の「崇高」な使命を強調した大東亜共栄圏の建設というスローガンを思い起こさせる。

何が国家社会の発展に通じるかを一人ひとりの国民が自由に批判的に判断することが何よりも大事であり、その力量を獲得する教育が現行の教基法第八条の「政治教育」なのである。国家社会の発展方向を日本人の「使命」から導き出して、その使命をになう「公民」の「資質」を法律で決定し、その方向での国民の形成を公教育の責務であるとする論理は、国家へ忠誠を尽くす臣民育成の論理に通じる。

このような愛国心が強調される背景には、新自由主義の進行がもたらす格差と社会分断による社会崩壊を、日本人としての共同体精神を呼び覚ますことでくい止めたいという思いと、日本の自衛隊を海外進出させ、世界の軍事的管理部隊として展開させつつ、競争に勝ち抜いていく強国日本を求める国民の合意を、教育によって引き出したいとする意図がある。したがってこの「愛国心」教育のねらいは、二一世紀において世界競争に勝ち抜く経済的・軍事的強国建設を支える国民意識の形成にあるということができる。

三　「改正案」の諸問題について

今回の改正案の最大の問題点は、ここに指摘した四点にあるが、具体的な法案の内容を検討していくと、多くの問題点が含まれていることがわかる（巻末の資料「現行教育基本法と『改正』案の比較」参照）。

はじめに指摘しておかなければならないのは、今回の政府の教基法「改正」案は、その条文のいくつかについては、現行法の条文にわずかな文言を付け加えたりするだけで、ほぼそのまま引き継ぎ、また新たな条文についても、現行法の文言を移動して使用しているという形を取ることで、今回の「改正」が部分的な「改訂」であるという印象を作り出そうとしていることである。しかしそれは正しくない。今回の「改正」は、今までの教基法とは性格がまさに一八〇度異なった構造を持ったものへと組み替えられる根本的改編に他ならない。したがって、今までの人間の尊厳や教育の自由実現の文脈で使用されていた文言、たとえばそういう文脈の中で使用されていた教師の「使命」が、「改正」案の文脈では、国民に求められる「資質」を規定した「教育の目標」を達成する「（崇高な）使命」として意味転換され、教師はその責務を国家や教育行政の計画にしたがって実現することを求められるということになるのである。そのことを最初に指摘した上で、いくつかの問題点を指摘しよう。

1　日本国憲法の理想と教基法の関連を弱めようとするもの

周知のように、教基法は、日本国憲法の確定を記し、それに続いて「この理想の実現は根本において教育の力にまつべきものである」と述べていた。この規定は、憲法と教基法がまさに一体であることを示しており、教育はこの憲法の理念を実現するという高い志の下に、したがって当然憲法的理念にもとづいて――すなわち人権と人間の自由、平和の理念にたって――行われるものであるとの教育宣言に他ならない。ところが今回の改訂では、この文言を削除した。また前文に書かれていた「平和（を希求する）」という文言も消し去った。いったいいかなる根拠によって、このような「改正」が根拠づけられるのであろうか。国民の反撃を恐れてか、辛くも前文に「日本国憲法の精神」が残されているが、この後退は、教基法の理念の土台を揺るがす改正といわざるを得ない。しかもその背後には、教基法の「改正」に続く憲法「改正」の企てがうかがえる。

現行教基法の歴史的性格をここでもう一度考えておく必要がある。今日の日本国憲法・教基法の大きな力――日本社会の土台に平和、人権、民主主義、国民主権、平等、等々の基本理念を組み込み、絶えずそれらの理念の国内的、かつ国際的発展を組み込んで、日々人権や民主主義理念を発展させていく法源としての力――は、この二つの法が、一九四五年の敗戦、侵略戦争の終結というまさに全国民的な痛苦の体験をふまえ、そこから、どう平和で個人の尊厳が保障される社会と国を再興していくかという原点から法の理念が組み立てられたという点に由来している。だから常に、平和、人権、民主主義の発展を求め、未来への希望を拓こうとする意志や運動と、これらの法の理念とが深く結びついてきたのである。教基法をひもとくたびに、私たちは、あの一九四五年敗戦時の模索と平和の希求の原点に立ち帰らざるを得ないのである。そういう日本の国民の歴史的宣言ともいうべき精神に繰り返し出会わされるのである。そういう点からいえば、教基法を憲法と堅く結びつける現行教基法の前文は非常に大きな意義を持っており、今回の「改正」はその結びつきを絶とうとする意図の現れといわなければならない。

2　第二条「教育の方針」の削除

今回の改正案では、現行教基法の第二条「教育の方針」が削除されている。そこにあった文言の一部が「改正案」の第二条「教育の目標」や第三条「生涯学習の理念」などに「移されている」ために、「教育の方針」条項が削除されているとは受け取られていない面があるが、内容から見て、「教育の方針」に書かれていた重要な理念が削除されていると見なければならない。

この「教育の方針」は、まさにその文言のとおり、教基法第一条の示す「人格の完成」を中核にし平和の理想に向かう「教育」が、あらゆる「機会」と「場所」で行われなければならないこと、そのためには、その全体において――したがって大学にとどまらず高校、中学、小学校の教育、さらには社会教育においても――「学問の自由」が尊重されなければならないこと、「自発的精神」を養成する仕方で行われなければならないこと、「自他の敬愛と協力」という「個人の尊厳」と「人間の相互信頼」にもとづいて行われなければならないこと、を示しているのである。

この理念に照らせば、国歌斉唱を強要するために、教師を統制し、子どもの内心の自由を踏みにじる「指導」を教師に強制することなど許されるはずがない。「自他の敬愛と協力」に依拠して教育が行われなければならないということは、まさに人間的な信頼関係が学校や教室では何よりも重視されなければならないということを示している。したがってその関係に権力が介入し、一方的な命令や統制をすることなど許されるはずがない。「改正案」の第二条「教育の目標」は、そういう「方針」を述べるのではなく、学校教育で実現すべき「目標」や各自が獲得すべき「資質」を規定するという、教育内容と価値を管理するねらいのために新設されたものに他ならない。したがって、教育の自由の本質を「教育の方針」という形で規定した重要な条項が、「改正案」では削除されているといわなければならないのである。

3　「男女共学」条項の削除

今までは「男女共学」は、教育制度の根幹に関わる規定として設けられていた。確かに教基法の規定では、「男女共学」と規定されており、「男女平等」という表現は採用されていない。しかしそれは、戦前の根強い男女別学と教育の機会における大きな女性差別を克服することに焦点が当てられた当時の歴史的性格を反映したものであった。戦後の教育運動や権利闘争を経て、この規定は、たとえば家庭科の女子のみの履修や、教育における女性差別、さらには古い男女役割差別の中で女性の学習意欲を抑圧しゆがめてきた社会構造や文化のあり方にも鋭い批判の目を向ける視点として発展的に読まれてきた。しかるに、今回は、「教育の目標」の中に個人が獲得すべき「男女平等」の態度として位置づけられ、現在の教基法にあるような教育理念、教育制度理念としての位置を奪い取られるものとなっている。差別的な性的役割分担論の視点から、この間ジェンダー問題についてのバックラッシュとも言うべき巻き返しが行われているが、そういう動きを背景にして、ジェンダー的な男女の平等を、教育制度や教育課程の構成など、公教育の基本構造として考える根拠を教基法から奪い取ってしまいたいという意図の表れであろう。

4　国家の「義務」規定から国民の「自立」を求めるものへ

「改正」案の「義務教育」の項で新設された第五条三項「義務教育として行われる普通教育は、各個人の有する能力を伸ばしつつ社会において自立的に生きる基礎を培い、また、国家および社会の形成者として必要とされる基本的な資質を養うことを目的として行われるものとする」は、「義務教育」条項にとっては不整合な内容と言うべきである。そもそも現行の教基法では、義務教育とは、子どもの発達の権利、学習権を保障する国家および保護者の義務と解されているのである。したがって義務教育の項は、学習権を持ち教育を受けるものの側に関する規定ではなく、義務教育を提供する側、すなわち国や教育行政の側の責務についての規定なのである。そこに再び教育の「目的」を規定する必要はない。しかも義務教育の「目的」に、新たに「社会において自立的に生きる基礎」という規定が付け加えられている。文言の背景に、個人が自立する能力をつけ、国家を支える資質を身につけるのは国民の義務だというような論理を感じるのは私だけであろうか。

この規定は、「改正案」全体の文脈の中で読み取るとき、現行の教基法とは大きく異なった内容を想起させるものとなっていることに留意しなければならない。すなわち、ここに書かれた「基本的な資質」の内容は、改正案第二条の「教育の目標」にかかれた内容――当然「国を愛する態度」を含む――を示しており、また「社会において自立的に生きる」目的で「各個人の有する能力」を伸ばすということは、今日の競争社会で「自立」していく能力の獲得が国民の義務であり責任である、というニュアンスを感じさせる。そうであるとするならば、ここには、現在強まっている新自由主義社会の「自己責任」の論理、そしてまたグローバルな世界競争の中で日本が勝ち抜くために一丸となって国家を支援する「主権者」像などが、埋め込まれているのではないか。

故・小渕恵三首相の委嘱による「『二一世紀日本の構想』懇談会」の報告『日本のフロンティアは日本の中にある――自立と協治で築く新世紀――』（二〇〇〇年一月）は、教育を次のような二つに分けていた。そこでは明らかに、教育を国民と子どもの義務とする論理が示されており、その教育を国家が「厳正かつ強力」に行うことが主張されている。

> 「広義の教育における国の役割は二つある。一つは、主権者や社会の構成員として生活していく上で必要な知識や能力を身につけることを義務づけるものであり、もう一つは、自由な個人が自己実現の手段を身につけることへのサービスである。つまり、『義務として強制する教育』と『サービスとして行う教育』である。／現在の日本の教育では、この二つの教育が混同され、授業内容についていけない子どもには過大な負担を与えながら、それを消化してより広く好奇心を満たしたい子どもには足踏みを強いる結果を招いている。そこで、二一世紀にあっては、これまで混同されてきた二つの教育を峻別し、『義務としての教育』は最小限のものとして厳正かつ強力に行う一方、『サービスとしての教育』は市場の役割にゆだね、国はあくまでも間接的な支援を行うことにすべきである。」（傍点は引用者による）

この「義務として強制する教育」の姿が、この「改正」案の「義務教育」規定に反映していると見るのは、私の思い過ごしであろうか。

5　学習規律や学習意欲を法によって強制する

「学校教育」の条項では、新たに「教育を受けるものが、学校生活を営む上で必要な規律を重んずるとともに、自ら進んで学習に取り組む意欲を高めることを重視して行われなければならない」という文言を付け加えている。しかし「規律」重視や「学習意欲」を高める等ということを法律に書き込んで、いったいどういう意味があるというのだろうか。不登校や学級崩壊を法律で取り締まろうというのだろうか。そういうことが起こるのは子どもの道徳性や人格力が未熟であるからだとし、法によってそういう道徳性を強制すれば改善が図られるとでもいうのだろうか。法で縛ることで、教育に規律と「秩序」を回復しようというのだろうか。学習意欲や学習秩序、教室の秩序は、人格の内面の問題であり、また学級という教育・学習組織の自治の問題であり、教育的指導の問題である。あるいは子どもの学習意欲を喪失させる制度や学校の不十分性の問題である。したがってそういう困難ととり組む教育実践の自由を保障すること、そのための条件整備こそ教育行政と法の責務であろう。それとも、これまた教育勅語と同じように、子どもの精神訓話として教基法のこの規定――「教育を受けるものが、学校生活を営む上で必要な規律を重んずるとともに、自ら進んで学習に取り組む意欲を高めること」――を暗唱させ、子どもをコントロールしようというのだろうか。およそ人権感覚も、法とはなにかという基本原則をも逸脱した規定といわざるを得ない。

教育の基本理念を規定する教基法の責務は、子どもの学習・発達権を明示し、それを実現する基本原則を規定すべきものであって、学ばなければならない義務や学習意欲を法で強制するものに改編してよいはずがない。

6　国家と教育行政への教師の忠誠を求めるもの

教師の条項で、現行法の「全体の奉仕者であって」という規定が削除されている。この「全体の奉仕者」という規定は、「人格の完成」という教育の目的規定を受け、かつ第一〇条の「直接責任性」の規定を受けて、その責務に応える教師の仕事の性格を表したものである。またこの規定は、当然、現行第二条の「教育の方針」にある「学問の自由」が教師に保障されなければならないことを受けているものである。すなわち教師は、権力からの「不当な支配」（第一〇条）を受けることなく、国民、子どもの利益に「直接」責任を負って、その実現に努める責務があることが「全体の奉仕者」という規定にこめられているのである。しかるに、「改正」案（第九条・教員）は、「教育の目標」に規定された国民の「資質」を実現する義務、あわせて「教育振興基本計画」の実施を義務づけられ、子どもの「国を愛する態度」などの育成、管理も含んで、その内容を実現することを「崇高な使命」として背負わされ、それに沿った「研修」の義務が課せられ、その達成度によって「待遇の適正」がはかられる（勤務評定や人事考課制度）ことになる。国家の規定した教育内容と教育行政への全面的忠誠が、教師に強要される法体系が組み込まれているのである。

7　「宗教教育」に「宗教に関する一般的な教養」という文言が付加

「宗教教育」の項に、新たに「宗教に関する一般的な教養」という文言が加えられている。この条文の理解をめぐって、何が一般的な教養かという議論が起こり、また教科書などで、この「一般的教養」が組み込まれているかどうかが問題にされ、次第に宗教教育に関する内容が問題化する事態が予想される。おそらく教基法に「宗教的情操の教育」という内容を書き加えたいと考えてきた「改正」派は、この「一般的な教養」の解釈を手がかりにして、新たな展開が可能であると考えているのではないだろうか。

四　新設条項をどう見るか

今回の「改正」案は、一八条となり、現行の一一条から大きく条項が増やされた。この中の「教育の目標」および「教育振興基本計画」についてはふれた。そのほかに、新たに設けられたのは、「生涯学習の理念」（第三条）、「大学」（第七条）、「私立学校」（第八条）、「家庭教育」（第一〇条）、「幼児期の教育」（第一一条）、「学校、家庭および地域住民等の相互の連携協力」（第一三条）である。「教育の機会均等」の中に第二項として「障害児教育」が新たに加えられた点も、新設といってよい。

これらは、条文に書かれている内容に即してみれば、今日の時点で新たに盛り込む必要性はほとんどないということができる。現行の教基法と教育関係諸法によってすでに実現されていることが大部分であって、「改正」案のこれらの条文に教基法レベルの新たな積極的な法的理念が追加されていると言えるものは見あたらない。注意しなければならないことは、むしろ、これらの新設された教育の諸領域まで、今回の「改正」案のいう「教育の目標」が強制され、政府や自治体の「教育振興基本計画」に従わされ、その実施責任を背負わされ、その達成が評価されるというシステムに組み込まれる――あらゆる教育の強権的国家計画化、国家的評価システムへの包摂――可能性が高くなるということである。

「生涯学習」については、すでに多様な形で取り組みが始まっている。今日の教基法から導き出された学習権、発達権の上に立って生涯学習を展開することには、現行法で何の障害もない。「生涯にわたる学習権」を明記するというのであれば、一定の前進的「改正」となるが、そういう意図は全くここには含まれていない。

「障害児教育」については、すでに現行の教基法の下で、養護学校の義務化という形で一定の法的整備が行われている。障害児教育については、現行の教基法の理解が深まる中で、「教育の機会均等」の理念が、「発達の必要に応じる教育をすべての子どもに保障する」という理念として読み取られ、障害者の学習権が主張され、世論の高まりの中で、養護学校義務化が実現されたという経過がある。今日の教基法が、障害児教育の権利を主張したものとして発展的に理解されてきたのである。そしてそれは憲法・教基法の基本理念の発展として、すでに教基法の理念として定着しているのである。そこに新たに障害児教育の規定を設ける必然性はない。

「大学」については、「大学の自治」や「学問研究の自由」の理念を明確にする規定でない限り、教基法レベルであらたに付け加えるべきものはない。国立大学法人化によって、大学自治が大きく侵され、大学の学問研究が政府の政策に直接従属させられつつあることこそ、今日の最大の問題である。

「私立学校」については、「私立学校法」があり、また私学への支援については「私立学校振興助成法」がある。私立学校振興助成法によって、私学援助が実現されているが、そこでの問題は、私学の経常費補助を二分の一にまで高めるという合意された目標が、今日むしろ放棄されつつあることである。政策的には、私学援助削減の方向をとっていることを改めることこそ肝要であろう。

幼児教育の振興をいうならば、すべての子どもに幼児期の保育と教育を保障するというあらたな国家目標を提起する決意が求められよう。そういう内容は含まれていない。逆に、保育を必要とするが保育所に入れない待機児童が二万人を超えるような事態が長期に放置されている。そして政府や行政の責任で保育施設を充実させる方向を放棄して、民営化による市場の論理に保育を任せるという無責任かつ格差放任の政策こそ改められるべきであろう。

「家庭教育」や「連携」の条項は、家庭や地域の「役割」や「責任」、「義務」を述べたものであり、今日の政府の教育政策との関係で見ると、家庭の教育責任を強調し、子育てに関する国家的な地域社会や家庭への管理を強める意図が感じられる。今求められているのは家庭への社会的、福祉的、国家的な援助であり、教基法に家庭の「責任」をあえて書き込む特別の必要はない。教育に家庭、親や地域が参加するシステムこそが求められているというべきだろう。まさに国民的事業である教育、学校づくりに、教職員、親、地域住民が教育の自由の原理の下で参加する権利をこそ教基法に明記するべきではないか。先にもふれたが、今までは、第一〇条の「直接責任性」規定が、そういう参加の法理念的な根拠を提供していた。しかしこの改正案ではそれは削除されている。これでは、教育における参加は、ますます遠ざかることとなるだろう。参加によって、教職員と親・住民とが協力し合い学習し合う中で、学校と家庭教育の主体としての親や住民の自覚も高められるのであり、教育にふさわしい連携が生まれるのである。法的に「責任」を規定すればよいというものではない。むしろ、この「学校、家庭及び地域住民等の相互の連携協力」条項は、「改正」案第二条の「教育の目標」にそった社会統合のための教育を、教育行政の統括と管理の下、学校、家庭、地域住民、その他（児童相談所やNPO、警察、企業など）を「連携」させる形で推進していこうとする意図が込められているのではないか。これは地域ぐるみ・街ぐるみで、国家の政策に国民を参加・統合させようとするシステムを想起させる。

五　教育の公共性の構造転換の中で教基法の価値を考える

以上、教基法「改正」案の問題点を見てきた。この節では、この教基法「改正」の政治的背景、ならびに現在進行しつつある教育改革との関連を簡単に見ておきたい。

今、日本社会が構造転換しつつある。雇用面では、フリーター四一七万人（二〇〇一年、『国民生活白書』）、NEET（Not in the Employment, Education or Training）五二万人（二〇〇三年、『労働経済白書』）という困難が青年を襲っている。正規雇用の労働者の生涯賃金二億一五〇〇万円に対して、フリーターの生涯賃金は五二〇〇万円だと試算されている（UFJ総合研究所）。グローバル化の競争の中で、人権の切り下げの世界競争が展開し、自己責任の論理と市場の競争の論理がおし付けられ、福祉、医療制度も改悪され、社会の階層化が急速に進んでいる。定職が無く、引きこもり勝ちで、家族からの進学や就職を求める重圧に耐えられず、家族を殺害するという事件も連続して起きている（水戸一九歳、大学進学不可、両親殺害、二〇〇五年一一月二四日／土浦、引きこもり二八歳、家族殺害、一一月二五日）。

グローバルな競争に直面して、日本社会の非効率的、反競争的構造が徹底的に洗い出され、糾弾され、個人の自由意思に任された「非効率」な空間と時間がすべて評価という監視のもとにおかれ、「最高」の効率を達成できるように組み替えられつつある。そしてこのグローバル競争に日本が絶対負けられないという「日本ナショナリズム」の高揚のなかで、その「効率性」を妨げてきたとされる「人権の原理」、「平等の原理」、人間的理解を深めあうためのゆったりしたコミュニケーション、人間が人間であり得るためのゆとりある時間、等々が次々と奪われ、効率性の進行とともに人間性が喪失されるという恐ろしい過程が進行しつつあるのではないか。効率性を妨げる人間は、存在の場を剥奪されていく。戦争遂行の効率性を妨げるとして障害者が邪魔者扱いされた不幸な歴史が思い起こされる。効率性に呪縛されて、みんなが、他者の人間的であることを攻撃しあっている。このようななかで、人は――教師も、子どもも、大人も――人間であることを困難にさせられつつあるのではないか。

そしてそういう事態を逆手にとって、個人の権利ばかりを主張する教基法のせいで公共心が育たなくなったとか、愛国心の教育をしないから子どもたちが誇りを持てなくなってしまったとか、「ひとしく」を強調する教基法の下で画一性が進み、個性が失われたとか、教基法があたかも今日の教育困難と荒廃の元凶であるかのような暴論も展開されている。また、今日の「学力低下」を防ぐには、学力テストを実施し競争を強めるという方向が進んでいる。強力な学校改革のためには、自治体が上から学校改革計画を作り、強力な統制と強力な評価システムで、教師を評価・管理することが必要であるとする学校管理の強化が進行している。教師は、直接の上からの命令と、学力テストという教育競争市場の論理とにより、自由とゆとりを奪われ、ますます追い立てられつつある。そして今見てきたように、教基法が、そういうシステムを法的に正当化するものへと「改正」されようとしている。

しかしはたして、このような形で、こどもと教師に点数を競わせることで、問題が解決されるのだろうか。今日の学力問題、その中核にある子どもの学習意欲の衰退という現象の背景には、より深い社会構造的な要因や今までの教育政策によって作り出されてきた構造的な矛盾が結び付いている。

それらのことを考えれば、今日の教育困難、学校教育の困難を克服するには、まず何よりも社会階層格差を縮小し、人々が安心して働き生活できる社会システムの再建こそが求められている。そのため、教育では、落ちこぼれ対策、底辺階層に対する手厚い支援、学習それ自体の意味やおもしろさが子どもに感じられるような教育内容や教育方法の開発、三〇人学級の実現、総じて全ての子どもの尊厳を教育のなかで守り実現する、より一段と高い学校教育の水準を作りだすことこそが求められている。

しかし、政府の教育改革は、競争を強め、格差を広げることが個性を実現するとばかりに、中高一貫校の設置など、学校教育の複線化とも言うべき制度改変を強引にすすめている。また、政府は、学校への財政的支援を縮小しつつ、学校教育を市場的競争にさらし、親の学校選択を広げることで教育が活性化し、公教育の質が向上するとして、「学校選択制」や教育サービスの「民営化」、民間開放化、「学力テスト結果による学校評価」などを進めようとしている。そしてそういうシステムを導入するために、自治体の権力が直接「学校改革」に乗り出し、カリキュラムのあり方をも含んで、一方的な改変を学校に押しつけようとしている。自治体ごとの「教育振興計画」が、そういう教育改革をいっそう体系的に推進するものとなるに違いない。今、すでに、憲法・教基法にうたわれている自由や民主主義の上に立つ教育理念が、乱暴に踏みにじられ、無視されつつある。そしてそういう強引な上からの統制的な教育改変の妨げになる現行の教基法を、国家による教育統制、国家の意思にもとづく学校改革を正当化する法へと組み替えようとしている。

しかし、学校への関与をほとんど閉ざされてきた親たちは、学校を競争市場に投げ込み、消費者である親・住民がそれを評価してサービスを選び取るようにすればよいという論理に対して、一定の期待を寄せてもいる。そして社会の競争が強まり、階層格差が開いていけばいくほど、階層化の影響を受けて格差化される学校の中から、より安全で、より勝ち残りの可能性の高い教育コースを選ぶ競争に、親自身も巻き込まれつつある。

では教基法は、いかなる教育の公共性実現の方法を求めているのだろうか。それは、国家による不当な支配を排しつつ、親・住民と教師とが協同し、国民的な教育を、その地域にふさわしい個性的な姿で創造していく道であろう。現行教基法の第一〇条の「不当な支配」禁止規定、「直接責任」性の規定、そしてその根底に「個人の尊厳」（前文）の原理を貫いて、国民の協同によって学校づくりを進めていく道である。

子どもとぎりぎりのところで格闘している教師にとって、最もつらいことは、自分の努力を誰が支え、応援してくれているのか、そのつながりが見えない状況に追い込まれていることではないか。今日の教師は、自分の仕事の公共性、国民性、住民性を証明する本来の筋道が閉ざされている中で苦しんでいる。今、教師に残されているのは、新公共管理（ニュー・パブリック・マネージメント＝NPM）という強力な管理にしたがって、教育委員会や校長の上からの指示を効率的にこなすことで、上からの評価にいい成績を示す道である。もう一つは、市場的公共性のルートで、学力テストでいい成績をあげて市場という「世間」の期待に応える道である。この二つのルートで、自分のパフォーマンス（達成）をアピールする以外の道が閉ざされているのである。「改正」教基法はそういう教育管理をいっそう明確に規定するものである。

しかし、「NPM」でも「市場での競争」のルートでもなく、どうしても取り組まなければこの子どもが力強く生きていけないと思う子どもの切実な課題と取り組むことを、学校の合意にも計画にもし、親や住民と話し合って合意を作り、そういうプロセスを経て自己の仕事の住民性、国民性、公共性――現行教基法のいう「全体の奉仕者」性――を実現したいという思いを、多くの教師が持っているのである。そのようなルートを開き、自分が預かる子どもに対する専門的かつ人間的努力が、同時に公教育の公共性を担う重要な仕事として評価され、励まされるような筋道を切り開きたい――この内（教師）の思いを、外（親・住民）の願いとつなぐルートを作り出すことこそが、公共性問題の核心であろう。そしてその理念こそ、現行の教基法から導き出されるものなのである。孤立させ、競わせる新自由主義的な教育改革と、国家による統制を強化する新国家主義的な教育改革の結合した今日の教育改革、それの妨げとなる現行の教基法を廃し、新たな法的根拠を手に入れようとする教基法の

「改正」は、けっして今日直面する日本の公教育の危機を解決するものではない。

六　現行教基法の理念の実現をこそ

今回の「改正」強行の動き、とくに密室協議によって「改正案」をまとめ、連日の審議が可能な特別委員会をも設置し（五月一一日）、短期間でこれを強行しようということに、今日の圧倒的な数を占める与党の教基法を「改正」しようとする勢力のおごりとともに、その「弱さ」、「もろさ」が同時に出ていると思われる。

第一に、そもそも与党内の議員にすら公開しない「密室協議」で強行している背景には、馳浩文科副大臣自身が言うように、「一つひとつ議論の中身が外に出て行くと、ハチの巣をついたような騒ぎになって望ましくない」（『赤旗』四月二八日付）というほどに、与党の内部ですら異論噴出の法案として出されていることがある。「密室協議」で処理したのは、内容が明らかになって議論が長引けば長引くほど大変なことになって通らなくなるかもしれないという「弱さ」の現れでもあると見ることができる。「国を愛する態度」という形で「愛国心」を持ち込むことは、「改正」派にとっても危うい選択であることは明らかである。

第二に、この中で教基法の憲法との関係が弱められようとしている。現行教基法の前文には「(憲法の）理想の実現は、根本において教育の力にまつ」ということが書き込まれているが、憲法に支えられた教基法の「改正」は、憲法改悪と連動したたくらみであることが明確にならざるを得ない。教基法「改正」反対の声が、憲法改悪反対、九条を守れの声とつながることを、彼らは大変恐れていると思われる。そうなれば、憲法「改正」の動き自体が封じられるという危機意識を抱いて、教基法「改正」の強行突破を画策していると思われる。

第三は、現行の教基法の持つ「高さ」と、「改正」案の文言に現れている国民統制のあからさまな意図の表明とが、鮮やかに、どちらが優れているかを示している。もちろん議論を広めなければ、そういう点は、国民に隠されたままになる。しかし議論をしていけば、「改正」案の基本性格が、まさに国家による公教育統制、公教育管理、さらには個人の道徳意識を国家が管理する法であることが非常に明確になり、もはや準憲法としての教育の基本理念を提示したものとはいいがたいものに変質させられようとしていることが明るみに出るだろう。議論を広めることが「改正」を追いつめることになるだろう。

第四は、人権と教育をめぐる権利の国際的な到達点と対比してみると、今回の「改正」案が、それを無視しているということも明らかになる。今日の法の制定、とりわけ準憲法的な法規範の制定においては、国際的な権利理念の発展をふまえることが、不可欠である。人権の国際水準を規定している「世界人権宣言」（一九四八年第三回国連総会で採択）と「国際人権規約」（一九六六年、第二一回国連総会で採択）、教員の専門職性とその職業上の自由を規定したＩＬＯの「教師の地位に関する勧告」（一九六六年、ユネスコにおける特別政府間会議）、ユネスコの一九八五年の「学習権宣言」（一九八五年第四回ユネスコ国際成人教育会議で採択）――そこには、学習権とは「人々をなりゆきまかせの客体から、自らの歴史を作る主体にかえていくもの」という深い規定がある――、子どもの権利を明確に規定した「子どもの権利条約」（一九八九年一一月二〇日、国連総会で採決）、こういう国際的な到達点を踏まえないで、準憲法である日本の教基法を変えるということは、国際的に見ても道理がないというべきである。「改正」を意図する論者の中で、これらの国際的な規約に触れたものがほとんどないといって良いほどに国際的水準が無視されていることは、異常としかいいようがない。権利の水準を向上させることにほとんど関心がないことの表れというべきだろう。

教基法の「改正」を阻止し、一九四五年の平和と人間の尊厳の回復の決意に立ち戻り、同時に二一世紀の世界の平和と共生の展望を見据えつつ、未完のプロジェクトとしての教育基本法を読み解き、今日の教育と人間の危機を克服する教育改革、学校改革を立ち上げていく筋道をこそ、大きく切り開いていきたいものである。

第2章　教育内容と個人の態度・価値観を統制する法への「改正」

二〇〇四年六月、自民・公明の与党は、「教育基本法に盛り込むべき項目と内容について」（中間報告）を発表しました（以下、与党「改正」案とよぶ）。一〇月には、文部科学省が、教基法「改正」案の作成について、法案の骨格を一八条として準備作業を始めたことも報じられており、中央教育審議会が二〇〇三年三月に発表した答申「新しい時代にふさわしい教育基本法と教育振興基本計画の在り方について」を基礎に、与党との調整をすすめ、次期通常国会に、法案を提出する作業がすすめられています。

教基法は、「教育の基本を確立する」教育の根本法と言えます。前文の「われらは、さきに、日本国憲法を確定し、民主的で文化的な国家を建設して、世界の平和と人類の福祉に貢献しようとする決意を示した。この理想の実現は、根本において教育の力にまつべきものである」。「日本国憲法の精神に則り、教育の目的を明示して、新しい日本の教育の基本を確立するため、この法律を制定する」を見ても、その準憲法的性格は明確であり、その「改正」は、日本の国のあり方の骨格を改造することにつながります。なぜ、いま「改正」なのでしょうか。

本章では、与党「改正」案を中心に、教基法「改正」が教育と社会を組み替え、日本の自由と民主主義に重大な変質をもたらしかねない問題をもっていることを考えたいと思います。

一　教基法の核心＝「教育の自由」への攻撃

なぜ、いま教基法を「改正」しようというのでしょうか。そのことを理解するうえで、教基法がなぜつくられたのか。その核心はどこにあるのかを考えることが大事だと思います。私は、教基法は、なによりも国家と教育の関係を規定するためにできた法律だといっていいと思います。戦前、戦中の教育が、国家と教育の関係において、大きな問題をはらんでいたため、その点を克服し、一八〇度転換した新しい国家と教育の関係をつくり出すために、教基法は生み出されました。その核心は、「教育の自由」――国家が教育に不当な干渉をしない――ということにあります。ところが、与党「改正」案においては、この根本部分が再び逆転させられようとしているのです。

1　「不当な支配」の一八〇度の逆転

現在の教基法は、第一〇条で国家と教育の関係について重要な規定をしています。一〇条「教育行政」は、「教育は、不当な支配に服することなく、国民全体に対し直接に責任を負つて行われるべきものである」と。この「教育は不当な支配に服することなく」については、戦後の教育裁判で激しい論争の対象になってきましたが、この「不当な支配」を行う可能性がある主体には、国家や教育行政が入るということが共通の認識になっています。教基法は、国家や教育行政が、教育に不当な支配をしてはならないことを決めたもの、という基本的性格が明瞭なのです。

ところが、与党「改正」案では、「教育行政は、不当な支配に服することなく、国・地方公共団体の相互の役割分担と連携協力の下に行われること」となっています（傍点引用者）。現行の教基法で「不当な支配」の主体が、まさに教育行政と国家であったのが、「改正」案では、親や教員組合を指すとしか読みようがありません。教育行政は、外からのさまざまな圧力に屈することなく自分の意思を実現しなければならないと読めるのです。

これでは、教基法は全く一八〇度逆転したものになってしまいます。このように「改正」されてしまった場合、教基法は、国家の不当な支配をチェックするという役割をもたない、もてない法律に転換させられてしまうのです。

しかも問題なのは、現行の教基法のいう「不当な支配」にあたると考えるべき事態が、すでに教育現実のなかでここ四〜五年のあいだに、恐ろしいほどの勢いで広がっているということです。

2　すでに教育現場に広がる「不当な支配」

教育内容への直接的介入

一つは、国家の教育内容への直接的な介入が進行しています。そのもっとも典型的な例が、国旗・国歌の学校現場への強制です。〇四年春には、東京都の教員二百数十名が、卒業式や入学式にあたって、君が代を起立して歌わなかったのは「通達」に違反し、「服務上の責任」を果たさなかったとして処分されました。（その後も処分はあいつぎ、二〇〇六年四月現在、処分者数は三五〇名をこえています。）東京都教育委員会は、多くの都立学校に、指導主事などの職員を送り、座席表を見ながらどの教員が起立したか、しなかったかをチェックし、起立しなかった教員を処分するということまですすめたわけです。現在では、国旗・国歌実施の職務命令を乱発して教師の行動を縛り、それに違反する教師を職務命令違反として処分するという状況が広がっています。

さらに、生徒が君が代を起立して歌うかどうかは、生徒の「内心の自由」の問題であり、生徒自身が判断するべき事柄であるのに、生徒が歌わなかった場合は、「（教師の）指導力が不足しているか、学習指導要領に反する恣意的な指導があったと考えざるを得ない」（都議会での横山教育長答弁）として、その教員は、指導要領に違反しているとか、生徒をきちんと教えきれなかった不適格教員だとされて、処分されたり、研修（「服務事故再発防止研修」）を強要されるという状況にもなっています。

そして、日本のいくつかの学校では、すでに児童・生徒が国を愛する心をもっているかどうかを、通知表で、「A」「B」「C」で評価するような評定が行われています（福岡市で二〇〇二年度に、半数近い市立小学校で実施）。国旗・国歌法が制定された一九九九年度以後、そういった教育内容への干渉が急速に進行しています。子どもの心を管理する統制の仕組みが学校に組み込まれつつあります。

評価をとおして教育内容をコントロール

二つ目は、国家が「評価」をすることを介して、教育を支配するという「不当な支配」が進行しています。たとえば、学力テストによって教育内容がコントロールされるという状況がつくりだされています。

東京では、都やいくつかの区が学力テストを実施しています。荒川区では、テストの結果が各学校に報告されたため、多くの学校で夏休みの補充学習が行われるなど、さっそく学力向上対策が実施されてきています。もちろん学校独自の教育計画にしたがって学力を上げるために学校が補習を行うなどのことは、積極的に評価されていいと思います。しかし、今回の場合は、学力テストの点数が全体に知らされることによっておこった競争です。しかも現在では学校選択制が広がっていますから、小学校でも中学校でも、「あそこは学力がつく」「あそこは非行がある」などの評価や噂によって、場合によっては生徒が来なくなって、学校がつぶれるという事態もありえます。ですから、校長先生や学校の先生方は、この学力テスト対策に走らされてしまうのです。

そのさい、その「学力」の具体的な意味は、学力テストの点数をあげることにならざるをえません。今日では、学力の土台にある人格の崩れやコミュニケーション力などの問題が注目され、また「読・書・算」にとどまらない、自分で調べ・分析し、討論し、自分の意見を表現することなどのさまざまな学力の層があることが議論されています。こうした点をふまえて学校でこんな教育計画をもちたいと考えても、学力テストの点数を速効的に上げないと、学校選択制の中で落ち込んでしまうという不安が生まれてしまいます。そういうことを通して、教育の方向が組み替えられていくのです。

ここでは、国家は評価するだけで、直接、管理する主体として姿をあらわしません。しかし、評価の基準をコントロールすることをとおして、教育内容をコントロールしています。これがまさに新自由主義的な教育内容管理の基本方法となっており、いま全国でひろく展開しつつあります。

効率化で競わせる——ＮＰＭ

三つ目は、ニュー・パブリック・マネージメント（新公共管理、NPM）です。あまり聞き慣れない言葉かもしれませんが、今学校現場の先生方は、このNPMのもとで、右往左往し、混乱し、「教師を辞めたい」とまで追いつめられています。

NPMとは何か。一般に、行政という公的部門に民間企業の経営管理手法を幅広く導入し、競争原理を働かせて、効率化や質的向上を図ろうとする行政運営理論とされています。住民が選んだ首長や首長に任命された教育長が考える事がらは、その選挙民の願いを体現している。首長らが考えた「教育計画」こそが住民の要求にそうものである。首長は、その「教育計画」を責任をもって実施しなければならないし、どれだけ実施されているかについて、住民に対して説明責任（アカウンタビリティ）を負っている。そのためには自治体は、「教育計画」を学校や教員がどのように推進しているかを評価し、不十分なものに対しては、罰をあたえて（総務省のNPM推進の文章には「信賞必罰」という言葉があります）コントロールをする。つまり、行政を企業体に見立てて、その使命をトップが決定し、効率よく実現するために強いリーダーへの集権化をはかり、その使命を下部組織がどう効率的に実現するかの責任を負わせるという考え方です。

このNPMの下で、たとえば、小中学校では、年度当初に一人ひとりの教員が一年間の教育・授業プランを出し、校長と面談します。ところが、そのプランは、校長が提示した「学校計画」をどうサポートするかという形でつくらないと、認められません。多くのベテラン教師も、今までの蓄積を踏まえて独自の工夫をしようとしても、校長が「これは私の学校計画とはちがいます」と言えば、書き直さなければなりません。しかも、相互に「合意」した内容に即して、一年間の業績を、校長が「A」「B」

「C」などと詳細に評価します（「人事考課」）。そしてその評価にしたがって、昇給、昇格が決められ、賃金格差がつくられるようになりつつあります。

いま学校は、教師たちが点数化された目標で競わされ、しかもその目標設定は、教師にたいしては校長が、校長にたいしては教育委員会が点検する関係が作られつつあります。文科省権限が「規制緩和」される中で、自治体の首長や教育行政が決めることこそが住民の利益を実現する方法だという形で、教育行政による「不当な支配」――地方自治体の行政権力が、直接学校を支配・管理し、学校の自由を抑圧する仕組み――が広がりつつあるのです。

議会による政治的介入

四つ目は、草の根からのファシズム的圧力をともなって、「議会による政治的介入」が異常な形で進められていることです。

東京都では、一部都議が、議会で「あそこの学校はおかしい」「君が代・日の丸問題で教師は都の方針にしたがっていない」と質問すると、教育委員会はただちに調査団を出し、一方的な報告書を出す。再び都議から「処分の対象ではないか」という質問がなされ、そのとおり処分がなされる。その典型が都立七生養護学校の事件です。

七生養護学校は、知的な障害がある生徒たちが通う学校ですが、ここでの性教育への攻撃が行われました。生徒たちが知的な障害から、性にたいしてきちんとした認識が形成されていないというもとで、これまで「養護学校の前から車で連れ去られた女の子の話、ケーキ一つで『やさしいおじさん』について行ってしまう女の子の話、痴漢に間違われ、家族とともに暮らす事のできなくなってしまった男の子の話、人前でしてはいけない事の判断がうまくできず、作業所や職場を首になってしまった人の話……」(保護者の会の方が都教委に出した要望書から)など、数々の悲しく困難な現実があったのです。こうしたなかで、この間、性教育の努力がすすめられてきたわけです。

この性教育にたいして都議会で「ポルノまがいだ」との批判が行われたわけですが、たとえば、都議が攻撃した教材に、「ペニスのついたタイツ」というものがあります。障害をもつ子のなかには、おしっこをするとき、ズボンをぜんぶ下げてお尻を出してしまう子がいます。先生がこのタイツをはいてまずおしりを出しておしっこをするまねをして、みんなで「おかしいよね」と言い合い、目に見える形で指導します。この子たちには、おしっこの仕方等の基礎的なエチケットを学ぶことがどうしても必要なのです。そのためには、具体的にわかりやすく教える教材が重要で、これらの教材はそういう努力の中で工夫されてきたものなのです。

にもかかわらず教育委員会の調査団がきて、これらの教材をとりあげて、「ポルノまがいの性教育をやっている」とキャンペーンをはり、校長の降格処分、教員の配転などが行われました(もっとも処分の理由は性教育とは関係のない別のものとなっていました)。

このように今日、東京をはじめ、教育のなかで、「不当な支配」が急速に進行しています。これにたいし、先生方は、悩み、苦しみながらも、たたかっています。その時、現在では、少なくとも裁判では、教基法の「不当な支配に服することなく」という文言に依拠してあらそうことができるのです。ところが、教基法が「改正」され、「教育行政は不当な支配に服することなく行われなければならない」とされたら、そのたたかいが依拠する法的根拠が奪われてしまうのです。これが、教基法「改正」の第一の問題点です。

二　望ましい国民像の規定へ

政府・与党がすすめる教基法「改正」が生み出す変化の第二は、個（一人ひとりの国民）と国家の関係が逆転するという点です。

教基法や憲法が、国民をどう規定しているかご存じでしょうか。粗っぽく言えば、憲法や教基法は、「これが国民である」という規定をもっていません（唯一国籍規定がありますが、これは別のものなのでここではおいておきます）。国民であるために、どんな民族アイデンティティを持たなければならないとか、どんな思想や価値観、歴史観を持つ必要があるなどということは全く関係ないし、あってはならないのです。

なぜなら、そもそも近代的な国家は、こういうのが望ましい国民で、こういうのが望ましくない国民だというような規定はいっさいもっていないのです。近代国家の社会契約という考え方では、人民は、自分たちで議論し、代表を選び、国家権力（国、政府）をつくったとき、はじめて国民になります。国民と呼ばれるにふさわしい人間が選ばれて、彼らが国家を形成するということではありません。国家は、自分を作り出す国民がどういう思想や価値観を持っているかを選べないし、もちろんそういう権限も持ってはいないのです。国家が、国家にとってのぞましい国民は何かを決定するのではなく、主権者である人民（people）が、国家のあり方や性格を決定するのです。アメリカ独立宣言がいうように、「いかなる形態であれ政府がこれらの目的（注――生存、自由そして幸福の追求）にとって破壊的となるときには、それを改めまたは廃止し、新たな政府を設立し、人民にとってその安全と幸福をもたらすのに最もふさわしいと思える仕方でその政府の基礎を据え、その権力を組織することは、人民の権利である」のです。国民は、国にたいして常に自由に批判することができるし、国のあり方を自分たちの意見でつくりかえていく創造的な批判者であることが求められているのです。

この考え方に対応する規定が教基法のなかにあります。第一条にある「平和的な国家及び社会の形成者」です。教基法は、日本の国に住んでいる一人ひとりが、「平和的な国家及び社会の形成者」へと成長することで、国家を作る主権者すなわち国民になることができると規定しているわけです。つまり、人民（people）は、国家（国家権力＝政府）を自分の自由な意思によって作り出すことによって、みずからを国民たらしめるのです。このことは、国家が「これが望ましい国民である」と規定することとは一八〇度違います。

ところが、今回の与党「改正」案では、この「平和的な国家及び社会の形成者」という文言をなくし、「義務教育」は「国民としての素養を身につけるために行」うとしています。これは、国民に必要な「素養」の内容を国が指定して、それを身に付けさせる教育を強制するということを意味しています。その帰結として、「教育の目標」の項に「郷土と国を愛し（大切にし）」――愛国心と呼ぶかどうかで議論があるようですが――などの規定がもちこまれ、その実現のために、「君が代」を起立して歌う態度を訓練するような教育が強制されるようになるわけです。

このように、もし教基法が望ましい国民像を規定するものになれば、教育現場には、現に権力を掌握している国家権力＝政府が望ましいと考える思想や資質が「国民としての素養」として押しつけられることになるのではないでしょうか。この点でも、教基法の性質が一八〇度転換させられようとしていると言えるでしょう。

三　教育「目標」による教育内容の管理・統制へ

与党「改正」案の三つ目の問題は、教基法で教育の「目標」を定めて、それによって教育を管理・統制する方向への転換です。

1　第一条「教育の目的」の意味するところ

現在の教基法は、特定の教育目標に即して学校教育を点検する項目をもっていません。教基法第一条には、「教育の目的」として、「教育は人格の完成をめざし、平和的な国家及び社会の形成者として、真理と正義を愛し、個人の価値を尊び、勤労と責任を重んじ、自主的精神に満ちた心身ともに健康な国民の育成を期して行わなければならない」という規定があります。教基法がこのように「教育の目的」を規定することがふさわしいのかどうか、この規定がどういう意味をもっているのかなどについては、これまでもさまざまな論争が展開されているのですが、通説的には、ここにあえて教育の目的が書かれたのは、戦後の教育が、戦前の教育勅語体制からの転換をなしとげたことを明示するためだったと理解されています。

戦前の教育は、国家のための教育であることが明確に位置づけられ、国家＝政府の政策を実現するための教育、「教育勅語」に忠実な臣民の育成を目的としていました。歴史教育でも、歴史的事実ではありえない皇国史観――「日本は二六〇〇年の間、天皇が統治していた」といった非科学的な歴史観――を、国民に強制してきました。

これに対し、教基法は、教育とは、国家の時々の目的に支配されてはならず、「人格の完成」つまり人間の発達自身を目的とするとし、事実と違ったことではなく「真理」や社会的な「正義」（ここでいう「正義」とは、日本国憲法のいう正義であり、基本的人権や平和の価値をこそ中心にしたものとみるべきものです）にもとづいて行われるべきだと言っているのです。そしてそのためには、その真理や正義がどのようなものであるかを国家権力が決定して、教育のあり方を統制してはならないことを明らかにしているのです。教育の目標や内容が国家によって支配されたからこそ教育が本来の目的からそれてしまったことを根本的に批判したのです。

同時に、先ほど紹介したように、第一〇条に「不当な支配」の禁止の条項があります。つまり、教基法は、学校教育の日々の教育内容がこの法の文言に即して行われているかどうかを政府や行政が直接点検をし、ましてやそれを違法として取り締まる基準を規定した法律としてはつくられていないのです。そういったことを行ってはいけないということこそ、教基法の中心的な理念なのです。ですから、この「目的」規定は、決して、学校で教えられている具体的な教育内容が、真理や正義にもとづいて行われているかどうかを、この条文の文言に照らして政府や教育行政が判定するという趣旨で書かれたものではなく、教育に直接たずさわる者がみずからの判断において正義や真理に従うべきことを求めるものであり、何が正義であり真理であるかについて、国家が統制してはならないということとして、書かれているのです。

２　法律によって教育の内容が点検される

ところが、与党「改正」案のなかに新しい項目が入れられようとしています。第二条に「教育の目標」が新たに設けられ、先にふれた「伝統文化を尊重し、郷土と国を愛し（大切にし）、国際社会の平和と発展に寄与する態度の涵養」のほか、「真理の探求、豊かな情操と道徳心の涵養、健全な身体の育成」「一人一人の能力の伸長、創造性、自主性と自立性の涵養」「正義と責任、自他・男女の敬愛と協力、公共の精神を重視し、主体的に社会の形成に参画する態度の涵養」「勤労を重んじ、職業との関連を重視」「生命を尊び、自然に親しみ、環境を保全し、良き習慣を身に付けること」という六項目があげられています。ここであげられていることの一つひとつをとれば、抽象的で、特定の教育内容や価値観を一義的に規定しているとは言えない規定がふくまれています。

しかし、ここで問題なのは、「教育の目標」ということになれば、教育のなかでそれが実現されているかどうか、教基法にしたがって点検される可能性が高くなるのです。すなわち、「改正」された教基法が、学校教育の内容を、直接に点検する法規範として機能させられる可能性が高くなるということです。そしてそうなれば、教基法に書き込まれた文言を政府が一方的に拡大解釈することが可能になるでしょう。先に見たように「不当な支配」の禁止が全く無力化させられてしまう「改正」とあわせて考えるとき、教基法の構造からして、その可能性が非常に高くなります。たとえば「愛国心」

という問題にかかわって、先ほどのべたように、現在、「君が代・日の丸」が学校で実施されているかどうかを教育委員会が評価、点検し、さらに生徒自身がどこまでそれを受け入れたかを生徒の成績として評価するというところまで進行しつつあるということを考えると、この「教育の目標」の規定が限りなく学校教育内容を点検する文言として機能させられる危険が高まります。

これでは、教基法が、そこに書き込まれた「目標」を、どれだけ学校現場で実現できているかを国家が点検するという法律に一八〇度変わってしまう可能性が非常に高いと言わざるを得ません。教基法が、「教育内容の自由」、つまり国家が教育内容に干渉しないという原則を規定したものから、「教育目標」の実現具合を国家が点検・管理する教育内容管理法、人格管理法へと変質させられてしまうということです。

四　「人権としての教育」が危ない

四点目は、「人権としての教育」が、根本的に転換していくのではないかという点です。

1　「能力に応ずる教育」とは

教基法のいくつかの文言の解釈をめぐって、これまで激しく議論がなされてきましたが、その一つに、第三条にある「能力に応ずる教育」という言葉の解釈があります。三条には、「すべて国民は、ひとしく、その能力に応ずる教育を受ける機会を与えられなければならない」とあります。「ひとしく、その能力に応ずる」とは、その能力に応じて、「能力のある人は受けられるし、ない人は受けられない」という解釈もあります。しかしそうではなく、長い論争を経て、「すべて国民はひとしく」「教育を受ける機会を与えられなければならない」のであって、その教育は、その能力に応ずる、すなわち、人間の能力が絶えず発達していくものであるとするならば、現在到達している能力に対応して、その発達を促すのに最もふさわしい教育があたえられなければならないと解釈されるようになってきました。

障害児教育においては、かつては、「障害者にお金をかけても、ほとんど発達しないのだから、そういう人には教育を受けさせる必要はない」とばかりに、「障害があって学校に行けないので、義務教育を免除してください」という「修学猶予・免除願い」を親が自治体に提出して、就学を「免除」してもらうという事態が広範囲にあったのが、「障害をもっている人は、その障害があるゆえに、よりていねいな教育を受けないと、発達することはできない」「能力に応ずるとは、その障害に応じて、それぞれがその能力を発達させる、その発達にたいしてかかっている負荷を突破するにふさわしい教育を受ける権利がある」という議論が広がり、一九七九年に障害児の全員就学の制度（養護学校の義務化）が実現しました。このように、この「能力に応ずる」という概念は、ねばり強い実践と要求の高まりの中で、より民主主義的な理念へと発展的に解釈されるようになってきました。

ところが、今回の与党「改正」案では、この条文から「ひとしく」という言葉が削除されています。現在、学校教育では、学校階梯を多様化し、格差化していくことがすすめられています。全体としては教育にかける予算が削減されるなかで、効率的に予算をつかうためには、エリート教育への重点的配分しかないとの意図のもとにそれがすすめられています。そのことを条文のうえでも、あらためて正当化するねらいが見えると言えます。

2 「個性」教育の問題

ここで、教基法や、今回の与党「改正」案の条文には直接出てこないのですが、「改正」をめぐる議論のなかで、重要だと思える「個性」という問題にふれておきたいと思います。この概念は、中央教育審議会が教基法「改正」を提起した答申にも出てきていて、今日の政府がすすめている「教育改革」においてもキー概念として使われています。

大ざっぱに言うと、「戦後の、これまでの教育は、個性が実現されない画一的な教育だった」「これからは個々人の能力に応じて、多様な教育を展開し、個性を伸ばすことを実現する」という主張です。その画一的な教育をつくりだしたのが教基法だというわけです。これからは、単線型の学校ではなく、複線型の学校、多様な学校、たとえば普通の中学や高校のほかに、エリート対応の中高一貫校などをどんどんつくるとされていますが、ほんとうにそれでいいのでしょうか。

まず、第一に、ヨーロッパの学校制度を見ると、若干の多様性がありますが、少なくとも義務教育段階では、教育を複線化するということについては否定的だということです。むしろ単線化することに努力してきたと言えます。しかもヨーロッパ社会の義務教育では、日本よりも個性的な教育、個性が発揮される教育が実現されているというのが一般的な評価であることを考えれば、単線型では個性が実現されないなどという主張は、根拠がないというべきです。

第二に、この個性化という概念は、「他人とくらべて優れた差異」といった内容でとらえられていますが、そのことの危険性です。この文脈では個性が発揮される教育とは、その差異をできるだけ早く発見し、その差異にしたがって、異なった教育を行うということになります。これは、教基法「改正」を求める背景となっている財界のエリート人材養成への強い期待感を反映したものと見ることができます。グローバルな競争に勝ち抜くことができる優れた労働能力の芽を個性として早く発見し、差異化されたエリート教育を施し、企業が大競争に勝ち残っていくための労働能力養成を効率的に行うということを意味しています。

しかし、人間のなかには、能力の点で、決まりきった尺度では、あまり他人と差異が出ない人もたくさんいます。そうすると、競争のなかですぐれた差異をしめす人間は、競争に勝利できるけれども、そうでない人間は、個性のない人間という烙印をおされるということにならざるを得ません。しかも、今日、「自己責任」論が横行するなかで、「才能がないのも個性だ」と言わんばかりの議論が氾濫し、競争に勝てないからといって嘆くのではなく、その自分のみじめさを自己責任として受けとめる強さをもたなければ、この世の中では生きていけないのだ、というメッセージがどんどん広まっているのではないでしょうか。

私は、すべての人に「個性」があると考えています。その人が生まれ、営む生活、とりむすぶ諸関係は、その人固有であり、その人がいるからこそ、私も生きられるという関係――人と人とが支え合って生きていく関係――がつくられていくなかで、その人の存在の固有性が証明されていきます。その固有の関係性のなかで、その人のかけがえのなさが証明される状態、すなわちその人へのみんなからの期待が寄せられる関係が作られていくならば、その評価にこたえて自分の力を発揮しようという意欲がわき、自分の存在の固有性が自分自身にも確信されていきます。そういったときに、その人は、自分の能力の発達を心から意欲し、努力し、その分野で能力を大きく発達させていくのです。そういう学習意欲の根源としての存在の固有性をどれだけ実現させるか、これこそが教基法の前文にある「個人の尊厳を重んじ」ということであり、第一条にある「個人の価値をたつとび」ということなのだと思います。本来、「個性」とは、このように「個人の尊厳」の上に成り立つ概念だと思います。

ところが与党「改正」案では、この前文をまったくちがったものにつくり変え、第一条からは、「個人の価値をたつとび」という言葉を削除しようとしています。教育が、まさにいま、人間の尊厳というメッセージを送らなければいけないというときに、こうした言葉を奪っていくのは、真の教育改革に逆行するものであり、許せません。

五　「教育の自由」の根拠としての「直接性」（「直接責任性」）

それに加えて、与党「改正」案がねらう第五点目は、「教育の自由」の基本的根拠の剝奪という問題です。よく教基法は、「教育の自由」の理念に立った法律であると言われます。その中心の規定のひとつは、教基法の第一〇条に書いてある「不当な支配に服することなく」であることは、先ほどふれました。もう一つ、すぐ後に書いてある「国民全体に対し直接に責任を負つて行われるべきである」という点が重要なのです。

この「直接に」とはどういうことか。まず、「間接」というのは、国民は選挙で議会、政府や自治体の首長を選びますが、そこで選ばれた政府や首長が教育のあり方に関与する仕方を指しています。そしてこの「間接」のルートは、「不当な支配」を生む可能性があるとして、教育内容や価値観におよぶ関与は退けられているのです。そこで、「間接」ルートとは異なる「直接」ルートが必要であることが明示されているのです。それは、学校教育にかかわる教師、親、子ども、住民が直接集まり、議論し相談して、教育の内容を決めるルート、仕組みのことを指しています。これが「直接性」です。

教育の世界は、政府の干渉によって侵されてはいけない、教育的自治は、直接性の論理において、行わなければいけない、とされているのです。だから、住民参加あるいは学校参加が必要なのです。教師は、政府に命令されるからではなく、親と話し合い、住民と話し合い、また子どもと向かい合う関係のなかで、直接に子どもと国民に対する責任を担って、どんな教育を行うかを決めることが求められているのです。教師は、日々の子どもとの取り組みの経験を総括し、また「学問の自由」に依拠した教育学研究に支えられて教育実践のあり方を考え、教育をこのように進めたいというプランを親や住民に伝え、親や住民は「この地域ではこういう教育が必要だ」「うちの子どもにはこういう教育をしてほしい」という要求を出し、それらの討論の合意として教育が行われていくべきであることが示されているのです。

このような直接性という概念があるからこそ、「教育の自由」は論拠づけられています。教基法ができた当初は、この直接性を実現するためには、住民が直接選挙で選ぶ公選制の教育委員会が必要だと考えられ、一九五六年まで実現されてきましたが、この公選制教育委員会があると文部省の統制がきかないということで廃止されてしまったのです。

直接責任性の概念は、教育の自由を規定する、教基法のなかのもっとも重要な規定とも言えます。しかし、与党「改正」案は、この規定を削除することをねらっています。となれば、「教育の自由」の論理が教基法から失われてしまいます。

六　「教育振興基本計画」の問題

最後に、与党「改正」案で、「政府は、教育の振興に関する基本計画を定めること」とされている「教育振興基本計画」についてふれておきます。政府が教育の振興計画をもつことそのものは、一見、当然のことのように見えます。しかし、それが教基法に組み入れられるとすれば、重大な意味あいをもつようになるのです。

現在も政府は、たとえば、習熟度別学習をやる、学力テストをやるなど細かい方針を出しています。こうした教育内容にまでかかわるような政府、内閣、文科省の方針を書いた「教育振興基本計画」が、教基法で直接権威づけられるようになるのです。そうなると、国が教育に干渉してはいけないとしている教基法の根本的な変質につながらざるを得ません。教育振興基本計画は、閣議決定だけで決められてしまいます。何年かごとに閣議で、新しい教育振興基本計画がつくられ、教基法の権威でもってその実現が政府に義務づけられていくのです。政府がつくった計画こそが、教基法に根拠規定のある「教育振興基本計画」だとして、それが押しつけられていくのです。何年かごとにつくられる政府の教育方針が教基法によって常に権威化され、その結果、政府が一方的につくった「教育振興基本計画」

の理念やねらいによって、教基法の解釈がどんどん変わっていくということにもつながります。

もともと、教基法は、国はこういう教育を保障しなくてはいけないという国家の義務を規定し、また国の行うことの限界を定めた国家にたいする規制という性格をもった法律、しかも憲法的規範としての「根本法」として制定されてきました。それが時々の政府方針を権威づけるものへと変質してしまう危険性が高くなるのです。


以上六点についてのべてきましたが、最も重要なことは、これらを貫いて「改正」の中心のねらいが、教育基本法の基本性格、すなわち国家の教育への「不当な支配」を制限する準憲法的な法律という性格を、国家や行政による教育内容と個人の思想や価値観に対する管理・統制を合理化する法律へ、文字どおり一八〇度転換することにあるということです。教基法の歯止めが一気にとりはらわれ、国がやりたいことはなんでもやっていいという状況をつくりだしかねません。これは、基本的人権や人間の精神の自由の尊重が組み込まれた憲法をもつ国では決して許されるべきことではありません。

同時にそれは、弱肉強食を前提とする、格差の拡大した競争社会という、現在の日本の支配層が描く二一世紀像をよびよせるものであり、断じて許すわけにはいきません。

しかしながら、この教基法「改正」のほんとうの正体が、国民のあいだに十分には理解されていないのも事実です。こうしたもとで、「改正」が議論されようとしています。私たちは、この「改正」の本質を大いに広げるとともに、どのような教育をこの二一世紀につくりあげていくのかなどについて、大いに国民的議論を展開することが求められていると思います。

第3章　国家と教育――教育基本法を考える――

一　国家と教育の関係を逆転させる「改正」

1　国家による教育支配の復権を意図するもの

二〇〇四年六月一一日に、自民党・民主党の国会議員による教育基本法改正促進委員会が「新教育基本法」大綱（案）を発表し（以下「大綱」）、同六月一六日には与党（自民党・公明党）の教育基本法改正協議会が中間報告を発表しました（以下「中間報告」）。そこには教育基本法を改正するねらいがあからさまに示されています。

驚くべきことに、「大綱」は、その「教育の方針」に「国は教育の目的を達成するため、初等中等教育における教育内容を定め、評価の責務を負う旨規定する」と明記しています。これほどあからさまに、無限定に教育内容を国家が定めるとした規定を見て、私は、時代が一挙に半世紀以上前の戦前に引き戻されるような感覚に襲われてしまいました。戦前、国家が教育の内容を一方的に決定・管理し、国の政策を無条件に受け入れ正当化する一貫した教育を進めたことで、国民は、侵略戦争を正しい戦争と思いこまされ、アジアの二〇〇〇万人におよぶ人たちの命を奪い、また日本人自身も三一〇万人が死に追いやられていった侵略戦争に動員されたのです。国家が国民の真実を知る権利を踏みにじった歴史への根底的な反省にたって、国家は、教育内容を一方的に統制してはならないということが戦後の新しい教育原理として承認され、それが教基法の基本原理となったのです。その基本原理を「大綱」はもう一度、一八〇度転換しようとしているのです。

「中間報告」も同じような姿勢を示しています。現行の教基法第一〇条は、「教育は、不当な支配に服することなく、国民全体に対し直接に責任を負つて行われるべきものである」と書かれています。それは、教育に対する国家の「不当な支配」によって教育が統制されたことへの根本的な反省から規定されたものです。ところが「中間報告」の改正案では、「教育行政は不当な支配に服することなく」（傍点引用者）と書かれているのです。これは根本的な書き換えであり、欺瞞とすらいうべきものです。教育行政こそ国家の不当な支配の直接の窓口になってきたのです。その教育行政に、他からの干渉に影響されずに（親や住民や教員組合などの「不当」な支配に惑わされずに）、方針を貫けという規定にされているのです。「不当な支配」を犯す可能性のある主体が何よりも国家や教育行政であることは、今までの裁判判決でも当然とされてきたことです。だから教基法は何よりも教育行政や国家による「不当な支配」を禁止してきたのです。ところがその教育行政に、「不当な支配にわずらわされないで教育行政を貫け」という趣旨の規定が改正案として提案されているのです。現行の教基法の規定とまったく正反対のものなのです。こんなことを平気で書き込む神経にはあきれかえるといわざるを得ません。

このことから判断すれば、教基法改正のねらいは、教育内容を国家が自由に決められるようにし、「愛国心」の教育を強め、国家の政策に従順な、あるいは国家の政策を無批判に推進していく国民の育成にあるといわざるを得ません。

教基法がその制定において最も重視したのは、まさにこの国家と教育の関係にあり、国家（政府）の不当な支配を受けることなく、国民が、学問の自由、教育の自由の下で、真理や正義を自由に探究し、学校教育を営んでいけるようにすることにありました。

この論理に対する教基法改正の正面からの攻撃を前にして、今一度、国家と教育の関係をふり返り、教基法の教育原理を改めてたしかめたいと思います。

2　教基法による国家と教育の関係の転換

教基法が作られたその最大の理由は、国家と教育との関係をどう定めるかという問題についての深刻な歴史的反省にありました。

国家――この言葉は、戦前にあっては、一切の批判を許さないものとして、国民の心を支配するものとなっていきました。しかし明治の最初からそうだったわけではありません。自由民権運動による民主主義への要求の高揚を押さえる意図を持って、大日本帝国憲法が制定され（一八八九年）、翌年教育勅語が出され、国と天皇のために生きることが国民の義務であるとの観念が、次第に国民に注入されていきました。

日清・日露戦争を経て、植民地を獲得する熱狂の中に国民が巻き込まれ、国民の中からも排外主義的なナショナリズムが高まり、また侵略批判、戦争批判の声が徹底して抑圧される中で、やがて日本は、国民が一丸となって侵略戦争へと突き進み、未曾有の殺戮と悲劇を味わうことになったのです。

その第一の責任は、天皇制政府と軍部にありました。しかし誤った国の動向に対する批判力を国民から奪い、国民自らが侵略戦争の熱狂へと組み込まれていった背景には、天皇制国家が思うままに行った軍国主義教育、愛国心教育がありました。

権威あるおとなである教師たちが、これまた権威ある教科書で来る日も来る日も、日本の強さや、侵略戦争が正義の戦争であることを教えるなかで、幼い子どもたちがどうしてそれを疑うことなどできるでしょうか。日露戦争で忠義を尽くした広瀬中佐の武勇をたたえ（『尋常小学修身書巻二』一九一八年版）、「キグチコヘイハテキノタマニアタリマシタガ、シンデモラッパヲクチカラハナシマセンデシタ」（『尋常小学修身書巻一』一九一八年版）と忠国の戦死をたたえ、さらには「戦勝祝賀の日」でシンガポール「陥落」（すなわち侵略・占領）を祝賀する（『初等科修身四』一九四三年版）など、教育が、戦争を正義として描き出し、子どもを戦争へ熱狂させていったのです。

教基法は、何よりもそういう過去への深い反省に立って、教育内容を国家が権力的に決定してはならないこと、教育が時の政府の政策への一方的支持を強要する道具となってはならないことを、日本の教育の根本原則とするために、制定されたのです。

そのため教基法の第一〇条には、教育に対する国家などからの「不当な支配」を禁止するという規定が明記されました。また第一条（「教育の目的」）には、教育はなによりも個人の発達の可能性を最大限に花開かせ、個人の「人格の完成」を第一の目的とすべきであることが明記され、国家の政策目的実現の手段として教育を利用してはならないことが示されたのです。

これはすでに、フランス革命以来の近代の人権思想においては、当然とされる考え方でしたが、日本においては、アジア・太平洋戦争の悲惨な体験を経て、ようやく日本の教育の根本原則とされるに至ったのです。教基法によって、国家と教育、教育における国家と個人の関係が、一八〇度転換することになったのです。

3　教育勅語と国民の思想統制

国家と教育の関係を考えるためには、戦前の教育勅語体制の下で、国民の教育がどういう状況におかれたかを見ておく必要があります。

教育勅語は、大日本帝国憲法の成立下、教育を議会の関与からも切り離して、天皇の官僚が思うままに扱えるように、天皇のお言葉という形で教育の基本方向を定めたものでした。それは、儒教的な家道徳を踏まえ、国家への忠誠心を求め、「一旦緩急アレハ義勇公ニ奉」じる（国家緊急時には天皇と国のために命を投げ出す）ことを求めていました。

教育勅語制定（一八九〇年）直後に、敬虔なキリスト教信者であった内村鑑三が、勅語への敬礼を拒否したとして、第一高等学校（現在の東京大学教養学部）の職を追われました（不敬罪事件）。以後、教育勅語への忠誠が、教育現場で強制されていきます。

教育勅語は、暗唱が強制されました。教育勅語の取り扱いでミスをすると、校長でも首が飛ぶことがありました。戦時中、教育勅語謄本と御真影をおさめた奉安殿が空襲で火事にあう中で、それを持ち出そうとして多くの校長先生が焼死することも起こりました（岩本努『「御真影」に殉じた教師たち』大月書店、一九八九年、参照）。生徒は、この勅語の奉読中は、無理な前屈みの姿勢をとらされ、鼻をすることもできず、冬ともなれば勅語奉読の終了とともに一斉にズルズルと鼻水をすする音が講堂に響き渡るような状況が生まれたのです。身体の自由をも奪うような緊張を強いられる儀式を通し、天皇と国家への絶対服従の訓練が行われたのです。

一方、天皇暗殺を企てたというでっちあげ（大逆事件、一九一〇年）がなされ、幸徳秋水らが死刑にされました。一九二五年には治安維持法が制定され、昭和に入ると国民の天皇制批判や戦争政策批判は、弾圧・沈黙させられていきました。教師も戦争に批判的なことを教えると逮捕・投獄されることを恐れなければならず、教育の自由はほぼ完全に奪われていきました。その結果、国民は政府の思うままに情報操作され、侵略戦争へと動員されていったのです。教育は、侵略戦争を正義の戦争として教え、「鬼畜米英」という言葉に象徴される排外主義の精神、天皇への絶対的な忠誠心を植えつける上で、最高の効果をもたらしたのです。

このような戦前の教育の根本的転換のためには、何よりもこの教育勅語の廃止が必要でした。主権在民の原則に立った憲法の制定（一九四六年一一月）によって、その理念に反する教育勅語の廃止は当然でしたが、当時の政府は教育勅語擁護の立場をとり、しばらく曖昧にされていました。しかし、国会の審議によって法律の形式をとって教基法を制定し、教育の基本理念が確定されるにおよんで、ようやく教育勅語の「排除」（衆議院）、「失効」（参議院）が国会で決議されることになりました

（一九四八年六月一九日）。それらの措置によって、教育勅語体制から憲法・教基法体制への転換が完了し、戦後民主主義教育が力強く出発することになったのです。

二　教育への「不当な支配」規定を廃する

1　教基法の禁じる「不当な支配」

教基法は、国家と教育との関係について、第一〇条に「教育は、不当な支配に服することなく、国民全体に対し直接に責任を負つて行われるべきものである」と規定しました。この「不当な支配」とは何を指すのかが戦後色々に論争されてきましたが、その主体として国家が含まれていることは、その制定経緯からも明確であり、また最高裁学テ判決（一九七六年）もそのことを次のように確認しています。

「……（第一〇条が）排斥しているのは、教育が国民の信託にこたえて右の意味において自主的に行われることをゆがめるような『不当な支配』であって、そのような支配と認められる限り、その主体のいかんは問うところでないと解しなければならない。それ故、論理的には、教育行政機関が行う行政でも右にいう『不当な支配』にあたる場合がありうることは否定できず……。……その意味において、教基法一〇条一項は、いわゆる法令にもとづく教育行政機関の行為にも適用があるものといわなければならない。」

その国家による「不当な支配」を告発し、教育の自由を求めたのが、家永三郎教授の提訴した教科書裁判でした。家永教授は、一九六五年、自分の書いた高校日本史教科書の記述が、教科書検定で不合格処分や修正指示を受けたことに対して、それは表現の自由、検閲の禁止を規定した憲法に違反するものだと国を相手に告訴しました。そこには家永教授の並々ならない決意がこめられていました。家永教授は、戦前、侵略戦争批判を積極的に展開できなかった自分への厳しい反省をこめて、国民が真実を知る権利を奪おうとする教科書検定制度を、違憲として告発したのでした。

この裁判は一九六五年から九七年まで、じつに三二年間におよび、地裁から最高裁まで一一の判決が出されましたが、一九七〇年七月一七日の東京地裁判決（いわゆる杉本判決）は、この教育の自由の理念を明確に確認した画期的なものでした。

この判決は、「国家は、教育のような人間の内面的価値にかかわる精神活動については、出来るだけその自由を尊重してこれに介入するを避け」るべきであるとし、教育は、「法律によりさえすれば、どのような教育内容への介入をしてもよい、とするものではなく、また教育の外的な事項については、一般の政治と同様に代議制を通じて実現されてしかるべきものであるが、教育の内的事項については……一般の政治のように政党政治を背景とした多数決によって決せられることは本来的にしたしまず、教師が児童、生徒との人間的なふれあいを通じて、自らの研鑽と努力とによって国民全体の合理的な教育意思を実現すべきものであり、またこのような教師自らの教育活動を通じて直接に国民全体に責任を負い、その信託に応えるべきもの」であるとしました。

ここで重要なことは、何が学問的真実であるかをめぐって学問の世界で論争があり、あるいは学問の世界で一定の結論が出されていることについて、何が正しいとか間違っているとかを国家が介入して決着をつけること、ましてや学問的な根拠のある考え方を国家が介入して否定したり、教科書記述を書き換えさせたりすることは憲法に違反し、絶対やってはならないということです。もしそれが許されるならば、国家が何が真理であるかを勝手に判断して国民に押しつけることになってしまいます。また政府に都合の悪いことは教えることを禁止し、国民の判断を誤らせ、それは再び戦前のあやまちをくり返すことになるでしょう。だからこそ、教基法は「不当な支配」を禁じているのです。

2　改正のねらい――「不当な支配」禁止規定の廃棄・変質

日本で争われたいわゆる教育裁判の最大の論争点は、この「不当な支配」に関わっていました。国の側は、議会制民主主義によって国民から選ばれて成立した政府は、国民の意思を代表するのだから、教育内容についても関与しうるという主張を展開しました。この点で、先に紹介した杉本判決の規定は非常に明確なものでしたが、それとは異なる判決もありました。しかしこの点に関しては、北海道学テの最高裁判決（一九七六年）に述べられている点が、今日、国をも含んだ共通理解点として通用してきていると見てよいでしょう。

その判決は、「国は……必要かつ相当と認められる範囲において、教育内容についてもこれを決定する権能を有する」としつつも、「本来人間の内面的価値に関する文化的な営みとして、党派的な政治的観念や利害によって支配されるべきでない教育にそのような政治的影響が深く入り込む危険があることを考えるときは、教育内容に対する右のごとき国家的介入についてはできるだけ抑制的であることが要請されるし、……子どもが自由かつ独立の人格として成長することを妨げるような国家的介入、たとえば、誤った知識や一方的な観念を子どもに植え付けるような内容の教育を施すことを強制するようなことは、憲法第二六条、一三条の規定からも許されない……」と述べています。

そして、教基法一〇条のいう「不当な支配」を犯してはならないという規定は教育行政に対しても適用されることを確認した上で、「普通教育の内容及び方法について順守すべき基準を設定する場合には、……必要かつ合理的と認められる大綱的なそれにとどめられるべきもの……」としているのです。これは教育内容に関する大綱的基準説と呼ばれています。

政府はかねてから教基法一〇条の「不当な支配」規定を、国家による教育内容統制にとって、じゃまなものとして扱ってきました。そして教基法の改正を答申した中教審答申(二〇〇三年三月二〇日)では、第一〇条に関して、「『必要な諸条件の整備』には、教育内容等も含まれることについては、すでに判例により確定していることに留意する必要がある」と述べ、教育内容への政府の関与を一般的に可能であるとの態度を、しかも右の最高裁学テ判決を根拠に押し出してきているのです。それは裁判をめぐる事実経過をもゆがめるものといわなければなりません。

さらに重要なことは、最初に指摘したように、二〇〇四年六月一一日の、自民党・民主党の国会議員による教育基本法改正促進委員会の「大綱」の改正案では、「国は教育の目的を達成するため、初等中等教育における教育内容を定め、評価の責務を負う旨規定する」と、教育内容への全面的統制を当然とし、くわえて、教育行政の条文では、「不当な支配」という文言は削除されてしまっているのです。また六月一六日の与党の教育基本法改正協議会の「中間報告」では、「教育行政は不当な支配に服することなく」と書き替えられて、国家の不当な支配の直接の窓口になってきた教育行政に、親や住民や教職員組合などからの「不当」な支配に惑わされずに方針を貫けという、まったく正反対の規定にされているのです。ここに教基法改正の意図が、あからさまに語られています。

3　学校教育への「不当な支配」の拡大

教育への政府や教育行政による「不当な支配」が、最近急速に強まっています。

第一に、国旗・国歌の強制が異常なまでに強められ、東京都では、それに従わない教師へ大量の処分が連発されています。その背景には、憲法を無視した自衛隊のイラク派遣によるアメリカの戦争への参戦体制の進行、また福祉の破壊など国民生活を圧迫する国家政策の強行があり、それらを国民に受け入れさせるために、ナショナリズムを喚起する教育が求められていると考えられます。その中で、「関心・意欲・態度」評価によって、子どもの態度や愛国心までが「ＡＢＣ」段階で評価され、成績管理されるという異常な事態も生まれています。

第二に、グローバルな競争に勝ち抜くリーダーとしてのエリート養成教育が、焦眉の課題とされつつあります。構造改革によって公教育費が削減されつつあるなかで、エリート養成のために教育予算を重点的に投資する方法が選択され、そのため学校制度体系を複線化、多様化（中高一貫校の創設など）し、各種の学力テストの導入で、日本型学力向上運動を作り出そうとしています。東京の荒川区などでは、学力テスト結果が公表され、点数向上の学校教育計画が策定され、学力向上のノルマが教師に強制され、教師の授業内容が監視、統制される体制が生み出されようとしています。

第三に、学校選択制度などの市場競争の論理の下で、東京都に典型的に見られるように、行政が一方的な改革を学校に押しつける事態が拡大しています。そしてそのために、NPM（ニュー・パブリック・マネージメント＝新公共管理方式）という手法が導入されつつあります。自治体を会社経営に模し、経営トップ＝首長（行政）の決定を絶対とし、その経営体のミッション（使命）をどう積極的に担えるかという競争を校長、さらには教師の中に組織し、その成果に応じて給与や昇進を配分するという方法です。

総務省の『新たな行政マネージメントの実現に向けて』（二〇〇二年五月一三日）によると、NPMではその最も重要な「戦略計画」に関しては、「もとより、議会制民主主義においては、国民のニーズの把握と行政への反映については、政治がその役割を担っており、行政はその執行者としての立場に立つ。このためとくに政府全体としての国家戦略にかかる目標をはじめ、戦略目標については、本来、政治がトップ・マネージメントとしてこれを決定し、優先順位を付け、資源配分を行うことが基本」とされるのです。この主張が政府や中教審の主張（「『必要な諸条件の整備』には、教育内容等も含まれる」）や、先に見た「大綱」の「国は……初等中等教育における教育内容を定める」という教基法改正案と一体になるとき、教育内容についても、行政の決定が絶対性を持つものと位置づけられることになるのです。そして教師は「マネージメント・サイクルにおける評価によって得られた業績の測定結果にもとづき、予算・人事等の面等職員の外発的期待に応えるメリットを与える信賞必罰のシステム」（いずれも総務省文書）で管理すべしとされるのです。

これがストレートに教育分野に適用されるならば、教育への「不当な支配」が無限に拡大し、教育実践は「信賞必罰」のシステムで管理されることにならざるをえないでしょう。

4　国旗・国歌の強制——教育の論理の破壊

子どもを原点とし、子どもが直面している困難や発達課題にふさわしい学校計画を作り出していくことが学校づくりの原点なのです。そういう営みが、国家や自治体の上からの「不当な支配」に強制的に従わせられるならば、教師の意欲が奪われ、教育の生気が失われ、子どもの困難が無視されて学校が荒廃するほかないでしょう。

その点で、最近の東京都の国旗・国歌の強制はまさに異常と言わねばなりません。都教委は、二〇〇四年三月三〇日、卒業式で起立して国歌斉唱をしなかったという理由で、都立学校の一七六名の教員に戒告、八名に嘱託採用取り消しの処分を行い、続いて四月五日、都立学校教師一〇名、公立小中学校教師一〇名を、戒告と減給処分にしました。

これらの処分は、二〇〇三年一〇月二三日、都教委が都立学校長宛に通達した「入学式、卒業式等における国旗掲揚及び国歌斉唱の実施について」（一〇・二三通達）とその「実施指針」にもとづいています。それらは、国旗は「式典会場の舞台壇上正面に掲揚」、児童生徒は「正面に向いて着席」、教職員は「国旗に向かって起立し、国歌を斉唱」、国歌斉唱は「ピアノ伴奏により行う」、卒業証書の授与は「舞台壇上に演台を置き」行うなど、事細かに指示し、「教職員が本通達にもとづく校長の職務命令に従わない場合は、服務上の責任を問われる」と述べています。そのため卒業生と在校生が呼び交わしあうフロアーでの対面式卒業式が否定され、二〇〇四年の春の卒業式や入学式には、教育委員会から派遣された監視員が、式に参列する教師の座席表を手にして個々の教師の行動をチェックするという異常な状況まで出現しました。これは、国旗・国歌法審議過程での、内閣総理大臣の「国旗掲揚等に関し義務づけを行うことは考えておら」ないとの説明や、文部大臣の「国旗・国歌の指導にかかわる教員の職務上の責務について変更をくわえるものではございません」との言明をも否定するものです。

さらに東京都の横山教育長は、「生徒が起立して歌わなかったのは、教師の指導の問題である」、「起立して国歌を歌うよう指導しない教師は処分する」（都議会予算特別委員会）、あるいは、指導力不足教員として特別な「指導」を受けさせるとまで言明しています。それは、教師に、子どもの内心の自由を否定して子どもの心を踏みにじることを強要し、国民の思想統制の直接の担い手になることを命令するものに他なりません。

それは、都教委方針への忠誠の証として、人間として絶対に譲れない教育的良心の放棄を迫るという重大な踏み絵を踏ませるものです。そういうことが行われるならば、子どもの教師への信頼が一挙に崩れ、教育が成り立つ基本的な人間関係が破壊され、学校教育の荒廃を引き起こさざるをえません。

だからこそ、子どもとの心のつながりを何よりも大事にしようとする教師は、このような都教委や校長からの強制的指導や職務命令を前にして、苦しみ、悩み、打ちのめされ、あるいは命令を拒否せざるをえないのです。こういう介入こそが、教育にとっては絶対に許されない「不当な支配」なのです。

三　国民と教育と国家

1　政治と文化・教育の方法の違い

「教育の自由」理念の根本には、そもそも真理と正義探究の方法において、「政治」と「科学・文化・教育」（以下、「科学・文化・教育」を「文化」として表す）の二つの領域に、異なった原則が適用されるという問題があります。

政治においては多様な政策が争われ、多数決民主主義によって多くの支持を得た政策が実現されることになります。しかし文化の世界では多数決原理は本質的になじみません。あくまで個々人が何が正しいかの判断主体であり、個々人は各自の信念や真理認識にしたがって行動するのです。そして真理や価値を学習し伝達していく教育は、まさにこの文化の世界の論理で営まれる領域なのです。

それは別に政治の世界と文化の世界に優劣をつけるものではありません。政治と文化の世界がそれぞれ相対的に異なった論理で真理や正義を探究するものであることを示しているのです。その違いを教育に即して図1のような構図で表すことができます。

この図は、国民が自由な政治主体であるためには、教育の国家（権力）からの自由が不可欠であることを示しています。教育は、この自由の下で、政治の主体としての統治者＝自由な市民の養成、「平和的な国家及び社会の形成者」（教基法第一条）養成の責務を負うのです。そして政治は、教育の世界の自治を保障する条件整備に責任を負うのです。

戦後出発した教育委員会は、「教育が不当な支配に服することなく、国民全体に対し直接に責任を負って行われるべきであるという自覚」（公選制教育委員会法第一条）にたって、今述べた政治の世界からの教育の相対的な自律を保障するために、公選制を採りました。公選制教育委員会は、政治とは異なった教育の自治的世界のコーディネーターと認識されていたのです。しかし政府は、そのような親・地域と結びついた教育委員会は、政府の中央集権的な教育行政の妨げになるとして、一九五六年に廃止しました。そして教育委員は首長が任命するものとなり、政治権力＝行政の意志を実現するための出先機関に近いものへと変質させられていきました。教育と国家の関係は、教育が国家権力（＝政府）の統制に服するという関係へとふたたび組み替えられようとしたのです。

今回の「改正」の意図は、教基法の条文からも、この教育の自由の基本構造を取り去ってしまおうとするものといわなければなりません。

2　教基法の国家構想

今まで主として、教育に対する国家の「不当な支配」の問題を述べてきました。しかし教基法は、決して国家について消極的な姿勢を持っていたのではありません。戦前の国家は、教育を支配し操作することで国家権力の奴隷へと国民を教化していきました。そのことへの反省にたって、教基法は、逆に、国民が、どうやって自分たちの国家、平和国家、民主主義国家を作り出すことができるのか、教育はその課題に対してどういう役割を果たすべきかをこそ、教育の根本理念とし、明確な方向を提

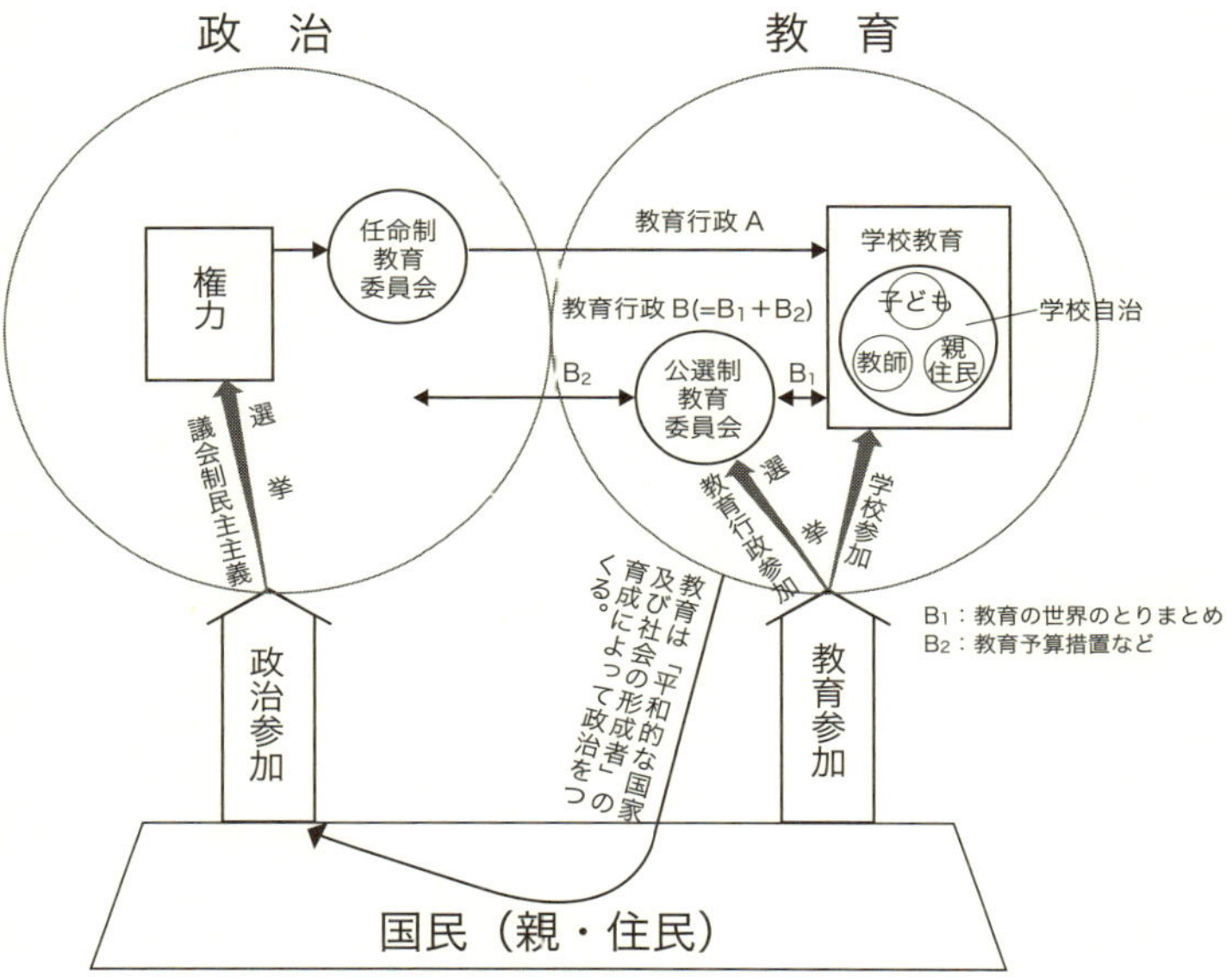

(7) 公選制から任命制への教育委員会の変化は、ただ単に、教育委員の選出方法が変わっただけなのではなく、教育委員会というものの位置づく場所が変わり、教育の自由の世界の中にあった委員会が、政治権力の意志を実現する行政の一環へ、したがってまた政治の世界へと移動したことを意味していると把握しなければならない。

(8) 教基法にいう、「平和的な国家及び社会の形成者…の育成」という規定は、教育の自由の世界に、政治の世界の主体として政治参加していくことのできる力を育てることを責務として課したものであり、それは権力の意志によってその人格形成が左右されてはならず、まさに権力に対して自由に、批判的に思考する力をこそ獲得させなければならないことを明確にしたものと捉える必要がある。

図1　国民の営む政治と教育との関係

（1）国民は、政治参加とともに、それとは異なった論理で教育参加を行い、一定の自律性を持ったそれぞれの領域の主体となる。

政治については、主として、参政権を行使して、議会制民主主義のプロセスをたどって、権力を確立し、統治を実現する。

それに対して、教育の事業に関しては、国民は、住民として、また子どもの親として、公教育（主として学校教育をここではイメージしている）に参加する。教育参加は、教育行政参加と学校参加の2つで構成されている。

（2）教育の自由とは、政治の領域の権力が、教育の自由の世界の価値的内容には強権的な干渉をせず、教育の自由の世界の自律的な判断を尊重し、その教育が実現できるよう、主として条件整備を行うということを指す。

（3）そのため、教基法の出発時点では、教育委員会は、政治の領域の権力及び多数決民主主義による議会の意志から相対的に独立して、住民の直接選挙によって選ばれて、教育行政に携わることとされた。その点では公選制教育委員会は、教育の自由の世界の文化的とりまとめ行政としての性格を持つものと考えられた。

（4）また学校の自治は、教師の自治そのものではなく、教師と親・住民の三者、さらに生徒を加えた4者の自治的協同の自治として把握されるべきものである。教基法の「直接性」理念（第10条）、また教師についての「全体の奉仕者」性の規定（第6条）はそのような理解を求めていると考えられる。

（5）しかし、1956年に公選制が廃され、任命制となった結果、教育委員会は政治の世界の権力（首長）によって任命されるものとなり、政治権力の意志を実現する行政システムの一環へと変化していった。任命制教育委員会の行う教育行政（A）は、政治権力の意志の行使としての側面が強くなる。公選制教育委員会の教育行政（B）は、教育の自由の世界のとりまとめと（B_1）、政治の世界における教育に関する決定（たとえば教育予算措置の決定）を教育の自由の世界の側から求めること（B_2）を中心の課題とする。

（6）教基法10条の「直接性」概念は、政治参加のルートを通って、権力の意志を体現した行政行為としての教育行政によって、すなわち「間接的」なルートで教育がコントロールされるのではなく、住民が、教育事業の取りまとめ役として直接選挙した代表と、教師・親・住民自身によって、すなわち「直接性」のルートによって、営まれるべきであるとするものである。

示したのです。

日本が戦後めざすべき国家像は、日本国憲法によって、「平和を維持し、専制と隷従、圧迫と偏狭を地上から永遠に除去しよう」と努力する国民の国家、「ひとしく恐怖と欠乏から免れ、平和のうちに生存する権利」を保障する国家として示されました。くわえて憲法は、国民に、「政府の行為によって再び戦争の惨禍が起ることのないやうにすること」を課題として提起しました。教基法は、そのことを「民主的で文化的な国家を建設して、世界の平和と人類の福祉に貢献しようとする決意」(教基法)として受け止め、「この理想の実現は、根本において教育の力にまつべきものである」としたのです。教基法は、憲法の示す平和的、民主的、文化的な国家形成の力量を子どもに獲得させる教育を提起したのです。

憲法や教基法は、個人の権利だけを強調したために、利己主義や「私民主義」が拡大したなどという批判は正しくありません。教基法は、新しい国家を作り出す国民の力量の形成を教育の責務として提起したのです。敗戦当時の混乱、占領支配、食糧危機、経済的崩壊状況の中で、人々は、二度と戦争を引き起こさない政府、平和と安全を保障してくれる国家を文字どおり「希求」し、教育にその希望を託したのです。

そのために、第一条「教育の目的」に「平和的な国家及び社会の形成者」の育成を、第八条に「良識ある公民たるに必要な政治的教養」の教育を明記し、そういう教育は、戦前のように国家への盲目的な信奉者の育成ではなく、「真理と正義を愛し、個人の価値をたっとび、勤労と責任を重んじ、自主的精神に充ちた……国民の育成」(第一条)によってこそ可能になるという構造を提起したのです。

しかしこの教基法の提起する新しい国家建設への教育の責任を、戦後政府は一貫して否定し、政治的教養の教育を偏向教育として抑圧してきました。また企業社会の能力主義的な学力競争は、企業の要求に応える狭い労働能力のみを重視し、どう自分たちの所属する集団、社会や地域の自治主体、統治主体に育てるのかという市民形成の教育の課題を萎縮させてきました。そして今私たちを翻弄している新自由主義の競争システムは、個人の労働市場での競争力のみを求め、政治や自治の力によって社会の課題を解決し、人間が協同・連帯していく道をいっそう見失わせつつあるように思われます。

重ねて言いましょう。教基法は、その改正を主張する人たちが批判するように、国家のあり方を考えていないのではなく、逆に、国家が崩壊したまさに日本社会の危機のなかで、新しい平和国家を作り出す教育の責務を提示したのだと。憲法に示された国家を作り出すための主体形成の責任を、明確に提示したのが教基法なのだと。

3　愛国心とは

国家と教育の関係を考える重要なテーマの一つが愛国心です。市民革命を経た近代の国家は、それまでの絶対主義的な国家から、国民の権利を保障する国家へと組み替えられました。しかし国家は強大な権力を持ちます。また権力の座にある人間や集団は、しばしば、その権力によって獲得できる地位や利権にありつくために、権力への国民の支持を獲得しようとして、さまざまな手段を悪用する衝動に駆られます。そして権力が作り出したイデオロギーや理念を国民に信奉させ、その権力の継続を計ろうとします。

戦前の日本において、権力への合意の調達は、警察的な恫喝だけではなく、学校教育によって子どものうちから頭脳にたたき込まれた天皇制国家への忠誠心と愛国心によるものでした。その完成度は、ヒットラーをも羨ましがらせたほどのものでした。

愛国心は、もう少し区分けしてみると、①国家権力とその政策を支持する感情――愛「国家権力」心、②自分の所属する集団や社会や民族あるいは国民に対する親しさの感情、③さらに郷土愛というような自分のなじんできた自然への愛着心や懐かしさの感情、とに区分されます。愛国心教育の狙いは、第一のものにあります。しかしそのために、素朴な第二、第三の感情を利用し、国家権力をそういう親しいもので構成された共同体の利益を担うものとして描き出し、権力への批判は、共同体自体への攻撃だと受け止めるように教育してきました。自分の所属する集団への愛着や郷土愛の感情は、ごく自然に多くの人が感じるもので、直ちに批判される性格のものではありませんが、それらが偏狭な愛国心を生み出すために利用されてきたことも忘れてはなりません。他民族よりも自分たちの民族が優れているというような民族排外主義は、厳しく批判されるべきものです。

愛「国家権力」心としての愛国心――常に国家政策を支持するのが愛国心――だとなると、その愛国心は、政策批判を封じるものとなります。それは二度と犯してはならないあやまちであり、歴史的反省の核心なのです。むしろ自分の所属する社会や国家をよくしようとして現にある社会や国家政策を批判することが、本当の意味の自分たちの仲間への「愛」や「責任」を果たすことであり、真の愛国者として、後世の歴史家からもたたえられてきたのです。たとえばフランス革命参加者は、当時のルイ王朝への反逆者であったとしても、自由なフランスを作り出した最も愛国的な国民として、後のフランス人の誇りとなっているのです。

国家が国民に愛国心の発揮を奨励する方法はただ一つ、国民の国家政策批判の自由を保障し、国民が国家の政策の議論と作成に参加することを保障すること以外にはありません。それは国民が、最も能動的な主権者として政治に参加することにほかなりません。国家の政策に無批判に同意することは、かえって国の未来、民族の未来を危機に陥れることにつながるのです。

そのように考えれば、そもそも愛国心という「心」そのものを統制することなど許されないのです。「平和的な国家及び社会の形成者」を育てるということこそ、真の愛国者を育てるための教基法の規定なのです。

四　教育行政の基本理念を組み替えるもの

1　教育の自由と教育に対する国民の統治

教基法は、教育に対する国家の関与を制限し、教育の自由を実現することをその理念の中心としてきました。しかし同時に教基法に、教育への国民による統治の理念を読み取る必要があります。教育の自由といっても、それは決して教師の一方的自由を意味するものではありません。教育はまさに国民的事業であり、それを誰がどう決定するかが問われます。

国の側は、教育の一定の水準を確保するためには、議会制民主主義の手続きを経て国民の意思を体現した政府こそが、教育の条件整備にとどまらず、教育内容に至るまで関与・決定することが、教育が国民の意志にそって営まれるための筋道だと主張しました。しかしそれは結局国家権力が教育の内容を一方的に左右する論理へと逆戻りするものです。教育への国家の不当な支配を排除することは、妥協の余地がない根本原則なのです。

では教基法は、教育に対する国民の統治＝コントロールをどう構想したのでしょうか。その核心が、教基法のいう「直接」性概念なのです。教基法第一〇条は、「教育は、不当な支配に服することなく、国民全体に対し直接に責任を負つて行われるべきものである」と述べています。その具体的方法は参加です。先に見たように、教基法は公選制教育委員会による「教育行政への住民参加」を予定していましたが、それにとどまらず、学校自体が、親・住民が直接参加して（親・住民の学校教育参加）、子どもの教育のあり方や内容について合意を作る場として考えられていたと見る必要があります。

そもそも教育という営みは、親と教師の協同なくしては成り立ちません。親は、どんな子どもに育てるかを考える教育責任（親の教育権）を担いつつ、実際に子どもの教育の仕事に当たる教師との間で、教育目標や教育内容についての合意を作り出すことが不可欠です。この合意の過程こそが、教育のあり方を決めていく営みのいわば細胞に当たります。教育・文化的自治のもとにこのような細胞を学校教育の土台に作りだしていくには、教育の自由が不可欠です。そして自治体や国はそれを支える責任を負うのです。具体的には、父母・住民の学校参加、公選制の教育委員会を中核とした住民の教育行政参加、さらには国民的教育課程の大綱的基準作成システムなどが制度化される必要があります。

とくに、落ちこぼれ、いじめ、不登校、学級崩壊などが多発している状態では、もっと積極的に親・

住民が学校づくりに参加し、学校教育計画を練り、地域に安心して子どもを送り出せる公立学校を作り上げる地域ぐるみの学校大改造運動が求められています。学校は教師の専門性の排他的独壇場ではなく、教育に対する国民の願いや提案が議論され、合意が形成され、国民の教育統治が実現される場でもあるのです。

ともすれば、教基法は、教師の自由のみを強調しているかのように読まれ、また実際の現実は、親・住民に対して学校が閉ざされている感がありますが、教育法は、学校と教育行政に親・住民が参加することで、教育に対する国民の「直接」（教基法）のコントロール＝統治を実現しようとする理念を提示していることを改めて読み取る必要があります。

2　教育の条件整備と「教育振興基本計画」組み込みの意図

公教育の実現に対する国家と教育行政の役割は、教基法第一〇条二項にあるように、「教育の目的を遂行するに必要な諸条件の整備確立」にあることは明確です。

ところが政府は、その肝心の「諸条件の整備確立」の責任を放棄しつつあるといわざるをえません。教育改善のため、誰が見ても明白な学級定数改善（三〇人学級の実現）、教師の過労死寸前のハードな状況を改善するための教員の大幅な増員、労働条件の抜本的な改善、教師が授業や指導を工夫・改善していく研究・学習の時間の保障などがまったく取り組まれていません。さらには義務教育費国庫負担制度の見直しが進められています。

そういうなかで、教育現場は目が回るような忙しさに追われるようになっています。くわえて、学力テストの点数を〇〇点上げるとか、△△大学合格◇◇名達成、さらには登校拒否を半減させるなどの数値目標を課し、その達成度で教師を評価するという目標管理を導入しつつあります。それは教育を改善する条件整備の責任を放棄して、教師に一方的な教育成果達成競争を強いるものであり、くわえてその教育目標の強制を通して、教育内容への「不当な支配」を次第に強化しつつあるといわなければなりません。教師は、こういう圧力の下で、子どもの困難と徹底して創造的に取り組むことが困難となり、数値目標の達成に追われ、子どもとの親密な関係を作りあげる余裕も自由も奪われつつあるのです。

ところが、文科省は、そういう状況を回復する切り札であるかのように、「教育振興基本計画」（以下、「計画」）策定の根拠規定を教基法に組み込むことを教基法改正の大きな理由に挙げています。しかしそれは、教基法の根本的変質に道を開く可能性があります。

第一に、この「計画」は議会の審議を必要としない閣議決定事項であり、政府が決定した内容が直ちに教基法で権威づけられ、教育現場に強制されるという、非常に権力的な教育行政を正当化するシステムとなる可能性があります。

第二に、中教審答申で示された「計画」の案によると、一方的な教育目標が提示されており、それ自体が、教基法の規定を超えて、勝手な教育目標を教育に持ち込む手段として機能する可能性があります。具体的には、この「案」には、「全国的な学力テストを実施」、「習熟度別指導など個に応じたきめ細かな指導を推進」、「高等学校の通学範囲に少なくとも一校を目標に中高一貫教育校の設置を推進」、「いじめ、校内暴力の『五年間で半減』をめざし、安心して勉強できる学習環境づくりを推進」

など、詳細な文科省の政策方針が書き込まれており、それらが直ちに学校現場に指導として強制されてくる可能性があります。

第三に、「計画」には、今見たように、習熟度別指導の推進や学力テストの実施などがあげられており、教育の内容や指導方法に至るまでの目標設定や指導がそれを根拠に行われる可能性があります。それは行政による教育の内的事項への不当な支配につながる可能性があります。

結局、この「計画」を組み込むことで、教基法は、五年程度のサイクルで改訂される閣議決定の教育計画を権威づける法律に格下げされ、「計画」の改定ごとに教基法理念の勝手な行政解釈が際限なく進行していく状況が生まれるでしょう。それは国家に対する規制を課した根本法としての教基法の性格を骨抜きにする策謀といわざるをえません。

五　憲法が求める教育とは

戦前・戦中には、教育は臣民の義務でした。自らを忠良な天皇の臣民、「赤子《せきし》」へと形成することが国民の義務でした。国家及び天皇こそが、価値の源泉であり、個人はその価値を実現する責務を強制された存在（臣民）だったのです。教育勅語は、「一旦緩急アレハ義勇公ニ報」じること、すなわち国のために命を投げ出すことを国民の責務としていました。それを批判・拒否すると、さまざまな制裁が待ちかまえていました。新しい憲法は、その観念を逆転し、教育は子どもの権利であることを明確にしました。義務教育の「義務」とは、子ども・国民の義務から子どもの権利を実現するための国家および親の義務に転換したのです。

戦後の憲法は、価値の原点を個の尊厳におき、個人の人権を保障することを国家の基本的な責務としました。そして教育＝学習は、この個人の人権を実現する最も基礎的な営みとして、教育を受ける権利、学習権が人権の中核に位置づけられました。そして、この個と国家との関係の逆転を土台にして、教育と国家の位置が組み替えられました。

しかしそれは、決して、個人を利己主義者にするというようなものではありませんでした。憲法は、貧困や抑圧からの解放と平和をうち立てる国家を形成する国民の責務を指摘し、教基法は、教育がそのために行われなければならないことを明記したのです。

国家は、依然として現代世界において最も強力な力を持った権力に他なりません。そして私たちは、この権力を国民の意思に服させ、平和で民主的な社会を作り出す力として機能させることによってこそ、平和の主体者としての国民になることができるのです。

今あらためて、憲法・教基法を、二〇〇〇万人のアジア人々と三一〇万人の自国民を死に追いやった侵略者としての日本の深い反省に立った、あたらしい国民主体への自己形成の宣言として、同時に世界に対する平和の誓いとして読み取ることが求められているのではないでしょうか。教基法は、そういう文脈において、平和国家建設への強い責任に貫かれた教育の根本法であるのです。

二〇世紀は、不幸なことに、二度の世界大戦を中心として、国家が、六〇〇〇万人を超える大量殺戮を計画的に行った時代となりました。憲法第九条を組み込んだ日本国憲法と、それと一体になった教基法は、まさにそういう戦争の世紀をいかに終わらせるかということを最も中心の課題として制定された二一世紀への決意なのです。

そしてそのための教育原則の中核が、国家と個人、国家と教育との関係の一八〇度の転換であり、「教育の自由」の原理であり、教育への「不当な支配」の禁止の原則なのです。その理念は時代遅れでも、すでに達成済みでもなく、いまその志半ばにして、激しい攻撃にさらされているのです。

教基法の改悪を阻止し、その理念をより豊に実現することは、私たち日本国民にとって、平和な二一世紀への避けて通ることができないハードルであると言わなければなりません。

II　新自由主義と教育

第4章　「義務教育の構造改革」と教育の公共性

今、日本の教育は、戦後に経験する最も大きなターニングポイントにさしかかっているのかもしれない。しかもこの転換は、教育にとどまらず、日本の経済と社会、政治、国際関係のすべてにおける激変と連動している。同時にまた人々の価値観の大きな変化ともつながっている。まさにそういう意味ではラジカルで歴史的な転換を経過しつつあるということができるかもしれない。最初にその指標をあげておこう。

第一に、グローバル化のなかで、日本型雇用が崩壊し、全体として国民に雇用と福祉を提供するきわめて日本的な特性を持ったシステム（日本型雇用を中核としつつ企業によって提供される恩恵としての福祉システム、さらには保守支配と一体になった農村や都市中小企業への補助金配分システムによって維持されてきた日本社会を維持するシステム）が急速に崩壊に向かいつつある。世界的な比較において安心と安全の国であった日本が、今急速に、いつ失業や破産、自死や孤独死に見舞われるかわからない不安に満ちた社会に変貌しつつある。

第二に、きわめて少ない失業率を維持し、学校から企業へと新規学卒労働者が完全就職していくシステムが、九〇年代にはいって急激に崩壊し、企業社会の競争と学校的競争との連動が断ち切られ、フリーターが急増し、社会的排除（exclusion）をその底辺部分に強制する公教育システムが出現しつつある。学校教育は、企業社会時代に持っていた機能——能力主義的序列の下でほとんどの青年を、差別的ではあるが日本的豊かさの中へと配分していく機能——を奪われ、激しい階層化にそって青年を篩い分け、その底辺においては社会的排除と脱落を強制し、上位層にのみ意欲と希望を与えるシステムへと転換しつつある。学校卒業時には、新規学卒労働力として就職が保障され、それ故に学校における競争への参加がみんなに意欲されるという意味で「良好」にパフォーマンスを実現してきた日本の学校が、底辺層の子ども・青年には学習意欲すら組織し得ない状況が生まれている。このことは、学校崩壊の危機をさらに拡大するだろう。

第三に、フリーターの生涯賃金が、正規雇用者の二億一五〇〇万円に対して五二〇〇万円といわれるように、人間として通常のライフサイクルをわたっていくことが困難な社会階層が、大量に生み出されつつある。階層格差が拡大し、生活保護世帯が増加しつつある。にもかかわらず、グローバルな競争にうち勝つためには、雇用をさらに低賃金化し、短期雇用化し、労働者の人権を押さえなければならないという規制緩和と市場の自由が拡大されつつある。今まで、形の上では人権を先頭に立って推進してきたはずの先進資本主義国が、自国の人権と福祉をどこまで下げられるかという競争に突き進むというまさに異常事態が出現している。このような人間らしさの剥奪は、日本社会を深い危機に導かずにはおかないだろう。グローバルな競争に勝ち抜くには、労働者が人権や労働上の権利を主張することなどもってのほかとでもいうような状況が続き、労働の人間化を確保する労働者の闘いが抑制され、労働現場が荒廃し、宝塚のJR西日本列車転覆事故のような危機、モラルハザードが起こり始めている。教育現場も例外ではない。

第四に、さらにこのような危機は、国際的な危機と連動している。弱肉強食の新自由主義が世界に引き起こす格差の拡大と無惨な死の大量化によって、テロと戦争の報復が拡大している。日本もその戦争への参加のために準備を着々と進めている。憲法の「改正」、自衛隊の海外進出の承認が、その画期となろう。また新自由主義的グローバル化によって引き起こされるナショナリズムの高まりのなかで、靖国問題に見られるような歴史認識を欠落させた「自国主義」が拡大し、アジア諸国との深い亀裂を生み出しつつある。世界の平和ではなく、軍事によって強国だけの安全と利益を確保するという戦略が、声高に主張されている。

第五に、その結果として、二一世紀の未来像が、経済競争と武力による日本の強国化という方向で、国民の中にも形成されつつあることが予想される。しかし二一世紀は、環境問題による地球の破壊、格差の拡大による暴力の応報、強力な軍事的管理による豊かな世界のみの「安全」、などとして、希望を広げることができるはずがない。平和、相互理解、和解、相互援助、地球環境の維持、諸民族と諸国家の共生、等々の価値と論理こそ、二一世紀への希望を拓くものであろう。そういう価値から人々が遠ざけられ、ますます競争と武力による安全と豊かさの確保へと人々が向かいつつあることが、地球的な危機を拡大しつつあるのではないか。

しかしそういう事態への反撃も胎動しつつある。山口二郎『ブレアー時代のイギリス』（岩波新書、二〇〇五年）によると、長い新自由主義的な生活と福祉システムの破壊のなかで、イギリスの国民は、ブレアー批判を強めているが、保守党の人気が一向に回復しないという。なぜなら新自由主義を理念とする保守党が、ブレアーよりも左の政策を打ち出せるはずがなく、国民の中に人権と福祉の一定の回復を求める政治への要求が高まっている中で、その要求をくみ上げることができ得ないからだという。労働党の「第三の道」がそれに応えるものとなりうるかどうか、楽観は許されないが、大きな変化が生まれつつあるように思える。日本において、新自由主義による人権と福祉の破壊、未来への希望の剝奪の流れに抗する深い国民的潮流をいかに生み出すことができるかが、歴史的な課題として提起されている。

一　「教育の構造改革」の構造

今教育と学校が大きく構造改革されつつある。その改革の構造をどう把握するのか。とりあえず整理してみよう。

第一に、教育の公共性の組み替えである。「国民の教育権」論で明確に示されたような、教師の教育の自由を中核にした学校の自由こそが、国民の要求を実現するとする論理（「国民の教育の自由論的公共性」）に対して、国家が管理統制することによって、国民に一定水準の教育を保障することができるという論理（「国家管理による公共性論」）が対抗してきた。しかしそのいずれもが教育の失敗をもたらしたとして、「市場的公共性論」が登場した。今日、この「市場主的公共性論」を核としつつ、そこに「国家管理による公共性論」が一体化する形で、改革が進められつつある。

補足すれば、「国民の教育の自由論的公共性」が、国民の支持を次第に得られなくなってきた背景には、①そもそもこの公共性を実現するために不可欠な親・住民の参加が実現されなかった――政策的に否定され拒否されてきたという点、②教育諸条件の改善など教育力を高める政策が採られなかったため、教師の一定の努力にもかかわらず学校教育の困難が拡大し、親の支持を得られないような状態が広がった、というような背景があり、③教育政策の基本が政府によって強力に統制、コントロールされている下で、国民の教育の自由の論理が、政策に変わる教育改革力として働くことが十分にはできてこなかったということがあると見るべきだろう。

第二に、そのため今日の教育改革の手法として、市場的方法が強力に推進されている。学校選択制の導入、テストによる市場的な学校評価、市場化テストによる民間委託、民間教育サービスの導入、NPM（ニュー・パブリック・マネージメント）の導入等々。そういうなかで、教育産業、受験産業のサービスなどが公教育に組み込まれ、そのイニシャティブによって公教育が支配される可能性が高まりつつある。またこれらを統合する機能をもって推進されつつある国家的な公教育のパフォーマンス評価（アセスメント）は、日本の公教育をこの市場評価に沿う方向へと強力に誘導しつつある。

第三に、学校に導入されつつあるNPMは、独特の学校管理を生み出しつつある。それは、教育目標が教育行政と校長によって管理されつつその目標の達成への忠誠度、貢献度によって教職員を評価し、その結果を給与にまで反映させる教職員の忠誠と服従のシステムと化しつつある。日本のNPMは、企業的経営を介して、教育行政による学校支配と教育への政治権力の介入を乱暴に呼び込む結果を招きつつある。

第四に、規制緩和の流れの中で「地方分権化」が進みつつある。しかしそれは三つの特徴を持っている。一つには、国家的なパフォーマンス評価によって管理された方向への地方の競い合いを強制されていること、二つには、新自由主義的な企業的採算制度を導入して自治体経営を新自由主義化する手法として「分権化」が推進されている故に（二宮厚美「分権化時代の自治体改革をめぐる争点」『ポリティーク6』旬報社、二〇〇五年、参照）、今後新自由主義の進展の第二段階としての地方政治の新自由主義化――福祉の受益者負担主義、自己責任の拡大、自治体業務の民営化等々――に住民が直面させられる事態がこれから進行すると考えられること、三つには、地方政治の水準に規定されて、東京の教育行政に典型的に現れているように、粗野な政治的介入が拡大すると予想されること、である。しかしそういうなかでも、ある条件の下では、一定の地方の自主的な教育改革が展開する可能性も含まれていることも忘れてはならない。

第五に、国家の教育費を、より効率的な教育改革への誘導手段とする形で、全体としては縮小しつつ、教育の多様化、戦略的高等教育への重点的投資、教職員の差別的統制、民間資本の導入を強力に推進する方法として再編しつつある。教育予算の支出のあり方が、構造改革を進める大きな梃子《てこ》として、組み替えられている。具体的には、①高等教育に関して、経常的経費補助を削減しつつ、戦略的研究課題に傾斜した予算の増加、競争的資金化、②義務教育費国庫負担経費の縮小による国家教育費の削減によって、地方自治体における財政危機への新自由主義的対応を呼び起こし、教育に関わる自治体レベルでの受益者負担、企業的採算制度を導入し、民営化を強力に進めること、③学校の特色化などの改革の戦略的重点への誘導的予算配分、④教師統制の手段としての人事考課による賃金差別、などが強力に進められている。

重要なことは、こういう教育の構造的改革が、日本の公教育を、いっそう深い荒廃と人間形成力の低下、二一世紀を担う「平和的な国家及び社会の形成者」（教育基本法）としての統治主体の形成を困難に導くのではないか、学校の荒廃がいっそう進行するのではないかとおそれる。なぜかを次に検討したい。

二　パフォーマンス評価がもたらすもの

1　評価と公共性

このような教育改革に正統性を与える仕組みの中核に新しい評価システムがある。今日の公教育の公共性は各種の評価によって担保されているというのが、新自由主義的学校・教育改革論の中心的主張である。

評価は、①教育市場におけるパフォーマンス（達成）評価（学力テストを含む）、②学校の教職員に対する人事考課をはじめとする評価、③それらを参照に行われる親の学校評価、学校選択、の三本によって構成されている。

まずはじめに見ておく必要があるのは、この評価は、私たちの従来の視点では、統制と支配、あるいは競争の手段として把握されてきたが、今日では、むしろ、教育の公共性を担保する方法として主張され、また一般にそう受け取られているという点である。政策批判をする側は、一九六一年からの全国一斉学力テスト、一九五八年の教師の勤評も、教育を権力的に統制するものという視角で批判してきた。ところが今日の一般社会感覚では、評価によって公正性を担保するという受け止めの方が強くなっていると思われる。

それは、①学力低下への不安や、競争に有利になる学校づくりが親の要求として強く押し出され、それに応えられない学校への批判意識が強められていること、②学校が荒廃状況にあるものも含んで格差化されているために、個別の学校や教師の力量への期待や批判が強くなり、個々の教師への評価と待遇の格差化が正当であるとの感覚が広がっていること、③学校選択を要求する側からすれば、「透明」な学校評価が不可欠であること、などの背景がある。

新自由主義の中心的理念が、消費者（親）の側から学校教育などの公共的サービスを評価、選択し、市場の競争機能によって資源の効率化、サービスの向上を図るというものであり、まさにそういう方法として評価が位置付いているということなのである。したがって、その評価を統制であるとして批判することだけでは、この事態に対抗することができない状態が生まれている。評価を含んで公共性をどう再構成しうるのかが私たちの側にも求められているのである。公共性を担保する評価という視点にいかに対処するかが必要なのである。

2　評価の性格

①数値化された市場的評価指標の問題性

しかしそのことは今進められようとしているパフォーマンス評価が持っている問題性を否定するものではない。

第一の問題性は、数値化された競争的なパフォーマンス評価が生み出す教育価値のあり方に与える影響である。文科省は、学校評価に国が基準を「学校評価ガイドライン」として提示する準備を進めている。新聞報道によると、「教育課程」や「生徒指導」「体力」などの項目が盛り込まれるという。これによって「同一尺度で学校の教育水準を比較することが可能になる」と新聞は指摘している（『朝日新聞』二〇〇五年八月三〇日付）。すでにその影響が表れつつある。一つには、学力テストの点数を高めることが公教育の責任であるとの認識であり圧力であり、そういう方向へ教育改革が傾斜しつつある。しかし公教育、学校教育が背負っている責任は、学力にとどまらず、子どもの人間としての自律性や生活力、コミュニケーションを通して仲間と協力していける能力、等々、多様である。いじめや不登校などの問題もまた非常に重要な対処課題である。学習の土台とも言うべき人格的な力の回復に今日はかつてないほどの大きな力が割かれるべき時代であろう。にもかかわらず市場で数値化可能な基準にしたがって学校教育が評価され、親が点数の高い学校を選択する圧力が働くならば、学校は、手のかからない学力の高い生徒を集めてますます「良い」パフォーマンスを達成する一部の学校と、問題をかかえて学習に取り組む意欲を持たない生徒にいやがる基礎学力向上課題を押しつけて、ますます学校嫌いを拡大する荒れた学校とに二分化していくだろう。

中高一貫校の設置（二〇〇五年度で一七三校）、小中一貫校の設置などは、ちょうど一九八〇年代の校内暴力の時代に公立学校から脱出する方法として私立学校進学熱が高まったように、市場化された土俵の上で高まるエリート校要求に対応するかたちで、ほとんど抵抗なく、むしろ待ち望まれる形で、進行しつつある。もはや世論の趨勢からすれば、学校の差別化反対などの要求は、時代遅れといわんばかりの様相が生まれている。市場的な学力評価システムは、その評価により効率的に対応する新しい学校の創出を公的要求として拡大していくシステムとしても機能しているのである。すなわちこのパフォーマンス評価システムは、公立学校の格差化、エリート校設置の要求を引き出し、新自由主義的教育改革を正統化する機能を持って、今日の「構造改革」を推進するものとして働いているのである。

そういうなかでは、「学校の形」、教師の労働＝「教育実践の形」、「生徒の学習と生活形態」、教育を支える「教育学（認識）の形」が変わっていく。どう受験学力を高めるかということで、むしろ塾的なノウハウが求められ（塾の公立学校への出張授業など）、基礎学力向上の成果が即効的に現れる反復練習型習熟が拡大し、学力向上運動という形で学校の授業のあり方がマニュアル化され、一斉にそれに取り組むことが教師に強制される。学校がまるで成績向上目標を達成する「教育工場」へと組み替えられていくだろう。しかしそういう学校が子どもの人格を荒廃させ、学校の崩壊を拡大するであろうことはすでに経験済みではなかったのか。

なぜそうなるのだろうか。その一つの原因は、情報の恣意的選択と操作にある。学校のパフォーマンスを数値化する時にすでに一つの選択が行われる。数値化され得ない教育課題、あるいは数値化になじまない教育価値が切り落とされる。それら親の目から隠され、点数化された学力のみが学校のパフォーマンスをあらわすものとして示される。進学実績などというものも同様の機能を持っている。

比喩的に言えば、市場評価においては、学校内部の教育的努力の質はブラックボックス化され、そのパフォーマンスの結果は学力や進学実績などの数値化され得る指標によって評価されるようになる。しかし親にとっては、そのブラックボックスに対し何も言えないで子どもをまかせるしかなかった状況から、学校の教育の日常的な過程はブラックボックスのままであるとしてもその達成を評価する指標の公表が学校に課せられ、それに依拠して親が学校を選択することで学校に圧力を及ぼせるシステムの方が、より開かれたものであることは間違いない。とするならば、私たちの学校づくりにとって必要なことは、このブラックボックス化されている学校づくりの過程に親・住民自身が参加し、そこに親・住民の要求を組み込み、そのでき具合を自ら「評価」する仕組みを組み込み、自分の子ども、地域の子どもにとって必要な学校とは何かを、点数化されない教育価値を含んで、一緒に探求するほかない。学校の公共性がこの対抗、すなわち参加か選択かの対抗において争われようとしているのである。

②評価による新たな統制システムの構築

日本で今展開されようとしているパフォーマンス評価の全体的性格のもう一つの大きな特徴は、統制が深く組み込まれているということである。その点が日本のNPMに非常に顕著に現れている。

NPMの具体的な手法は、一般に、①市場メカニズムの活用、②規制緩和、権限の委譲と分権、③サービス提供への民間の参入、④経営手法としての企業的業績評価システムの導入、⑤消費者＝顧客への説明責任（アカウンタビリティー）の実現、⑥ヒエラルキーの簡素化、官僚主義の克服、などを特徴とするが、次のような問題が引き起こされている。

日本のＮＰＭは、第一に、権限の委譲と分権という点で、国の権限の自治体の教育行政への委譲にとどまり、学校への権限の委譲が非常に弱く、学校自治の拡大を欠いている。第二に、自治体の政治権力と教育行政の決定にもとづく教育政策プログラム達成への貢献度が、学校や教職員の業績評価基準とされるため、学校教育への権力統制がかえって強められ、行政権力としての官僚システムがいっそう強化され、教育行政⇒校長・教頭⇒主幹（主任）⇒一般教員という官僚的ヒエラルキーを強化するという事態が生みだされつつある。第三に、議会制民主主義によって住民の意思の付託を受けた行政が公共サービスの価値内容を決定することが住民自治から要請されるとして、教育内容、教育価値決定への行政の関与をストレートに肯定し、教基法一〇条の「不当な支配」の禁止が無視され、教育の自由の論理が失われていく傾向が広がっている。第四に、教育のあり方への親・住民の関与はもっぱら市場主義的な仕組みに限定され、イギリスのような学校への参加制度を欠いている。このような特徴により、日本における学校経営へのＮＰＭは、むしろ教育の論理を抑圧するものとして機能しつつあるといわなければならない。

すなわち日本の教育現場に導入されたＮＰＭの評価システムは、学校という場で実現される価値を、政治と教育行政が決定し、それへの達成と忠誠度を、校長、教職員に競わせる評価システムとして存在しているのである。しかし本来、学校教育の「ミッション」（使命）は、子どもの現実と取り組む教師や親の試行錯誤のなかから提示されていく面が多い。ＮＰＭはそういう下からの教育価値の創出のルートを遮断し、上から提示される価値を効率的に作業層としての学校と教師に背負わせるシステムとして進められているのである。

3　〈Plan-Do-See〉の批判的検討

学校経営に〈Plan-Do-See〉というなにか新しいひびきを持った概念が、とりわけ英語で持ち込まれると、何となく科学的で、抵抗しがたい印象を与えてしまう。マネージメントサイクルなどもそういう言葉の一つである。しかしよく考えてみれば、じつはより本格的な考え方が教育の自由という概念と一体のものとして提起されていたことが思い起こされる。

教育実践は、教育実験という側面を持っている。教育実践（実験）に臨むには、目的と仮説が必要である。目的を実現するために教育・発達理論、教科の理論等を踏まえ、経験をも踏まえ、仮説を構成し、教育実践を構想する（＝Plan）。そしてそれを実践してみる（＝Do）。そしてその結果を検討し評価し、総括する（＝See）。そういう教育実践過程は、教育学的真理発見の過程であり、したがって、学問研究の自由がその過程に保障されなければならないというのが教科書裁判杉本判決（一九七〇年七月一七日）で指摘されていた。このような〈Plan-Do-See〉の過程は、そのプロセス全体が真理探究の過程として位置づけられているのである。

それに対して、NPMの手法としての〈Plan-Do-See〉にあっては、使命・目標（Mission）はこの実践＝実験サイクルの外から与えられ、それを実現する効率という点でのみ評価される。すなわち、効率性を高める管理のためのコントロールサイクルへと矮小化されているのである。教育の公共性にとって最も重要なことは、その教育目標や教育価値が、公教育にふさわしい確定の手続きを踏んでいるかに有り、教育実践（＝実験）という教育的真理の発見と検証の中核的プロセスが、教育の自由の下にあるかどうかに有るのである。そういう視点から見れば、ＮＰＭの下にある〈Plan-Do-See〉は、統制を組み込まれた実践管理のそれへと組み替えられることにより、もはや教育的真理発見のための知的探求プロセスという性格を剥奪されたものと言わなければならないだろう。杉本判決の次の文章を改めて紹介しておきたい。

「教育は児童、生徒の心身の発達段階に応じ、児童が真に教えられたところを理解し、自らの人間性を開発していくことができるような形でなされなければならず、また、子どもが事物を批判的に考察し、全体として正しい知識を得、真実に近づくような方法がなされなければならないわけであるが、いわゆる教育的配慮は、右の点を内容とするものでなければならない。そしてこのような教育的配慮が正しくなされるためには、児童、生徒の心身の発達、真理、社会環境との関連等についての科学的な知識が不可欠であり、教育学はまさにこのような科学である。すなわち、こうした教育的配慮をなすこと自体が一の学問的実践であり、学問と教育とは本質的に不可分一体というべきである。してみれば、憲法第二三条は、教師に対し、学問研究の自由はもちろんのこと学問研究の結果自らの正当とする学問的見解を教授する自由をも保障していると解するのが相当である。」

三　参加と選択そして「評価」

1　公共性の核心としての「評価」

今までの検討から提起されるのは、いかなる評価を組み込むかであって、評価を拒否することではない。公共性を担うものとしての評価をどう組み込むのかが問われている。その際、評価という概念を最初に検討しておく必要がある。

「評価」を非常にラジカルな概念として把握するとき、選択、参加も評価の一つの方法となる。自分の判断で、より望ましいものを選ぶという決定の行為は、当然評価を含んでいるのである。また教育実践という行為はそのすべてに評価を含んでいる。指導や管理という行為もそのすべての過程に評価を含んでいる。評価とは、そういう意味では、自分の判断で決定や選択や合意や批判や行為を行う中に必ず組み込まれている。公共性とはしたがって、そういう評価によって公的な事業やサービスが公共的なものとして存在・維持される正統性を持っていると認定されるということを意味している。そもそも教育が親・住民の意思によって行われねばならないという「教育の住民自治」、「国民の教育の自由」の視点に立てば、学校の公共性が実現されている状態とは、親・住民の評価によって、その存在が承認され、正統化されている状態を意味するというべきである。

「国家的公共性」とは、「国家が管理することによって、親・住民の期待する教育が保障されうる」

という判断に媒介された学校の正統性である。国民の教育権論が明確にした「国民の教育の自由」の上に立つ公共性は、教師の専門的力量と親・住民の協同が、国家権力からの自由の保障の下で実現されることで達成されると考えられた。しかし親・住民の協同は、一般的なものとしては実現されなかった。そういうなかで、この二つの公共性ではなく、親・住民による意識的、直接的な評価のプロセスを公教育組織過程に組み込まなければ教育の公共性は成り立たないという状況に移行することとなったのである。

その際にいかなるより直接的な「評価」形態を組み込むかをめぐって論争が生まれているのである。新自由主義の手法は、評価を市場の論理で行うことを提起する。市場という自由競争の舞台を設定し、消費者である親・住民が提供された多様なサービスを選択するという形で評価を行うことが最も効率的でありオープンであるとする。それに対して参加の論理は、どういうサービスを提供するのかという最初の段階から教育の主権者が参加して、そのサービスを作り出すプロセスに、自己の評価を組み込むことこそもっとも根本的であると主張する。

今争われている公共性問題の核心は、親・住民の学校と教育実践（サービス）への直接的な評価と関与のシステムをどう作り出すのかにこそあるのである。

2　参加と選択

市場的な競争システムとしての学校選択制が全国に広がりつつある。文科省調査によると、小中学校を二校以上設置している市区町村（学校組合を含む。以下同じ）のうち、保護者が子どもの入学する学校を選ぶことのできるいわゆる「学校選択制」を導入しているのは、小学校が二二七団体（全体の八・八％）、中学校が一六一団体（同一一・一％）となっている。東京都は五七分の一九と最も比率が高くなっている（時事通信社『内外教育』二〇〇五年四月五日）。

選択という「評価」形式は、公教育を組織する上で、次のような問題点を持っている。

第一に、それは市場というものと一体になった評価である。そのことは、先にパフォーマンス評価の性格についてみてきたような問題性が、ドッキングされるということを意味する。そこでは、たとえば国家による学力テストによって、国家的な教育改革目標への到達度が数値化されるような形で、国家的なコントロールが及ぼされ、親の選択自体が一定の方向付けの下で行われるものとなる。また教育の市場は労働力市場の価値的性格によって浸透を受ける。国家的統制と競争的人材養成の論理が組み込まれた競争場で教育が競われ、選択されていく。選択という方法は決して「中立」ではなく、その市場をコントロールする力によって支配されている。

第二に、市場的に操作された状況のなかで形成された教育要求でもって、親・住民の側の評価基準が形成される。参加においては、親・住民の要求と教師の専門性とが結びあわされるなかで、教育計画が討論を経て発展的に形成される。また我が子の教育への具体的な対処を話し合うなかで、より具体的で全体的な教育価値の必要が自覚され、学校の営みの全体性が親・住民の側にも把握される。学校づくり計画とはそういう学校を全体として計画することに他ならない。選択は親の教育要求を競争的価値へと一面化し、参加システムは子どもに必要な教育的働きかけの全体的な価値をより深く解明し合意していくシステムとして機能するのである。

第三に、選択は、選択に当たって必要な条件や選択指標の傾向性によって、親・住民を分離させ、グループ化する力学が働く。学力格差、階層格差、宗教信条の違い、民族問題などが顕在化され、社会分離が促進される可能性がある。とくに学力等での選別が働けば、それらの分離と格差化はより促進される。社会内に分離への要素がある中では、選択はそれを拡大するように機能する。また学校ごとの学力格差は、学校の生徒自身が互いに影響を及ぼしあうことで生み出す教育力の大きな格差をもたらし、底辺校では荒廃が進むなど悪循環を引き起こす。

第四に、選択は、地域がその地域にふさわしい公教育の場を維持発展させる公共的な努力を衰退させる。競争のなかでの個人の要求にあった学校を地域を越えて選ぶことによって、地域の教育の不十分さから離脱し、グループ化した同質の要求を持つもの同士が集められて彼らの要求に沿った「学校の特色化」が進められ、「多様な」学校が地域から離れて作り出されるという方向を強める。

第五に、選択制度は、それがどういう教育制度システムと結合されるかによって異なった方向へ多様に展開する。もし学校選択制が、いかなる学校の差別化も許さない制度枠組みのなかで、不人気学校を底上げする課題を浮かび上がらせる効果に限定して実施され不人気校を底上げする特別対策を実施するバックアップ制度を伴うならば、分離や格差化の影響は押さえられるだろう。しかしその場合でも、そういうなかでのバックアップは、市場的評価と国家的な教育改革への誘導を意図して行われるだろう。ところが、日本の実際の学校選択は、そういう平等化の諸施策をほとんど持たないのが現実である。そしてむしろ次のような政策と連動している。すなわち、①不人気校のリストラによる学校統廃合の推進、②学校の多様化を奨励するなかで学校の格差化（特色化）を学校の側から競わせる方向性、③市場的な評価、とくに学力向上を競い合う学校間競争を促進する方向、④先に指摘したように、行政による公立学校の格差的多様化、複線化を選択の既成事実で正統化する意図、⑤それらの結果、多様な公教育をそれぞれの力量にあわせて選択するという日本の公教育の階層化を完成させる手法として導入されていると考えられる。すなわちきわめて明確に意図された公教育改革の方法として導入されていることを見ておかなければならない。

親・住民の参加という「評価」関与が可能ならば、このような選択による「評価」関与は、抑制できよう。日本には本格的な参加制度がないため、選択という方向で一気に「評価」関与の要求が噴出しているのだと考えられる。そういう点からも、本格的な参加制度を実現する必要があると考えられる。なお補足しておくならば、補助的なシステムとしての学区選択制は、必要であろう。学校と生徒とのミスマッチに対処する必要など否定できないだろう。また一定の範囲内での隣接地域での「選択」もあるかもしれない。しかし基本として学区制を維持することが必要であろう。

3　バウチャー制度について

もう一つの点を補足しておこう。この選択制度が、現実には、教育の民営化への戦略を含んで展開されようとしていることである。すでに特区という形で、従来の学校法人以外に、一般企業も学校を設立する道が開かれつつある。そのような方向を促進する最も強力な手法が、バウチャー制度である。

バウチャー制度とは、公教育費を個人に配分して、どういう教育を受けるかはその個人の学校選択にまかせる方法である。この制度を導入すれば、私立学校と公立学校の区分が大幅に縮小される。公立学校へ通うために一人あたりに支出される公的な予算額が、本人が私立学校を選択するならば、私立学校に通うための授業料として公費から個人に支給されるからである。公的な教育予算が、個人の選択を媒介にして、多様な学校――公立であれ私立であれ、企業立であれ――の設立と維持のための経費として運用される仕組みである。塾や教育産業資本は、「魅力的」な学校構想を提起して生徒を集めれば、公的資金でもって自己の意図や構想にもとづいて学校を立ち上げることが簡単にできることになる。一定のノウハウやカリキュラムを蓄積している教育産業にとっては、学校経営に乗り出す非常に好都合な制度となろう。もちろんそういう制度は、学校選択制度が一般化されているという土俵が不可欠である。日本でもこのバウチャー制度を検討する動きが活発化しつつある。今後の政策動向に注意しなければならないだろう。

四　教師の専門性と親・住民の参加

日本の学校教育は、今こういうシステムの下で大きく組み替えられつつある。そこで起こっているのは教師の専門性の剥奪、教育の自由の剥奪である。それは同時に教育の荒廃を進めざるを得ない。なぜ教師の専門性、専門的自律性が剥奪されるのか。新自由主義、またその一環としてのＮＰＭは、専門性への統制と管理の理論でもある。専門職の自律性が、専門家の独断、そして閉鎖性と官僚制を生み出したとして、専門家を市場で評価にさらすこと、その専門家の達成をサービスの受け手でありかつ主権者である市民・住民・親が評価すること、また住民の付託を受けた首長、議会、行政の決定したミッションの実現を積極的に担うスタッフとして教師を統制評価することを求める。そういうなかで、教師の専門性が低下し抑圧されていく。

1　教師の専門性の低下

学校現場での専門性の低下は、具体的には次のような要因と構造を持って進んでいる。

①教師の多忙化、疲労の蓄積――教育という仕事の困難性の増加にもかかわらず、それをバックアップする政策（三〇人学級や教員増など）が採られず、教師は増える課題をこなしきれず、加えて教師管理のための大量の文書提出にも追われ、自己の力量不足、疲労感にさいなまされている。

②教師の仕事のあり方についての強力な思想的統制、自由の剥奪――「国旗・国歌」の強制に典型的だが、教師の内心の自由が侵され、思想の自由が侵され、ましてや生徒の内心を統制する教育を強制されるなど、自律性を犯され、自発的エネルギーが抑圧されている。

③作業層としての位置づけ＝仕事の事務化、マニュアル化、パフォーマンスの数値的評価――達成目標が上から強制され、それへの忠誠を競わせられて、成果を上げる競争に追われ、自己の教育信念や、子どもとの間に把握される教師の課題意識などによる教育の新しい展開の可能性が抑圧されている。

④研修の自由の剥奪、強制的研修への参加――教師が望む自主的研修が抑圧され、行政研修への強制的参加が通常化している。教師の専門的自律性にとって不可欠な研究の自由の保障された研修が困難になっている。また時間的な余裕も奪われ、休暇中の自由な研修すら統制される状況にある。民間の教育研究サークルへの研修的な参加などは研修と認められず、また教育政策批判を行うような研究

会への参加は研修とは認められないというような、研修内容への介入が強まっている。

⑤教師の協力（集団性、同僚性による専門性の向上）の後退――組合のイニシャティブによる教師の民主的な協力のシステムの大幅な後退、職員会議による学校づくりレベルでの専門集団としての民主的協同のシステムの後退、などによって、教師の協力と同僚性による専門性を高める関係が奪われつつある。そして上からの評価にさらされて「個人責任」に緊張を高め、上からの個人評価（人事考課）に全面的に取り込まれていく教師の姿が広がっている。驚くべきことであるが、東京都の教育行政は、教師が職員会議で挙手をして意志表示を行うことも禁止するという指示を出した（二〇〇六年四月一三日）。職員会議で物事を決めることを禁止するような規制は、教師の協同自体を禁止することに通じよう。

一つだけ補足しよう。今東京都で実施されている主幹制度は非常に大きな混乱と矛盾を生み出している。主幹制度は、管理職へのコースとして若いときから教師を選別する。しかしそのために教師としての専門性と管理者性とがどうしても分離されて、後者に重点がかかる。加えて、国旗・国歌問題でも先頭に立って教育委員会の方針を実施していく役割を主幹は背負わせられる。その結果、専門性を欠いた強権的管理者性が訓練されていく。その結果、強権的、命令的な管理が学校の中にますます広まっていく。

それらの結果、率直に言って、多くのまじめな、教育の情熱を持っていた教師が早く学校を辞めたいと考えたり、追いつめられたりしているのが現状である。そういう状況で公教育が向上するはずがない。そういう基本的な日本の学校教育の教育力の低下を、はたしてパフォーマンス評価による教育の効率化、マニュアル化、統制と競争的管理でどこまで押しとどめられるのだろうか。短期的にはそういう数値の向上が見られたとしても、より深い公教育の危機が深化していくことは避けがたい。繰り返すが、教師の働く現場が教師の専門性と自由を後退させる場となっている。これを改革せずして、どうして教師の教育改革者としての力を引き出し、学校の教育力を高めることなどできようか。今見てきたような傾向は、日本の新自由主義的な教育改革路線が職場＝学校現場にもたらしている基本性格に他ならないのである。

2　教師の専門性と教育改革、参加

　このことから、教育改革と教師の専門性、あるいは教育の公共性と教師の専門性（専門職性）についての関係を改めて問うておく必要がある。結論から言うならば、教育の公共性の実現のためにはより高い教職の専門性、それと一体となった専門職の自律性を実現する必要があるということである。別の言い方をすれば、教育の公共性を高める教育改革にとって不可欠なことは、決して教師の専門性の抑圧や自律性の剥奪ではなく、教育の公共性を実現していくために不可欠な開かれた専門性と専門的自律性の発展・組み替え、教師の自律性と自由の回復である。

　そのことを参加論との関係で論じてみよう。ともすれば、親や住民の学校参加は、教師の専門性を否定するものであるかのように受け止められる面がある。しかしそれは正しくない。親・住民の側から見ても、教師に本格的な専門性がない場合は、その要求をどう公教育、学校教育で実現していったらよいのかという方法を発見することは困難であろう。たとえば、教師たちの間で、ＡＤＨＤ（注意欠陥・多動性障害）やＬＤ（学習障害）に関する専門的な知見が蓄積されることで、これらの子どもをどう指導し、どう援助していったらよいかの見通しを親も獲得することができる。各教科の学力獲得についても本質的には同じ関係がある。親の参加は、親の直接的な要求を親と教師とが一緒になって討論、吟味し、公教育の課題へと組み込んでいくプロセスである。そこに教師の専門的な判断や知見が参加することによってこそ、参加は豊かな学校づくりへとつながる。逆に専門性を否定され、また自主的学校づくりの権限を奪われた教師たちは、親の要求に対する専門家としての自律的な判断をすることができず、参加を支援することができない。親・住民の参加は、教師の専門性を不可欠とするのである。そういうなかで教師の専門性が位置づく（＝開かれた専門性）ことによって、教師の専門性や専門的自律性自体もまた、親の側からも支持され、守られるのである。

開かれた専門性とは次のような内容を持っている。第一に、学力や発達、科学についての専門的知見、真理探究の学問的な方法についての専門的力量、第二に、具体的に子どもと接し、指導する専門的技量や経験、第三に、親・住民と共同しつつ公教育、学校教育を作り出していく公教育組織者としての専門性、である。ここには教育政策を批判し、作り出す力も求められよう。もちろん第一のそれと第二のそれとは深く関わるが、一定の区分は可能であろう。

この間の新自由主義的な教育改革において、全体としての教師の専門性は剥奪しつつ、ごく狭い第二の専門的技量のみを、子どもを扱えない教師をなくするというような仕方で「高める」ことがめざされているという点は大変大きな問題を含んでいる。教員養成専門職大学院の構想がまさにそのようなものとなっている。東京都などが推進している教師養成塾などもそういう方向を取っている。しかしそのように専門性を矮小化して把握してはならない。教師の専門性の向上にとってまず第一に必要なことは、日々教育実践を行う場が、知的探求の自由が保障され、また同僚と専門家からの専門的な援助を受けられる場になっているかどうかである。また子ども把握や実践をめぐって自由な議論が行われ、同僚間の相互援助的な話し合いや検討会、研究会が自由にもたれているかという点にある。当然そのためには、自由な雰囲気と時間的なゆとりが不可欠である。そういうものをほとんど奪い、教師の一挙手一投足に及ぶ「詳細」な管理をしゃにむに追求する事態が広まっているのである。そういう中で教師の専門性が向上することは不可能であろう。もしこのような事態が日本の学校職場に広り長く続くならば、日本の教師の専門的力量は、大幅に後退し、学校教育の危機をいっそう深刻化するに違いない。そういう「反」教育改革をこそ「改革」しなければならない。今そのことを問わずして、専門職大学院で、現場にすぐに役に立つマニュアル的な訓練を行っても、教師の専門性の回復につながる道理がない。

日本教育学会会長の佐藤学氏は、日本教育学会の「教職プロフェッショナル・スクールの可能性と危険性」という緊急シンポジウム（二〇〇五年三月二七日）で、「『実務家』の養成をめざす専門職大学院を『専門学校の大学院版』」と批判、さらに教員の三割以上が実務経験者でなければならないという基準があり、これを満たすためには都道府県の教育行政職員や公立学校教員に頼らざるを得ず、教員養成専門職大学院は都道府県の『天下り人事』を受け入れる『師範学校の大学院版』になる危険性」を指摘している。（時事通信社『内外教育』二〇〇五年四月八日）

3 参加と教育の公共性

再度、親・住民の参加と教師の専門性の関係に触れておこう。原理的にいえば、親・住民の参加は、教師の専門的知見に対して、素人かつ主権者としての親・住民が要求を提示し、この両者の交渉を介して、公教育の価値内容や教育方法についての合意を形成する方法である。公選制教育委員会はまさにそういうシステムとして構想されたものであった。そしてこの教師と親・住民の協同が、公教育の現実的主体として認定され、学校の自由、教育の自由がそこに保障されねばならないとするのが教基法の理念である。国民の教育の自由とは、まさにそういう開かれた国民的な教育の自由を意味する概念であり、決して閉じられた教師の専門性の専断を意味するものではない。しかしそう主張できるためには、学校の自由、教育の自由の内側に父母・住民が参加しているという自覚と実感がなければならない。だが、そういう実感が父母・住民の間にないというのが現状であろう。したがって学校や教師が教育の自由、学校の自由を主張しても、それは教職員の独善とエゴイズムとして把握される面が出てこざるを得ない。

今、日本の地域は、格差化され、その地域で安心して生きていくシステムが崩壊するかもしれないという危機を背負わされている。商店街の崩壊、中小企業の倒産、生活保護世帯や高齢者を含んだ底辺階層が集積される地区が生まれ、地域の人間がつながりあって生きていくコミュニティーが解体の危機に追いやられつつある。そういうなかで、安心して子育てをしていくことができるには、その中心に安心して子どもを通わせられる公立学校が不可欠である。親は、そういう学校に対して、たんなる受験学力にとどまらず、人間的に自立していく人格的な力量の獲得、みんなと交わる力など、具体的に自分の子どもを介して教育のあり方に対する要求や期待を持っている。学校はそういう地域の願いに対して、どういう学校を創るのかを提示し、地域の宝としての公立学校を維持発展させる願いが具体化されるための学校づくり計画を親と地域に提示していく義務を負っているというべきであろう。学校と教師は、学校計画をそういう内容において作成し、地域の求める子ども像、学校像を具体化し、その計画にしたがって日々の実践を推進し、その到達点を示し、親と地域の評価に自らをさらさなければならない。親・住民は、ただその到達点を聞き、それでもって学校を選択するというのではなく、その計画づくりそれ自体に参加し、学校づくりの内側に参加し、学校の発展のために何が必要かを教職員と協同して検討していくという、まさに学校づくりの担い手、学校の自由の主体としての位置に就かなければならない。子育てがこれだけ困難を増し、地域が安心して子育てをできる場所でなくなりつつあるなかで、学校と教師が、地域を安心してライフサイクルを展開していける自治的なコミュニティーとして維持、創造していくための学校づくりのイニシャティブを発揮することが求められている。そのために、地域の願いに応える公立学校づくり計画をもって学校を開き、参加を進めることが求められている。参加は、親や地域が学校に参加することと、学校と教師が地域づくりに参加することとの協同のなかに豊かに進展していくだろう。

参加は、すでに文科省の方針としても多様な形で展開しつつある。文科省の「学校評議員制度等設置状況」調査によると、類似制度を含んで学校評議員を設置しているのは、全国の公立学校の七八・四%となっている。コミュニティー・スクールは、二〇〇五年八月現在二五校が指定を受けており、二〇〇五年度一九、二〇〇六年度四〇、二〇〇七年度以降の指定を検討しているものもあわせると、二三五校にのぼるという（時事通信社『内外教育』二〇〇六年一月二四日）。もちろん、文科省の推進する「参加」は、非常に不十分なものである。親、住民の参加は権利としての参加ではなく、また親・住民の代表としての参加としても位置づけられていない。教育委員会や校長が「参加」者を決定する権限を持っており、今日の上からの「学校改革」に形の上で地域の合意を得るための翼賛的性格を持つものになる可能性も否定できない。参加制度の本格化のためには、これらの不十分性を、法的な仕組みの点でも、また現場の実践においても、批判的に克服していかなければならない。

五　ナショナリズムと教育の公共性

最後に、公共性とナショナリズムの問題について触れておきたい。ナショナリズムは、公共性を担保するイデオロギーとして機能する側面を持っている。新自由主義は、その市場システムに依拠して手続き上の公共性を担保しようとしているのに対し、ナショナリズムは、国民の精神に組み込まれたある種のアイデンティティであるナショナリティーに働きかけて、その感覚を触発し、公的正統性を獲得しようとする。国旗・国歌問題が、あれほど乱暴に、憲法的な内心の自由、思想信条の自由を侵害しているにも関わらず、必ずしも世論の圧倒的な批判にさらされていないのは、国旗・国歌が伝統的ないし素朴なナショナルな心情に共感を引き起こしている側面があるからではないだろうか。さらに新自由主義が世界的な民族と国家単位の競争参加を引き起こすとすると、それは同時にナショナルな一体感、競争敗北へのナショナルな危機感が高められる。そういう意味では、資本に主導されたグローバリズムの下での競争力を高めるための新自由主義は、一方で社会階層格差を拡大し、社会的統合を解体し、社会の共同性と平等性を破壊する面を持つとともに、もう一方で、ナショナリズムを喚起し、この競争のための新自由主義を支える心情を国民の心の中に呼び起こしていく作用をも併せ持つように思われる。

そのとき教基法に明記された「平和的な国家及び社会の形成者」という文言が、大きな意義を持ってくる。教基法の「改正」を意図する論者は、憲法や教基法は人権というものをあまりに強調しすぎたために、やりたい放題で社会の秩序が乱れ、他人のことを考える能力が失われたのだと主張する。だから日本的な共同体精神、日本の伝統などをきちんと教えないといけないと主張する。しかし、敗戦直後の日本で希求されたのは、戦争をする政府ではなしに、日本の国土に平和と豊かさをもたらす政府、国家の創出であった。その願いを憲法は平和と民主主義の理念において表現し、教基法もその憲法理念を「民主的で文化的な国家」（教基法前文）の建設として受け、「この理想の実現は、根本において教育の力にまつべきものである」と述べたのである。そしてそういう国家を作ることのできる力を獲得させる教育を、「平和的な国家及び社会の形成者」（教基法）の育成として、教育の目的に掲げたのだと考えることができる。平和的な日本社会を担っていける政治、政府をつくる主体を教育の力でどうやって形成できるかという願いを満身に受けて、教基法が作られたのである。教基法は個人の権利だけを主張して、社会や国のことは考えなかったなどということは全くの嘘だと言わなければならない。

しかし「企業社会」が続くなかで、競争の教育が公教育を制圧し、統治主体の形成、シチズンシップの形成が縮小されていった。今日の学校教育は、ある意味で個人の競争にいかに勝ち抜くかという一面化された価値で評価されているのである。社会をいかに作り上げ、日本社会をいかなる方向で発展させるのかについての方向性は、教育の問題意識の中からは大きく剥奪されている。

教育の公共性をその内容面に注目して検証するならば、その教育が、日本社会の存続と発展を担うことのできる人材、主権者、「平和的な国家および社会の形成者」を育てることができたかどうかということに核心がある。最初に述べたような日本社会の危機において、二一世紀を担うことのできる認識を持った世代を育てることに教育はまさに死活的な責務を負っていると言わなければならない。そういう視点を明確化し、教育が日本社会の運命を担ったものとして改革されているということこそが、教育の公共性の内容的核心をあらわすものとなるだろう。

注意しなければならないことは、新自由主義の教育改革は、ナショナリズムの主張を組み入れることで、そういう公共性の要求に応えるものとしての姿を装おうとしていることである。危機にある日本社会をどうするかという激しい思いに貫かれた「平和的な国家および社会の形成者」としての自覚をいかに育てるかという課題を、民主教育の中に鮮明に貫かなければならない。

戦後における最大の教育の転換点において、教育の公共性とは何かを、その制度プロセスにおいても、その教育の価値内容においても私たちの側から明確に対置し、教育改革の方向性を明確に打ち出していかなければならない。

第5章　ＮＰＭとは何か
――学校経営における統制化と市場化の論理――

一　急速な学校改変がもたらしている教育の危機

いま東京で、学校が急激に変質しつつある。その変貌の過激さは、戦後六〇年のなかでも際だっている。わずか数年で、それまでの学校の姿が過去のものになり、「新しい」学校運営のスタイルができ上がりつつあるように見える。まるでクーデターでも引き起こされたかのように、昨日までの職場と今日からの職場が全く異なって見えるほどに、状況が急変している。いったいこれはどういうことなのだろうか。学校の様子を簡単に描写してみよう。

◇職員会議が始まるが、そのほとんどが、このところ有無をいわさぬ校長の方針の伝達になっている。いままでは教育方針案が職員会議で議論されるということがあったが、主幹職が登場してから様相が一変してしまった。先頭になって行動する主幹職を含んで、常に五、六人の管理職グループのネゴシエーションで方針が統一され、職員会議の討論をリードする。「以前はこうしていましたが」と控えめに質問しても「これからはそういうやり方はとりません」と主幹あたりから、直ちに反論されてしまう。三〇代で主幹に抜擢されそうな教師が早くから校長にマークされ、「方針」実現の先頭に立っていくようになった。職員会議そのものはほとんど開かれなくなった職場も出現している。最近、東京都教育委員会は、職員会議で挙手をして物事を決めることを禁止するという指示まで出した。

◇都立高校は、都教委や親に対して△△大学進学◇◇名などの目標を出し、受験で成果をあげることが教員に課せられている。中学校や小学校では、学力テストの結果が公表され、それで親が学校を選ぶようになりつつある。人事考課では、その学校目標を達成する上で、各自の自主目標を出させられ、その目標を基準に年度末には査定され、給与にまで影響がでる。教員の異動は、三年〜六年のサイクルとなり、校長の学校経営方針に異議を申し立てる教師は、一年目でも移動させることが可能になった。時には組合に加入している教師が一斉に移動させられるような仕組みができてしまった。教育委員会ににらまれれば、七生養護学校のように、校長すらもが異動や降格を強要され、一挙に学校丸ごとが組み替えられるような介入も平然と行われるようになってしまった。

◇教師は、ここ二、三年、本当に忙しくなった。詳細な指導計画や授業の週案を毎回出さなければならなくなった。T・T（ティーム・ティーチング）や総合学習のため担当時間数が増え、学校五日制もからんで授業時間の空きがなくなってしまった。健康を害して病欠する人が増え、そのため残りの教員が替わりに指導にでるため、いわゆる「空き」時間がなくなり、健康な教師ももう限界に近い状況にある。子育て中の教員や病気を持った教員は、肩身の狭い思いをさせられている。期末になると、観点別評価のための膨大なデータをパソコンに向かって入力する仕事で、多くの時間をとられるようになった。なぜ挙手の回数が「関心・意欲・態度」評価の証拠になるのか疑いつつも、校長から「客観的証拠」の提出を求められて、やむなく数字を打ち込んでいる。

◇ここ数年、子どもの荒れ、基本的生活習慣の崩れ、情緒の安定しない子どもが増えている。子ども間のトラブルも増えた。問題のある子どもの親と話し合っても、なかなかは話が通じなくなってきたようだ。学級崩壊になるのではないかと不安に襲われることが多い。もっと時間を費やして、一人ひとりの子どもの面倒を見てやりたいと思っても、学力テストの点数を上げることが重視され、子どもたちとていねいに話をする時間もエネルギーもなくなって、子どもとの信頼関係が築けない。いつも追われていて、心のゆとりがない。教師を続ける自信がなくなってきたと感じる教師が増えている。

◇卒業式や入学式では、国旗・国歌の厳格な実施が強権的に指示され、校長も教職員もほとんど抵抗できなくなってしまった。子どもに大きな声で君が代を歌わせないと「指導力不足教員」とされそうな雰囲気が生まれている。国旗・国歌への忠誠の踏み絵を踏ませるような状況に、教師としての良心が守れなくなるのではないかと不安になる。卒業式や入学式が近づくと、自分の良心を守れない状況に自分をさらさなければならない苦しみに、無念を感じ、本当におびえるような状況が広がっている。

これはもう、教師だけの困難ではなく、学校教育そのものの危機といわざるをえない。一体このような変化はなぜ、どういう仕組みで、進行しているのだろうか。

二　今日の学校の変化を主導する論理

最初に、このような急速な変化の背後にある論理の構造を見ておこう。

第一に、急速な新自由主義的な教育政策の浸透である。それは、今までの子どもの学習権を保障する教育行政の条件整備の責任をあいまいにし、一挙に市場における競争の論理に依拠して、国家や自治体はその競争市場の公正を実現し、その水準を維持するための評価システムを作り出すことによって、公教育に対する責任を果たすという論理への切り替えである。そのため、学校の特色化による学校の優秀性の競い合い、学校を評価するための国や自治体が行う学力テスト、それにもとづく親の学校選択、学校機能の一定部分を民営化したり、民間サービスの学校への導入（給食、あるいは受験指導など）の拡大、等々である。そしてその上に、戦略的重点に強力な国家予算の投入を行う財政誘導により、学校制度体型をエリート養成を頂点とする格差的な多様化と複線型へ再編してしまうことである。中高一貫校の導入、国立大学の独立法人化による大学経営への企業的手法の導入、国家・財界戦略に沿う研究と研究者養成体制の創出などがその具体化である。

第二に、国旗・国歌問題に典型的に現れているように、グローバル競争に対応した強力な国民統合のためのナショナリズムと国家主義の教育の推進である。この国家主義は、①新自由主義的グローバル戦略の推進、人権と賃金の切り下げ、福祉の低下等々の強引な政策の推進など、反国民的な政策の強行を可能にする政治体制の形成の直接の帰結としてもたらされているとともに、②国民的統合を解体させる社会格差の拡大、失業の増大、企業社会的国民統合の解体等に対して、国民統合をイデオロギーの側面から強力に推進する必要から意図されているものであり、③さらにはアメリカの世界戦略の一翼を担い、自衛隊のイラクへの派兵などの軍事大国化へ国民を誘導する必要からも推進されているものである。

第三に、そういう変化を学校それ自体の組み替えによって強力に推進するための学校経営方針としての日本型ＮＰＭの導入である。

三　日本型ＮＰＭの特徴と性格

1　ＮＰＭとは

ＮＰＭ（ニュー・パブリック・マネージメント）は、「新公共管理」とも訳され、イギリスやニュージーランドなどで、企業的経営方法と市場的公共性の論理によって自治体を経営し、公共的サービスを提供しようとする手法と理念として生み出され、ヨーロッパや日本にも広まりつつある。

ＮＰＭは、教育の官僚制や専門性の独断を打破し、市場的競争と選択を介することで、資源の効率的な利用、サービス内容の改善がはかられるとする。その具体的手法は、次のような点にある。

第一に、サービス提供における競争と消費者による選択という市場メカニズムの活用を進めることである。今まで公共的なサービスが、市場的競争のない公共部門によって提供されていたために、効率が低下し、顧客の要求に沿わなくてもサービス提供事業が成り立つという非効率、顧客無視が横行し、財政の肥大化を招いてきたとする。これを克服するために、公共サービスにも市場の原理と競争を導入するとする。

第二に、規制緩和、権限の委譲と分権を推進するとする。今まで公共サービスは、多くの規制によって守られ、民間の資本がそのサービス提供に参入することが妨げられてきた。また中央の行政機構が、強力な統制によってそれらのサービスを独占してきた。したがって、中央に集中された権限を分権化し、官僚主義を廃し、地域や民間が自由にサービスを競争的に提供できるようにするとする。

第三に、サービス提供主体への民間（会社資本、ＮＰＯ等）の参入、民営化を推進するとする。公共サービスにおいて競争を導入するには、民間の資本がこのサービス提供に参入できるようにし、公共団体や行政が提供するサービスと競争させることが不可欠であるとする。そして公共サービス領域を資本の市場として開放し、公共サービスの民営化や民間委託を進めるとする。

第四に、行政の経営手法としての企業的業績評価と管理システムを導入するとする。行政の運営に企業的経営を導入し、効率性を実現し、行政のミッション（使命）を目標管理によって貫徹し、競争と業績評価によって、昇進や給与管理を行い、職員＝公務員の活動を活性化させるとする。

第五に、評価結果と情報公開などによる消費者＝顧客への説明責任（アカウンタビリティ）を実現するとする。そのため、教育では、学校のパフォーマンス（達成）を公開し、点数化して顧客に知らせ、それによって、親、住民がサービスを選択（学校の場合は、学校選択）できるようにする。

第六に、このようなシステムを導入することによって、専門性の名の下に顧客のニーズから切り離され、官僚主義と非効率主義が温存されていた行政サービス部門を、合理的な業績主義によって効率的に人事管理し、常に顧客（住民や親）の要求にあったサービスを提供する市場的競争が活性化され、顧客ニーズがより豊かに満たされるように組み替えるとする。

およそ以上のようなものとしてＮＰＭは説明されてきた。

2　日本の教育行政への導入とその特徴

しかしもともと、ＮＰＭは、教育行政と学校経営に適用されるとき、①教師への評価・管理を企業的目標管理の手法で実施し、トップによって決定された目標に対する忠誠と貢献が求められ、教育実践過程の自由や教師の専門性を弱める可能性、②学校を市場的競争にさらし、市場の評価指標（代表的なものとしての学力テスト結果）に適合する方向へ教育の達成目標を組み替えていく傾向、③企業的採算、あるいは市場的価値指標に適合しにくい教育目標や教育価値の実現に消極的になり、子どもの学習権、人権保障との間に矛盾を生み出す傾向、④サービスの質やあり方の決定に住民や当事者が直接参加、関与する道を弱め、サービスの受け手＝顧客としての市場での選択や評価行為へと関与を間接化する傾向が、問題点として指摘されている。

日本においては、二〇〇〇年前後より新自由主義的教育改革が強力に展開され、また総務省がＮＰＭを自治体の一般行政や教育行政、学校経営領域にも推奨する形を取るなかで、急速に教育改革にＮＰＭが導入されつつある。

日本でのＮＰＭの学校経営への導入は、「マネージメントサイクル」（Plan＝企画→Do＝実施→

See＝評価）の導入、人事考課制度、学校選択、学力テスト等での市場的学校評価、教育サービス提供への民間資本の参入、学校の説明責任（アカウンタビリティ）の実現などとして展開されている。

しかし日本の教育に導入されたＮＰＭは次のような点で、とりわけ多くの問題点を含んでいることを最初に指摘しておかなければならないだろう。

第一に、権限の委譲と分権の点で、国の権限の自治体の教育行政への委譲にとどまり、学校への権限の委譲が弱く、学校自治の拡大を欠いていることである。周知のことであるが、多くの場合、市場メカニズムの導入は、行政的統制を緩和し、権限の委譲、規制緩和と対になった概念である。ところが日本の場合は、都道府県や区市町村行政の段階にまでしか権限が委譲されないのである。そして地方自治体の行政＝政治権力が、学校への強力な支配と統制を行うという事態が出現しているのである。日本の教育分野でのＮＰＭでは、学校の自治と権限がかえって抑圧・縮少されているのである。

第二に、自治体の政治権力と教育行政の決定した政策プログラム達成への貢献度が、学校や教職員の業績評価基準とされ、学校教育への権力統制がかえって強められ、権力的な官僚ヒエラルキーが、教育行政⇓校長・教頭⇓主幹（主任）⇓一般教職員という縦方向で強化されるという、ＮＰＭ自体が掲げる基本理念への背反ともいうべき事態が生みだされつつある。ＮＰＭが目標とする官僚主義の廃止は、行政の統制を廃して、親や住民、すなわちサービスの受け手とサービス提供者（学校・教師）とが市場や学校選択を介して直接やりとりすることで、教育サービスの向上を図るという理念である。しかし日本の場合、行政の統制は温存、いやむしろ強化され、行政の決定したミッションの実現こそが住民要求に応える道であるとされて、行政への忠誠が強要されるということになってしまうのである。これではかえって、行政過程での官僚支配が強まってしまうこととなり、ＮＰＭのそもそものねらいとも矛盾してしまうのである。

第三に、議会制民主主義によって住民の意思の付託を受けた行政が公共サービスの価値内容を決定することが住民自治から要請されるとして、教育の内容や価値決定への行政の関与をストレートに肯定し、教育基本法一〇条の「不当な支配」の禁止が犯され、教育の自由の論理が失われていく傾向が広がり、教育への親・住民の関与はもっぱら市場主義的な仕組みに限定されていく。そしてイギリスのガバナー・システム（学校理事会）に見られるような学校への親・住民の参加制度が欠落している。

これらの特徴によって、日本の教育行政と学校経営へのＮＰＭは、むしろ教育の論理を抑圧するものとして機能しつつあるといわなければならない。

四　総務省の推奨するＮＰＭの特徴と性格

ＮＰＭ型の公共管理が、いま全国の自治体で、広がりつつある。その推進力となっているのが総務省であるが、総務省の「新たな行政マネージメントの実現に向けて」（以下『実現』と略、二〇〇二年五月一三日）に展開されている論理の特徴を見てみよう。東京都教育委員会が二〇〇二年一一月に出した「都立学校におけるマネージメントサイクルの導入に向けて」はその東京都の教育版とみてよい。

①学校は、自治体という名の企業の営業部の位置に置かれる

ＮＰＭの典型としてあげられている英国の教育改革においては、学校への権限の委譲が大幅に行わ

れ、校長の決定や教員の採用、財政自主権等が保障され、その教育経営の自由を大幅に保障された学校が市場で競争するという構造になっている（佐貫浩『イギリスの教育改革と日本』高文研、二〇〇二年、参照）。ところが、この総務省の『実現』では、「分権性と集権性のバランス」という項目で、「分権的な取組みのみでは……戦略的マネージメントの分野に関わる諸問題（優先課題設定の問題、縦割りの弊害など）を解決することは出来ない」として、「真に行政が行うべき課題（資源を投下すべき課題）を限定し、これに集中してとりくむ」ためには、「トップダウンによる集権的な取り組みが不可欠となる」として、あっさりと分権と学校の自治の課題が放棄される。

この『実現』の趣旨は、「行政を一つの経営主体として捉え、新たに『マネージメント改革』という視角を設定し、経営改革という側面から、今後の行政のあり方について検討」（傍点は引用者、以下同じ）したものであるとされる。すなわち企業経営の手法で、行政を運営するということである。しかし、経営主体とは、あくまで行政当局であり、権限はこの行政当局が占有する。教育の本来の規制緩和が学校への権限の委譲であるとするなら、この『実現』がめざすものは、自治体（行政）が一つの会社に模され、首長と教育委員会が経営トップになり、学校はその経営体の支部、営業部とでもいう位置に置かれるのである。

②経営の行政トップによって専断的に決定される戦略計画

行政組織そのものの改革の中心は、「行政へ『マネージメントサイクル（Plan-Do-See）』を導入し、当該施策や事業が達成した成果を、『業績測定』等を通じて事後的に評価（See）し、次の Plan へとフィードバックさせる流れを構築する」ことにおかれる。そしてこのようなサイクルを公的部門において機能させるためには、①「行政のビジョン／政策目標や目標間の優先順位付けを明示し、これを現場の業績目標につなげることによって施策体系を構築する……〈戦略計画の策定〉」、②「各業務の成果に対するパフォーマンス・メジャーメント〈業績測定〉を行い、その結果に応じたメリットを組織・職員に付与する……〈成果志向型行政〉の実現を図る」とする。すなわち、〈戦略計画の策定〉、〈業績測定〉、〈成果志向型行政〉が求められるとする。

当然その〈戦略計画〉の策定方法が重要になるが、それは「政治による決定・調整」が中心となる。それは、「もとより、議会制民主主義においては、国民のニーズの把握と行政への反映については、政治がその役割を担っており、行政はその執行者としての立場に立つ。このためとくに政府全体としての国家戦略にかかる目標をはじめ、戦略目標については、本来、政治がトップ・マネージメントとしてこれを決定し、優先順位を付け、資源配分を行うことが基本」とされる。ここでは企業における経営陣による戦略計画の決定に模して、議会制民主主義による決定、あるいはこの議会制民主主義によって成立した自治体当局の決定がおかれる。そのほかに「行政による国民のニーズの把握等」が言われるが、それは住民をサービスの顧客と見る「顧客主義への転換」（市場における顧客のニーズ把握）でしかない。その結果、学校教育の領域でも、行政の決定が、そのまま企業における戦略的決定のアナロジーで、絶対性を持つものと位置づけられる。

③忠誠のための「自主目標の提示」

〈戦略計画〉の実施のため、各組織や人員は、「ミッション（Mission）」（目的、使命）を担う。〈戦略計画〉の実施のためには、「新たな集権的アプローチ」、すなわち「トップダウンによる集権的な取り組みが不可欠」とされる。しかしこれまでの〈上意下達方式〉では、「命令された手順の忠実な実施というレベルを超えて、各職員が創意工夫を発揮し、望ましい目標の実現に向けて全力を尽くす契機」がないので限界があるとされ、『契約』型システムとしてのインセンティブ・スキーム作り」が求められるとする。それは「戦略計画に基づき、下位の執行計画が策定される過程等において、トップ・マネージメント層と下位マネージメント層や現場職員の間で、達成すべき目標とこのために必要な資源配分についての交渉・約束を行うことである。／……その上で、経営学で言う『期待理論』にかんがみ、組織を構成する職員に対し、内発的（仕事のやりがい、達成感等）・外発的（給与、昇進）双方の報酬期待を成果達成のモチベーションとして与え、職員の自発的な改善意欲を引き出すことが必要となる。最も基本的な『契約型システム』は、マネージメントサイクルにおける評価によって得られた業績の測定結果に基づき、予算・人事等の面等職員の外発的期待に応えるメリットを与える信賞必罰のシステムである」とされる。

すなわち、権限委譲は、上から提示された絶対的戦略目標を実現するために、どうすればよいかを自主的に提案し、その自己提案がどれだけ達成できたかで、上からの評価を受ける自主目標の設定という自発的忠誠を表現する自由へと矮小化されるのである。これは、人事考課において各自の努力目標を提出することとして実施される。

④日本型ＮＰＭの全体構造

恐ろしいことに、これがストレートに教育分野に適用されるならば、教師は打ちのめされ、教育実践は「信賞必罰」のシステムで管理され、教育は破壊されるのではないか。

第一に、教育における〈戦略目標〉を、「議会制民主主義」の論理で、教育内容にまで踏み込んで「政治がトップ・マネージメントとしてこれを決定し、優先順位を付け、資源配分を行」うならば、行政の意向や計画はいつでも正当化され、一般行政による教育の統制、教基法が禁じた権力（行政）による教育への「不当な支配」がいつでも、思いのままに可能になる。中教審の「答申」の中の「（行政が行う）『必要な教育諸条件の整備』には教育内容等も含まれる」との記述と連動するとき、統制は無制限となる。

第二に、末端である教師の教育実践に至るまで、〈戦略計画〉実施のための「ミッション」が背負わせられる。議会制民主主義を経由して権威を獲得した行政が住民の意向を汲み取って決定したとする〈戦略計画〉実施が、末端にまで義務化される。校長が行政の提示する〈戦略計画〉と異なる学校づくり計画を進めることは許されないし、当然職員会議でこの〈戦略計画〉を変更することなどあり得べからざることとなる。職員会議は、〈戦略計画〉が一方的に下降していくプロセスとなる。〈戦略計画〉にどう貢献できるかを校長が教育委員会と、教師は人事考課制度をとおして校長と、「達成すべき目標とこのために必要な資源配分についての交渉・約束を行」わされ、「自発的な改善意欲」を引き出させられ、「業績の測定結果に基づき、予算・人事等の面等職員の外発的期待に応えるメリットを与える信賞必罰のシステム」にがんじがらめに捕えられることになる。かくして、最もすばらしい教育（業務）の実現とは、トップによって決定された「戦略計画」へ全ての下位職員が自発的に忠誠を尽くす状態であるということになる。これでは学校は、まるで数値化された業績目標達成の工場であり、教師は生産ラインの機械的な作業員に過ぎなくなる。教育に対する国家統制は、業績追求の効率性の論理に置き換えられて、より堂々と、かつ数値化された緻密性を伴って実現される。

第三に、この日本型ＮＰＭは、市場システムを拡大しつつその市場を行政が評価権力としてコントロールし、強引な学校改革を推進していく手法としても機能するだろう。これが、非常に即決的な学校改革の手法として導入された結果、住民の合意や教育学的検討もなしに、まるで思いつきのような危うい教育改革、学校の特色化が、どんどん進行している。品川区に見られるように、区のトップの計画した小中一貫学校が強権的に実現されるとか、東京都の一部の高校が中高一貫のエリート校へと組み替えられていくとかが、あれよあれよという間に進行している。

しかし留意すべきことは、行政の戦略目標が「学力テスト○○点達成」や「いじめ・校内暴力の『五年間で半減』」目標等に具体化され、その実施の結果が学力テストなどによって評価・公表され、その達成度に照らして「顧客」である親が学校選択を行う市場システムが整備されるために、このシステムは、教師を統制するシステムであっても、住民と親からは、自分たちの要求に応えようとする開かれた行政の住民本位の努力と見なされる面をもっているのである。

第四に、本来の規制緩和、ＮＰＭの目的は官僚支配の克服であるといわれるが、この日本型ＮＰＭは、逆に、行政官僚が全て決定し統制する主役となる。これでは官僚主義がいっそう深く浸透せざるをえない。日本的ＮＰＭは、結局、官僚主義打破の行政改革の反対物に転化するのである。くわえて教育はこの官僚主義を介していっそう政治的介入を招き入れる危険を高める。東京での養護学校の性教育への介入に見られるように、草の根の保守主義と結びついたまるで魔女狩りとも言えるような政治家による教育干渉が、行政と一体になって進められるという異常事態が呼び込まれる。

五　教育の条理とＮＰＭ

1　東京都の「マネジメントサイクルの導入」

今このような総務省提唱のＮＰＭが、各自治体に導入されつつある。その先頭を切っているのが東京都である。東京都教育委員会は、『都立学校におけるマネージメントサイクルの導入に向けて（学校経営計画策定検討委員会報告書）』（二〇〇二年一一月――以下『報告書』と略記）にもとづいて、東京版ＮＰＭを強引に導入しつつある。

『報告書』は、「学校経営計画」を「校長が都民に明らかにする『公約』」とし、「校長が『目指す学校』とそれを実現するための具体的な目標と方策を明らかにすることで、学校の都民への説明責任を果たす手段」と位置づける。

この計画は「計画策定参考手順」にもとづいて作成されるものとされ、その手順が、①教職員の意見を「参考」に、②「校長自らの考え」を案とし、③「教頭、事務長と意見交換」し、④「企画調整会議に案を示し」、⑤「主幹（主任）、校内各組織に具体的方策を検討させ」、⑥「校長が決定し」、⑦「教職員に周知して、学校経営計画として公表する」となる。すなわち、ほとんどこれは、ピラミッドの頂点としての校長（マネージャー）が、部下の知恵を動員しつつ専断的に決定し、下部に周知徹底する手順である。ここでいう校内組織は、主幹が掌握する中間管理システムのことであり、職員会議は全く位置付いていない。ていねいに、「学校経営計画における『経営』の意味としては、校長が、『目指す学校』を具現化するため、各学校の教職員・予算・設備・その他の経営資源を活用し、最も有効な手段により、学校運営を行い、教育の質の維持・向上を目指すこと」（傍点、引用者）とされる。校長の経営トップとしてのほぼ完全な管理権が正当化されているのである。そして、「校長が教職員一人ひとりと綿密に面談を行い、『職務目標』と『研修・研究』について、学校経営計画との整合性を十分に計る」とされるのである。すなわち一人ひとりの教職員の仕事の正統性は、校長の策定する「学校経営計画」を積極的に担っているかどうかによって、はじめて証明されることとなるのである。したがって、校長にたいして、教職員の自主的判断や異議申し立ての余地はほとんどなくなるのである。しかもそれが、議会制民主主義によって住民の意思を背負っているとされる行政当局（教育委員会）とその行政によって任命された校長の住民への「説明責任」（アカウンタビリティ）によって根拠付けられるのである。

補足すれば、この『報告書』にはないが、一年後に出される「都立学校評価システム確立検討委員会一次報告」（二〇〇三年一一月）には、総務省の『実現』に提起された「ミッション」という概念が示され、「公共的組織の目的、目標」、「使命」、「任務」、「存在意義」などを指すものとされ、「行政等の非営利組織では、企業などの営利組織に比べ、ミッションが重要な存在動機となる。学校のミッションが教職員のモチベーション（仕事への動機付け）の拠所となるように学校経営が執り行われなければならない」、「都立学校においては、各学校のミッションが明確であることが学校経営においても学校評価においても大前提」、「都教育委員会は各学校のミッションについて、学校と十分に共通理解を図っておく」ものとされる。

いったんこのシステムに乗っかるならば、あらゆる命令や教育方針が、絶対服従に近い形で、強制されていくことになる。憲法・教基法に依拠して、国や自治体権力（行政）と学校との間には、教育の自由、学校の自由というクッションが置かれていたが、それが取り払われ、行政の決定が企業経営に模される伝達・下降システムを介して、学校と教師、さらに子どもにまで、ストレートに強制されることになる。それは、憲法・教基法の定めた教育の論理を、まるでクーデターのようにひっくり返すものといわなければならない。

2　教育の条理の復権を

しかしはたして、教育において、その目標は、一方的に行政から、あるいは企業の利益獲得目標のように上から学校に、教師に下ろされてくるものだろうか。教育の現場にこそ、日々提示される子どもの現実、困難や矛盾のなかにこそ、教育の課題が提出されて来るのではないか。そういう子どもの現実に即して、教師と親とがじっくり話し合うなかからこそ教育の目標や課題、すなわちミッションが提出されてくるのではないか。そもそも教育の自由は、経営的効率主義の名によって葬り去られて良いわけがない。ましてや、議会制民主主義によって成立する行政権力によって専断的に統制されて良いはずはない。憲法・教基法が明確にした教育の自由の論理、権力による教育への「不当な支配」を禁じる論理をかくも乱暴に踏みにじるＮＰＭの論理が、公然と総務省の文章として、各自治体に降ろされ、行政改革のバイブルとして普及されつつあることは、驚くべき事態である。

教育の最大の課題（ミッション）は、日々生活する子どもの発達の課題、自己実現の思いを受け止め、子どもの内的なエネルギーを引き出すことにこそある。そこに教師の情熱を注ぎ込むことを許さないような教育統制システムは、教育を荒廃させるほかない。教師は子どもの発達や学習に責任を負い、親から託された期待を背負い、それを最大のミッションとして教育という仕事に邁進してきたのではなかったのか。しかもそれは形式的な責務や義務というものに加えて、子どもたちとともに生きることの充実と、その成長を我がこととして喜ぶ深さにおいて、そのミッションに突き動かされて、日々苦労し、研究し、泣き、笑いしてきたのではなかったのか。もちろん個々の教師の感受するミッションを土台に、学校としてのミッションを明確にし、学校計画を策定することは、大きな責務である。しかし今進行しているのは、教師と子どもの日々のつながりからミッションを汲み取る教師の仕事の性格が否定され、行政と校長によって上から決定されたミッションを下に徹底するという仕方で教育が動かされようとしているのである。

このミッションを実現するためには、教育内容にたいするコントロールも当然とされる。いやそれこそ肝要だといわんばかりの状況が生まれている。今東京都教育委員会が行っている障害児学校にたいする性教育についての前代未聞というべき攻撃も、都教委の都民にたいする説明責任を果たすためだとなるのである。東京の公立学校の教員に対しては、詳細な授業の「週案」の提出が今強制されつつある。その理由は、親からの異議申し立てがあった場合の説明責任を果たすため、校長は、その授業内容を把握していなければならないからということになるのである。もちろん、学校経営計画にもとづいて、その授業が、校長の考えるミッションをになうように工夫されているかどうかについて、週案の内容が点検され、時には書き直しが命令されるのである。住民の声に応えるという論理が、いつの間にか正反対の「上からの指示への忠誠こそが住民の期待に応えることになるのだ」という、ほとんど一八〇度反対の論理にすり替わって、猛然と推進されているのである。国旗・国歌の強制への怒りがもはや後に引けないものとして高まりつつあるのも、それが、教師の教育者としての神聖な責務＝ミッションと教師の良心を犯すものとなっているからではないか。教育の論理がさまざまなところで破壊されつつあることを一つひとつ発見・告発し、異議申し立てをし、教育の仕事の中で蓄積されてきた教育条理を改めて復権させることが必要になっている。その要求とたたかいが、教師の独善と身勝手として親の側から批判されないかどうかは、今起こっていることを親・住民の前に明らかにし、その事態を、まさに地域の住民の子弟の教育の危機として、さらには日本の学校教育の未来を閉塞させる暴挙として、協同で告発・批判できるかどうかにかかっている。

第6章　学校選択制度と教育改革——その現実と問題点——

親や地域に対する学校の「壁」に対する不満が高まっている。そうした不満の蓄積が、学校選択制を求める社会的な声を生み出している。

本来、子どもと親には、自分（の子ども）に提供される学校教育について、直接意見を述べ、要求を提示し、さらには自らの手でそれを作り出していく権利がある。公教育が一般に国から提供される制度の下では、自分（の子ども）が受ける教育に異議申し立てを行い、変革を求め、時にはそれを拒否して別の公教育を選択する権利が、そういう包括的な教育権の必然的なコロラリーとして存在している。

しかしだからといって「学校選択制度」が親の教育権の必然的帰結として一般化されるものではない。公教育が親の要求の多様性にしたがって無限に多様化されうるものでないとするならば、公教育のあり方をめぐって多様な意見を持つ親同士が、公教育のあり方についての合意を形成し、その合意にしたがって学校が作り出されていくという学校づくりへの参加こそがまず第一に保障されねばならない。また、学校が複線化、格差化するならば選択は必然化されるが、日本のように競争圧力が強い土壌の上では、その選択は競争と同義のものへと変質する可能性が高い。また今日の学校選択制は、市場的システムによる学校改変の方法として導入されつつあることも間違いない。そういうなかで、いかなる公教育システムを生み出していくのか、学校選択が学校制度として不可欠なのかどうか、学校選択制でなければ解決できない問題はあるのか、等々を含んで、学校選択についての学校制度論レベルでの科学的、実証的、批判的な検討が不可欠となっている。

一　学校選択の始まり

学校のあり方をめぐって、いま規制緩和という概念が強力に押出されてきている。〈学校を画一的な硬直状態に追いやってきたのは、公の学校が、多くの規制によってがんじがらめに縛られ、親の要求に応えて変ることができなかったからだ。この規制緩和の焦点は、学校の選択である。多様な学校を求める要求があり、これに応えることで学校の多様な展開が可能になる。学校選択を可能にする規制緩和こそが、今日の画一化された学校を変革していく最も重要な改革の手法である〉。およそ、このようなメッセージが、規制緩和の大合唱の中で、学校に対して提起されてきている。

学校選択という理念が、政策として登場したのは、中曽根内閣の下での臨教審であった。当時、過酷な競争化の中での学校の病理（校内暴力、登校拒否、いじめ等）が表面化し、学校改革が新たな課題として認識されつつあった。当時を特徴づけるのは、次のような公教育の構造であった。

第一は、公立学校に対する不信である。とくに校内暴力が激発した公立中学校が、不安と不信の対象となった。同時に落ちこぼれなどを大量にうみだすようになってきていた学校は、親たちの不信を広げていた。第二は、その不信は、一次的なものではなく、学校内部からの変革可能性を信頼できない不信感であった。その背景には、教育内容の増大、子どもたちの困難などに対処する教師の側の力量の強化が政策として進められず、教師たちの疲労感、無力感が高まっていたことも大きい。また学校の個別の自由な改革は、きわめて統制的な上からの管理の下で、非常に困難なものとなっていた。第三には、親・住民が参加による学校改革のイメージをほとんど持つことができなかったことである。公選制教育委員会の廃止以来、親・住民たちの学校参加はほとんど閉塞状況にあった。親たちが、自分たちの意見や要求を学校改革につなげるルートは閉ざされていた。第四には、生き残り競争を当然とする社会意識の拡大を背景にして、学校は競争の場であり、よい教育は個人のお金を注ぎ込み、学力競争に勝利したものが獲得できるという観念の広がり、そしてそういう中で、「荒れた」公立中学からの脱出としての私立中学受験が次第に拡大しつつあったことである。

その結果、公立学校の改革に期待するのではなく、そういう困難をかかえた公立学校から脱出する方法が、学校選択制度への期待として、広まっていったのである。そして、親の要求に応える学校のみが生き残れるという学校選択の論理が学校改革の有力な方法であるという観念が広まっていったのである。そのような基盤の上に、一九八四年に発足した臨教審は、「教育の自由化」、「選択の自由」の論理を提起した。

実際に公立小・中学校の学校選択が実施されたのは、東京の足立区が最初であった。その様相を紹介しておこう。

「東京都足立区の区立柳原小学校（佐藤綾俊校長）で、今春入学予定者の四十二人のほとんどが、学区外の学校への入学を希望する事態が起きている。………

昨年十月、新年度に備えて、区教委が住民基本台帳から入学予定者をリストアップした。四十二人だった。／明けて二月七日。同小で新一年生を対象に保護者会が開かれた。出席したのは男子十三人、女子六人の親だけだった。この時点で、十五人が隣接する千寿第四小学校への指定校変更をしていることがわかった。／さらに十三日までに、『男女比のアンバランスを嫌った』とみられる六人の女子全員が相次いで指定校変更し、入学予定者に女子がいなくなった。／ＰＴＡと学校は驚いた。たびたび会合を開き、対策を話し合った。区教委に配慮を要望する一方で、保護者を説得。先月末には学区内四人の町会長に協力を要請して、区域内全戸に同小の教育内容等をまとめた資料を配るなど、必死の引き留め工作に当たった。／だが二十六日に開いた懇談会で入学を表明したのは男子六人、女子一人だけだった。ほかは、千寿四小に指定校変更した児童が二十五人、区内の他校が二人、私立小などへ進学四人、区外へ転出が三人、一人が態度を保留しているという。学校側は『さらに減る恐れがある』としている。／同校ＰＴＡの関根光男会長は『先生方もわれわれも、やれるだけのことはやった。これ以上、やりようがない。問題は指定校変更のあり方だ』と話す。／柳原小学校は、区内最大規模の千寿四小（児童数約六百六十人）との統廃合のうわさがこれまでもたびたび飛び交っていた。そこへ、九五年の審議会が、同小のある千住地区九校を将来的には六校とする答申を出した。一昨年は予定者の約半数しか入学せず、これにこりて、昨年は前年夏から父母に同小入学を呼びかけるなど、運動を展開。約四十人の予定者

のうち、三十人が入学している。」（『朝日新聞』一九九七年三月一三日夕刊）

この問題を含んで足立区で生じた学校選択の事態を分析した児玉洋介論文は、この背景に学校統廃合問題のほかに、小学校や中学校の荒れの問題があったことを指摘している。また中学進学にあたっては、足立区では、一般的に学区を超えて学校選択が進んでおり、公立小学校卒業者の学区域以外の公立中学への「越境」進学比率が九三年度六・八％から九六年度一一％へと急上昇していることを紹介していた。そのような事態の中で、学校規模や学級数が、うわさや巷の下馬評により年度ごとに乱高下し、教員の配置に計画性がもてず、学校作りが悪循環的に困難をかかえ込み、いわば選択主体である親によって区の政策を先取りして学校の廃校すら起こりかねない状態であることを指摘していた。時々の条件によって引き起こされる個別の学校教育の「ゆらぎ」が、この学校選択制度によって一挙に拡大され、もはや修復不可能なほどの学校間格差として定着、拡大されていくシステムとして機能する可能性が、ここに示されていると見る必要があるだろう。（児玉洋介「学校『選択』＝『学区の規制緩和』が引き起こすもの」『教育』一九九七年九月号、および児玉洋介「足立区における『通学区域自由化』問題の経過とその歴史的背景を考える」、民主教育研究所年報二〇〇〇『「学区選択」の検証』をともに参照）

足立区のこの学校選択導入（一九九六年度）は、居住地によって通学校が決まる学区指定制の下で、就学校の変更（家庭の事情やいじめ不登校などを理由に）を弾力的に運用することで、実質的な学校選択を実現させるシステムであった。しかし東京都品川区で二〇〇〇年四月から、就学校指定に際して、保護者の選択により就学すべき学校の指定をおこなうという学校選択制度が導入されて以降、都市部を中心に学校選択制度が拡大しつつある。文科省調査によると、小中学校を二校以上設置している市区町村（学校組合を含む。以下同じ）のうち、保護者が子どもの入学する学校を選ぶことのできるいわゆる「学校選択制」を導入しているのは、小学校が二二七団体（全体の八・八％）、中学校が一六一団体（同一一・一％）となっている。東京都は五七団体中一九と最も比率が高くなっている。

二　学校選択制への期待を生み出すもの

一つの思考モデルを考えてみよう。いまある学校が教育上大きな困難をかかえていて、親や子どもたちがその学校への不信を拡大しているとしよう。その際にうつ手が、第一にその学校を改造することであり、第二は別の学校を選ぶことであるとする。そこでは人々の「良い教育」を獲得するための行動は、どのような方向へと傾斜していくだろうか。いうまでもなく学校改革への閉塞感、不可能感が強いほど選択の論理が受容されていく。校内暴力という戦後の最大の公立学校の危機において、公立学校改革への政策をサボタージュすることで、文部省は選択の論理を一挙に現実的な親たちの行動原理へと導いたのであった。それは「教育の自由化」と呼ばれたが、決して学校を自由にするものではなく、公立学校の硬直性、統制による画一性と教育力量の絶対的な不足を継続すること、いわば公立学校の不自由性をそのままにすることで、親たちの行動を、競争に有利に展開しはじめた私立学校を選ぶ個人的な生き残りの競争的選択へと導き入れる戦略にほかならなかった。そこでいう教育の自由化は選択の自由と同値であって、決して学校の本質的自由の拡大を意図したものではなかった。

今日の問題としてみる時、学校の自由、より具体的には参加による学校創造の自由を学校制度の基本に組み込まないかぎり、親をして、消費者としての受動的な立場から学校を選択する競争に追い立てるという基本方向を転換することはできない。久冨善之氏は、イギリスの今日の公立初等・中等学校の通学区の自由化に触れ、それが「個別学校の自治と父母の参加・アクセス権の確立」というもう一つの改革理念と平行し対抗しつつ進行していることを紹介し、日本の学区の緩和や「自由化」論者がそのような視点に全く触れようとしないことを批判していた（久冨善之「『地域からの教育改革』を考える」『人間と教育』第一五号、一九九七年、労働旬報社）。日本の学校改革の論理は、学校の自由と参加論を全く欠落させている点で、国際的にも特異であるというべきだろう。

イギリスの学校は、親と教職員と地域の代表、地方教育当局（LEA）の代表（ガバナー）が集まって学校理事会をつくり、そこで校長を採用する。学校理事会はそのほかにも、教員の人事、カリキュラムのあり方、生徒の処罰の仕方、予算の使い方などを、校長と協議・協同して決定する。校長と学校理事会は、一年間の学校教育計画、学校改革計画を作成し、教職員の同意と協力を得て、親に約束した学校改革を実現していくために努力する。そして一年が経過すると親の集会で、親と議論して、その計画を総括する。そういうシステムの性格を、学校の親と地域に対するアカウンタビリティ（説明責任）の実現と呼ぶ。学校理事会は、時には校長の首をすげかえる権限も行使して、自分たちの学校づくりを決定し推進していくのである。

このことでもわかるように、イギリスにおける教育の規制緩和は、教育に関する権限のいくつかが個別の学校にまで降りて、学校の自由が拡大されているのである。そしてそういう学校が、親・住民の参加によって改造されていくのである。そして学校選択は、そのような親も加わった自由な学校づくりが、地域の親によって、学校選びという形で評価され選択されていくというシステムなのである。もちろん、それは手放しで評価できるものではなしに、多くの矛盾が指摘されており、学校の階層化を進めるものとして全体として否定的な評価が強くなりつつあると見てよい。重要なことは、少なくとも、イギリスの学校選択制度は、学校の自由の拡大、そして親・住民の参加制度の推進と平行した政策であるということである（佐貫浩『イギリスの教育改革と日本』、参照）。

日本の場合は、学校の管理統制システムが、一貫して「上」から「下」に統制的に向いてきたという歴史があり、今もそれは基本的に変わっていない。その中で、校長も教師も、結局上からのコントロールに対応することに腐心せざるを得なかった。統制システムは、同時に管理職を選抜しピックアップしていくシステムでもあったから、校長や教頭になるにはこの統制システムへ忠誠を誓わなければならなかった。その弊害は、今日の公立学校の校長を、おしなべて官僚的で、上からの命令に忠誠を尽くすことを業務としてこなすタイプとして形成してきたことに現れている。地域や教職員が、学校を何とか変えたいと考えても、画一的な統制をするだけで、教育委員会の顔色をうかがい、大胆な自主的学校改革をする自由も勇気も構想力も持たないという状況に校長を追いやったのである。そして、国旗・国歌の強制に見られるように、教育委員会の命令には、自らも道理がないと思っても、それをやらなければ校長として失格とされ、時には処罰や降格までされる恐怖の下で、高圧的な管理職として自分を演出しなければならないという状況におかれているのである。それこそが、学校を、地域や親の批判や要求から、そしてまた学校を子どもの必要にあわせて変えていきたいという教職員内部からの学校改革要求からも閉ざしてきた第一の原因ではないか。今日の学校の閉鎖性は、まず第一に、上から学校を統制し、学校から自由を奪ってきた日本の教育行政システム自体が創り出したものであることを、文科省自身が、根本的に反省し、その弊害を取り除く必要があろう。

学校が閉塞的で、困難に対して有効な対処をしているように見えない状況があれば、学級崩壊などの困難に直面すれば、親はその学校から「脱出」する道を選ぼうとするだろう。しかし、「学校は一体何をしているんだ」という質問に対して、学校のほうから呼びかけがなされ、その問題性が示され、改革目標が示され、親の協力が求められ、学校改革の動きが見えるようになれば、一番近い地元の学校が安心して子どもを送れるようになるのが一番うれしいと考えるだろう。しかしそういう呼びかけがない中では、せめて良い学校を「選択」できるということに、期待を寄せざるを得ないのである。そういう文脈の中で、今、学校選択が、親の側からも、閉ざされた学校に対するアンチテーゼとして期待され、そういう圧力を学校にかけることが、学校に親の側に顔を向けさせるシステムとして機能するのではないかという期待を高めている状況があるのである。

品川区のある母親が学校選択制度を考える集会で述べていたつぎの感想は、今日の学校が置かれている状況、学校選択制が支持される一面をよく示している。「うちの息子をどこの学校にやろうかというので、学校訪問をしたら、校長さんが出てきて、一〇分も二〇分も対応してくれた。今までそんなことはなかった。まだその学校の生徒にもなっていない子どもの親が、学校を知りたいといって訪れたら、わざわざ校長が出てきて、学校の説明とか、ぜひうちの学校に来てくれと熱心に説明してくれた。学校選択制度になったらこういう対応が生まれた。この選択制度が、学校が親のほうに向いてくれる契機になるんじゃないかと感じました。」

三　「学校選択」行為の力学と問題

では、学校選択では、実際には何を基準に選ぶことになるのだろうか。品川区の実態に依拠して分析した広田健氏の分析は、①「学力・進学圧力」、②「小規模化忌避・統廃合圧力」、③「『荒れ』の回避」、④「立地条件、施設条件」、⑤「『移動加速の条件』としての友達関係・親つながり」の五点を挙げている。最後の「移動加速の条件」とは、学校選択をめぐってある特定の選択行動が、親や子ども同士のつながりを介して、連鎖し拡大していくということを指している。また品川区教育委員会の調査（来年度中学を選択することになる現小学五年生、および現小学五年生と現六年生の保護者を対象に、選択基準を尋ねた調査）では、子どもたちは、多いものから「いじめがない」、「友達がたくさんいる」、「勉強をしっかり教えてくれる」、「上級生が優しい」、「先生が優しい」、の順であり、保護者は、「いじめや荒れの様子」、「生徒が落ち着いている」、「学校の近さや通学のしやすさ」、「教育活動の様子」となっている（品川区教育委員会「『通学区域の弾力化』に関するアンケート調査について（中間報告）」二〇〇〇年四月一四日）。

ここには、学校選択行動が、学校格差へと機能していくメカニズムが読み取れる。上記の選択基準には現れていないが、第一の選択肢が、自分たちの住んでいる地域の学校であるという点は補足しておく必要がある。* ここで示されている「選択基準」は、そういう地域の学校を選ばずに別の学校を選択する際の選択基準、と理解して差し支えないだろう。その大きな選択基準は、①「学力」（進学実績や学力テスト結果、勉強をわかりやすく教えてくれる、あるいは小学校の場合は英語教育が導入されているなどをも含む）、②「学校の荒れ」（いじめや友達関係、学級崩壊などを含む）、③「小規模化忌避」（近い将来の統廃合の可能性、やりたいクラブ活動が小規模校で廃止になったなど、を含む）の三つに区分可能であろう。

＊　専修大学嶺井教授の品川区の学校選択に関する調査では、学校選択にあたって、親は、学校の「特色」ではなく、「通学に便利で、子どもがいじめに遭わず、友達とのびのび過ごせる地元の学校」を圧倒的な高さで選んでいる。具体的には、「学校の近さや通学のしやすさ」（七〇％前後）、「兄姉が通学」「地元の学校だから」（ともに三〇％前後）、「子どもの友達関係」（二〇％前後）、などとなって他の選択規準を大きく上まわっている。この結果からも、学校選択で第一の選択肢は地元の学校であるという前提の上で、学校選択行動が展開されていることがわかる(嶺井正也、中川登志男編著『選ばれる学校・選ばれない学校』八月書館、二〇〇五年、三九頁、参照)。

この三点（「学力」、「学校の荒れ」、「小規模化忌避」）が、学校選択行動の大きな基準となる時、学校選択制度は、どうしても悪循環を引き起こさざるを得ない。なぜならこの三点においては、それぞれにおいて、プラスとマイナスの行動を考えるならば、プラスの選択を集積する学校は、それぞれの事項に関して学校をプラスに導く要件を集積し、より多くの親から選ばれるようになっていく可能性が高くなるからである。「小規模化忌避」の行動が、小規模校を見捨てる選択行動を促進するという論理は見やすいものである。ましてや、数名しか進学しそうにないというような予想が生まれれば、たちまち選択ゼロという状況に追いやられることがある。学校選択制は、学力や生徒指導に問題を持つ学校に小規模化する圧力を及ぼすことも明確であり、そういう学校から「脱出」する選択を積極的に行う階層は、平均的に見れば、学校教育に関心が高く、進学戦略を熱心に考える家庭に偏り、経済的にもより豊かな階層であろう。結局、成績や生徒間でのリーダーシップをとれるような生徒が「抜ける」ように作用する。そうすると困難校は、成績や生活指導でより困難な生徒をかかえ込むことになる。そのようにして、学校の格差化が悪循環的に進行していく可能性が高くなる。

品川区の学校選択制を調べた専修大学の嶺井正也教授・中川登志男氏の調査によれば、「選択制の下では人気校と不人気校が固定化し、よほどのことがない限り入れ替わらない」という傾向が示されている（「朝日新聞」二〇〇六年四月一六日付）[*]。

＊　この嶺井正也教授・中川登志男氏による調査は、その学校に他学区から「来たい子」から、その学校から他学区に「出たい子」の数を引いて、その数字がプラスになるかマイナスになるかを、それぞれの学校でどう変化しているかを調べたものである。その結果、小学校では、「七年間ずっとプラス」、「七年の内六回プラス」、「七年間ずっとマイナス」、「七年の内六回マイナス」が四〇校中二七校（六八％）、中学校では「六年間ずっとプラス」、「六年のうち五回プラス」、「六年間ずっとマイナス」、「六年のうち五回マイナス」が一八校中一二校（六七％）という結果となっている。（前出『選ばれる学校・選ばれない学校』参照）

このような力学を含んだ学校選択制は、日本の土壌の中では、次のような問題を引き起こさざるを得ないということができよう。

第一に、学校選択は、とくに日本のような競争的な学校選びの土壌の上では、進学に有利な学校を選ぶという力学、すなわち「学力」基準の選択という力を拡大する。すでに学校選択制度が開始される以前から私立中学への進学が多い小学校などの格差が形成されてきたが、選択制の導入によって、そういう格差が選択の評価対象となり、さらに格差的な選択行動が促進されるという動きにつながる。しかしその場合に注意しなければならないのが、その成績の上下は、学校の教育実践の質によって生み出されるというよりも、その学校に通う生徒の家庭の階層格差を強く反映したものであるということである。生活保護世帯の割合などの貧困指標の数字と学校の格差化とが、一定の相関関係にあると考えられるのである（イギリスでは、学校の格差化を統計的に判断する際、生徒のうちフリー・ミール――無料の給食支給該当者――の割合がどう変化したかが指標としてよく用いられる）。ということは、この学力格差等を評価の基準とした選択行動は、地域の階層格差を拡大再生産していく「連動作用」を強く持っていることを意味する。

第二に、今日のような状況の中では、選択は移動の条件がある強者が、「良い学校」を選び、「悪い学校」から脱出する方法として機能する可能性が高くなる。それは優秀な生徒を困難校から奪い、困難な学校が困難要因をますます多く蓄積するという格差化につながる可能性が高くなる。イギリスでは、学校選択制によって、クリーム（上澄みの一番好い部分、優秀な生徒のこと）が困難な学校から評判の良い学校に奪われて、いっそう大きな困難をかかえていく悪循環が問題になっている。学校に「クリーム」部分がなくなると立ち直るのがより困難になる。学校は困難をかかえた生徒もいるが、優秀な生徒もいるということによって、一定の水準を確保している。しかし選択制によって、学力が高い学校、荒れていない学校、等々の選択が拡大していくと、「いい生徒」ばかりを集める「いい学校」と、「だめな生徒」しかこない「だめな学校」という格差化が、教師の努力に関わらず悪循環として進行していかざるを得ない。地域から離れた学校を選択するのは、教育熱心で一定の経済的条件のある階層が多く、学校選択制度は、そういう階層が困難な学区を離脱する手段としての性格が強くなるだろう。とりわけ地域の階層化が進行している中では、困難をかかえた地域の学校が「だめな学校」へと押し下げられていく。率直にいえば、すべての地域に安心して子どもを通わせる学校を維持するためには、「悪い生徒もいい生徒もいる学校」を、それが「いい学校」だと言えるように改革する力量を回復することが不可欠であろう。格差を放置し拡大して、「いい学校」と「悪い学校」をつくりだし、みんながそのできるだけいい学校を選ぶようにすれば教育全体、学校の全体が良くなるというのは、幻想にすぎない。それは「だめな学校」に「だめな生徒」を隔離することで、「良い学校」が競争の上位へと浮上していく階層化の戦略なのだとみる必要があろう。

第三に、最初にも指摘したことであるが、急速な少子化のなかでは、統廃合されそうな弱小学校がいっそう不利になって廃校を促進するという「効果」も生み出すことが目に見えている。「小規模化忌避」という選択基準がそう機能するのである。行政当局者は、少ないから廃校にするというようなことはしないと言明しているところもあるが、親の方が、進学者が数名になりそうだ、女子はほとんどいないそうだ、等々の「情報」を得て、結局誰も進学しない事態が訪れるというようなことへと「発展」する――これが「『移動加速の条件』としての友達関係・親つながり」というものであるが――こともよくあるのである。現に二〇〇六年度は品川の八潮南中学が、新入生が中間集計では数名の希望者が確認されていたが、最終的にはゼロという結果になってしまった。そういう事態が続けば、親の選択によって生み出された「結果」を行政が「追認」して、学校が廃止されるというような状況をも生み出すのである。都市地域で少子化がすすみ、過疎化が進む中で、学校選択制度は、何らかの困難をかかえた地域で、その地域の子どもの減少を上回る「生徒減」を「演出」する制度として機能することはさけがたいのである。その「機能」を考慮に入れないで、学校選択制を導入すると、次々と地域が学校を奪われる事態が生まれる可能性がある。

第四に、学校選択制は、学級崩壊や学校の困難に対して、教育行政の責任が問われないという意識構造を生み出すイデオロギー作用とでもいうものを持つ面にも注意しておく必要がある。学校の責任にすべての困難が押しつけられ、学校の努力が足りないとされ、選択されなくなって廃校という手順は、すべての学校で学級崩壊やいじめが起こる可能性をかかえているなかでは、行政の責任を放棄するものであるというべきだろう。選択制はそういう困難の要因を一部の学校に集中することでそういう崩壊を免れる学校をも生み出し、崩壊の責任を教師の弱さであるとし、教育行政と住民が全力を挙げてこの困難と取り組み、社会が全体として、したがってどの地域の学校も教育力を回復する道を選び取るということを回避する姑息な戦略なのである。学級崩壊などに対しては、教育の自治にふさわしい形で、行政と親と教職員との協議によって、特別な対策と援助を加え、学校の力量を回復していくことが地域住民共通の願いであり、また教育行政の責任である。地域にとっては、地域の学校が、「だめな学校」になって、評判が落ちて、選択されなくなって、消えていって良いのかという問題である。困難を教師の力量不足のせいにして放置しておいて良いほど今日の学校教育の矛盾は甘くはない。繰り返すが、そこで取られるべきは、学級崩壊のない学校を「選択」することではなく、すべての学級崩壊を克服することである。そういう学級崩壊などの困難を学校の責任として放置したままで、悪い学校のところに困難要因を集中して、その学校の責任だとするのは、教育行政の無責任きわまりないというべきである。地域にとって学校がなくなることは地域衰退の一歩に他ならない。それでは、地域社会は崩壊せざるを得ない。もし学校選択制度を導入するというならば、こういう困難校を絶対に立ち直らせるという集中的な支援体制を組んでおくことが不可欠である。しかしはたしてそういう体制は、どれだけ組み込まれているのだろうか。

第五に、選択は、参加の権利を実現するものではないにもかかわらず、参加への意欲が「そらされてしまう」という問題である。国民、父母の教育権の核心は、受けるべき教育の内容を、親や住民自身が参加して決定する権利を持つということにあるが、選択の論理はこの論理を持っておらず、参加の権利を代替することはできない。学校参加の権利こそ、教育基本法一〇条の精神に添うものとして実現されるべきものなのである。もし、自分も参加して学校を変えられる制度とシステムが機能しているならば、親の疑問やエネルギーは学校をつくり変えるエネルギーとして、それぞれの学校づくりの土台へと組み込まれるだろう。選択の場合は、学校を取り替える条件とエネルギーのある親たちが「いい学校」を選ぶという形で、その限りで学校評価は活性化されるけれども、地域の広範な親・住民が地域の学校づくりに参加するというエネルギーの集中、集積にかなうものではないだろう。日本の場合、学校参加制度がないから、せめて選択をというのが、親の気持ちではないだろうか。親の不満や批判が、選択制度という形に流し込まれ、本格的な学校参加制度を作り出す要求が眠り込まされているのである。

補足すれば、選択制度は、市場的な学校評価制度と一体のものであり、市場で数値化される学力テストの成績などによって学校評価が行われ、学校をいっそうの学力競争に追い込んでいく力学を強化する。それに対して学校参加制度は、親・住民と教師とが、自分の子ども、地域の子どもをどう育てていったらよいかを日常の実践と日々の話し合いを通して相談し、合意を作り出していく方法であって、数値化されない、もっとリアリティーのある教育目標、人格の全体に関わる教育の全体性をもった教育目標を視野に置くことができる。別の言葉で言えば、参加は、親・住民と教師との話し合いを通して教育価値を発見し創造していく過程――まさに国民の教育権の実現過程――として機能するのであり、市場における選択は、国家的な操作によって作られた競争的な指標で、学校を比較し選択する消費者として、与えられたものを選ぶことへと教育の主権者性を矮小化するのである。

第六に、学校選択は、今の日本の学校政策の中では、積極的に子どもを階層化し格差化し、学校そのものを複線化すらしていく教育改革方針の中に明確に位置づけられた戦略的な政策であるということを見なければならない。今日本では、学校の格差化が政策として進行している。そのもっとも顕著なものが中高一貫校の創出である。すでに文科省のデータでは、公立の中高一貫校は、二〇〇五年五月時点で、公立一二〇校、私立五〇校、国立三校、合計一七三校となっている。こういう学校の格差化は必然的に学校選択要求を生み出す。中高一貫校に関していえば、一面は親、子どもの側からの選択であるが、実際は学校が生徒を選ぶという性格が強くなるだろう。また品川区では、校舎を統合した小中一貫校（日野学園）が二〇〇六年度から出発したが、その建設費は一〇〇億円ともいわれ、設備などの点でもほかの学校と大きく格差化されている。そしてその学校を多くの区民が「選択」して人気校になったということで、小中一貫校の設置が「正当化」され、さらに校舎一体型小中一貫校を増やすという方向へと向かっているのである。このような経過からは、親の競争的な意識を背景に学校の格差化、エリート校づくりを学校の「個性化」「特色化」の名において推進し、そういうようにして作り出された学校への選択「競争」が高まることを、教育政策が住民に支持されていることの証拠にする、とでもいうような手法が伺われるのである。日本では、従来の学校選択は、高校入試及び私立中学入学競争という形で、学力と資金力を持つものに選択の優先権がある形で実施されて来たという歴史がある。高い授業料と高い学力基準による選抜は、学校が生徒を選ぶシステムに他ならなかった。今日主張されている学校選択が、学校の格差化を制度的に定着させる推進力になるならば、選択がふたたびそういう競争のプロセスに変質しない保障にないというべきであろう。しかし選択要求があるからと言って、今のような形で公教育を階層化し複線化することが許されてよいのだろうか。

第七に、保育所、幼稚園、小学校、中学校、そして高校という人生に不可欠なライフサイクルが、地域的なつながりの中で行えるということ、そういう生活における交流と協同が、地域を維持している大きな要素であることに改めて思いをいたさなければならない。地域に組み込まれた公務労働、教育と福祉と人権のシステムは、地域が人間的なライフサイクルを実現するために不可欠なものであり、人権と福祉をバックアップする地域社会システムとして、住民が地域に作りだし獲得してきた社会的資産である。学校選択制は、このつながりと資産を攪乱し、地域社会に格差と亀裂を生み出し、最悪の場合にはそういう資産を奪っていく。まず子どもが分断され、それにしたがって親が分断されていく。学校選びのための心労や葛藤も増えざるをえない。挙げ句の果ての学校の喪失は、地域にとって大きな痛手である。そう考えるならば、「学校選択」の前になされるべきことは、ライフサイクルを安心しておくれる地域計画、その一環としての学校づくりであり、その学校づくりへの父母・住民参加なのである。新自由主義的な格差と競争の教育政策、住民政策が広がりつつある中で、共通の基盤としての地域、その上にたつ地域的協同をどう作り出すか、そのために学校をはじめとする諸施設、それを担う公務労働をどう配置するか、ライフサイクルを支える公的サービスを地域にどう組み込むか、という視点を見失ってはならないだろう。

四　「学校選択」をめぐる議論と論調

１　黒崎勲氏の「学校選択論」の問題点

最後に、こういう学校選択制度の諸問題が現実化している品川の学校選択制度について、ほぼ全面的に賛意を表明するまでになっている黒崎勲氏の議論の問題点を検討しておきたい。品川の学校選択をめぐる黒崎氏の議論の中心は、学校選択が格差につながるのではないかという疑問に対して、品川の学校選択制度は次の三点――①「序列化」ではなく「特色化」を促すものになっている、②困難校を復活させる強力な教育長のイニシャティブが存在する、③品川の「学力定着度調査」は一般の学力テストとは違って、学校選択と連動するものではなく、むしろ学校を開いて、学校改革を促進する意図を持ったものだ、という三点――で、格差化として批判できるものではないということにある。（1）黒崎氏は、学校選択制度が学校格差の拡大につながるかどうかは、「学校のあり方を学力という単一の価値で判断するかどうかにかかっている」（行政改革委員会提言「創造でつくる新たな日本」）という指摘に対し、品川の学校選択制度は、むしろ、「逆に、単一の価値に縛られた学校のあり方を、学校選択制の導入によって打破し、学校のあり方を多様化していく起動力としようとする発想」（黒崎勲『新しいタイプの公立学校』同時代社、二〇〇四年、一〇八頁、以下「　」内の引用はこの本からの引用）を持ったものだと評価している。しかしいったい品川の学校選択制度が、そういう学校の多様化、特色化につながるという保障はどこにあるのだろうか。

第一に、この学校の特色化自身が、強権的な品川の教育改革で教育委員会の方からメニューとして提供されたものではないのか。第二に、小中一貫教育という若月教育長のアイデアで強行されている品川の「特色」は、全ての区内の学校に強制されて、しかも一〇〇億円もの費用をかけて建設された豪華な小中一貫学校「日野学園」がその豪華さと同一校地という一貫性の徹底さで「特色化」されて、多くの選択がこの日野学園に対してなされるという状況が生まれているのである。第三に、本当の学校の特色化は、その地域の教育課題に対して教職員が自主的に粘り強く取り組む中からはじめて進むものであろう。しかし前章で検討したNPMによる統制的な学校経営についてみれば、品川はその先頭を行く状況にある。教師の自主性を奪っておいて、上からの「特色化」の目標に競争的に取り組ませることで、学校の「特色化」を進める手法は、むしろ上からの教育改革に地域を巻き込む手法というべきであろう。

そもそもこの小中一貫校設置という「改革」が行われた強権的な経過を指摘しなければならない。それは決して各学校の下からの要求でもなく、この黒崎氏の本で若月氏が強調しているような「教育者としての校長の力量」が引き出された結果でもない。いったいこの小中一貫校という構想が、どういう可能性と問題性を持っているのかについての一定の専門的検討プロセスを全く欠いて、また関係住民代表の参加する審議をも欠いて、品川の行政＝教育委員会だけのいわば密室的な検討——小中一貫カリキュラム案作りは、それに携わる関係者名も秘密にして推進された——で結論づけるという暴挙が強行されたのである。その結果作り出された中高一貫校（日野学園）が親によって多く「選択」されたのは、要するに学校が格差化される中で、その頂点に位置する設備が豪華で、特別にこの学校の教員として「選ばれた教員」が配置され、また「繰り上げカリキュラム」——小学校の四年生までに基礎を獲得させ、五〜七年生段階で中学の内容へ次第に移行し、八、九年生では、高校の内容にも挑戦するという全体としての「繰り上げカリキュラム」——のより完全な実施による学力向上への期待によるものであろう。すなわち、「特色」は、結局「学力」の差異化に収斂されてしまっているのではないか。

学力競争が激しい中で、その競争を相対化して別の基準で学校を選ぶような評価基準を出すことは容易ではないが、それが可能だとすれば、その学校の「特色化」は、その地域の子どもと親の願いに応える努力が中心的に行われているという「特色化」があるかどうかに関わっている。そのためには、選択ではなく、親、住民の参加、そしてその願いに応えようとする教職員の自主的な努力が不可欠である。そういうものを欠いた土壌——教師の自由、学校の自由が奪われた状況——では、「特色化」

は学力レベルの差異化を競い合うものへと回帰せざるを得ないのである。

（2）学校選択によって起こる格差化を克服していくメカニズムについての認識と、実態評価に大きな問題がある。黒崎氏は、八潮南中学が、二〇〇〇年度の入学者五一人から二〇〇一年度九人に減った中で、二〇〇二年度には三八人に盛り返したことを、「学校あるいは専門家教職員集団に対する教育長のイニシャティブが決定的な役割を果たした」（一一九頁）結果であると評価している。しかしはたしてそういう証拠はあるのだろうか。率直に言って、これは学校の教職員、またそれに励まされた子どもたちがかなり努力した結果であって、教育長のイニシャティブなるものを論証することはほぼ不可能であろう。* この八潮南中学は、じつは二〇〇六年度には選択がゼロとなった。格差化を克服するためにイニシャティブを発揮し続けていたはずの教育長のその指導的イニシャティブはどうなったのだろうか？　ご都合主義的な説明というほかない。黒崎氏は、「若月教育長がとったのは、この学校を建て直すための特別な検討の開始であり、それに基づく具体的な支援措置であった」（一一七頁）と評価するが、では特別な教育予算や教員の増員などの措置はとられたのであろうか。この本の中で述べられているのは、ただ学力を高めろというような視点を強調するアドバイス（指導）以上のものではない。また入学生徒数が、五一人―九人―三八人―……〇人というように大幅に変動を繰り返すとき、はたして統一的な学校経営は維持できるのであろうか。そういう全体的な経過を踏まえるとき、黒崎氏の評価は事実を踏まえたものとはいいがたい。

＊　品川区と荒川区の学校選択制度を検討した山本由美論文「学校選択、学力テスト、教育特区が公教育を破壊する」（『世界』二〇〇四年六月号）は、学校選択制の下で入学者ゼロという危機状態に対して、

関係者が一丸となって事態を克服した例を紹介しつつ、「ここに見られるのは、競争原理とは全く逆のベクトルを持つ『地域の教育力』が学校を守った姿」であるとし、「保護者や地域住民が学校を守ろうとした熱意を教師たちも感じ取ってここまでやれた」と見ている。しかるに黒崎氏は、上記のような経過の中に、「教育長のイニシャティブ」だけを見、加えて、この経過が『『教師の教育の自由を尊重』することだけを強調する」理論（勝野正章）や、学校選択制に反対して『『民衆統制と専門的統制』の間の『適切な期待と支持、適切な参加が重要である』』とする理論（藤田英典）に対する反証となっているとする。しかしそもそもそういう主張を支える「イニシャティブ」が若月教育長の指導にあるということは証明されてはいない。

（３）学力テストと学校選択の関係をめぐる認識にも大きな飛躍がある。品川区の「学力定着度調査の実施と結果の公表」に対して、多くの新聞が、これが選択の際の判断基準となって、「学校の序列化」、学力による学校の「格差化」が促進されるのではないかという危惧の念が強くあることを報じた。それに対して黒崎氏は、「この学力定着度調査は小学校における教育活動の仕組みを創りだし、小学校に新しい『文化』、体質を確立させるもの」であり、「学校選択のための情報に提供という点で学校選択制度と関連づけられているのではな」いと主張する。若月氏も、「これを選択制度と引っかけて利用しようという意図は全くありません。結果として使われるのではないかという人がいるとすれば、私はその人の民意の低さだと思う」（一二五頁）とやりとりをして、こういう報道は、根拠がないというのである。

ちょっとわかりにくい論旨かもしれないが、黒崎氏は、荒川区のような学力テスト結果報道が学校の序列化の危険性を持つのに対して、品川区では違うといい、その理由は、「中学入学時点で中学校において行われる小学校卒業時の学力を調査する品川区の学力定着度調査と中学校二年生を対象にして行われる学力テスト」の質が違うからだというのである。氏の理論によれば、「公立学校間の現実の差異をブラックボックスに入れて隠し続ければ、学校は官僚制と専門職主義の独善の弊から解放されないが、公立学校間に存在する差異を明らかにすれば親の意識は学校の序列化にとらわれたものになる」という「学校改革のかかえ込むジレンマ」に対して、品川区の学力定着度調査は、「ブラックボックスを開いて独善主義の余地を無くし、学校間の差異を事実として明らかにすることによって、固定している公立学校間の格差の風評を覆す」意図を持つとされる。だが、どういう方法で「覆す」のかははっきりしない。

しかし、品川区のテストは、その中学生の現在（中学一年生）の学力程度を全く反映していないというのだろうか。そこに現れる学力差が、「学力」の高い学校をという気持ちで学校を比較しようとしている親に一つの根拠あるデータを提供するのではないだろうか。このデータは、「公立学校間の格差の風評を覆す」よりもまずは「格差が存在していること」を明らかにし、学校選択行動を方向づける指標として機能するのである。そういう判断をするのは「民意」が低いと親の側を批判してみても、そういう選択行動が引き起こされるという必然性を否定することなど誰もできない。さらに言えば、東京都が行う学力テスト、さらには二〇〇七年度からは国が行う学力テスト（小学校六年生と中学三年生の悉皆調査）が、品川区の「意図」とは別に、一律に行われることになる。そういう学力テスト（黒崎氏が序列化の可能性があると見る性格のテスト）が品川区の学校選択制度と結び付くことを遮断することなどできようはずがない。むしろ常識的に見れば、そもそも学校選択の選択指標を提供するために、学力テストが提起されているのである。今回出された中教審の教育課程部会の「審議経過報告」で提起されているような、「国の責任によるインプット（目標設定とその実現のための基盤整備）を土台にして、プロセス（実施過程）は市区町村や学校が担い、アウトカム（教育の結果）を国の責任で検証し、質を保障する教育システムへの転換」という提起は、その時々の学校の学力達成度を評価し、公表し、それを親による学校選択と結びつけようとする政策であろう。

こういう根拠薄弱な議論で、品川区の学校選択制度を氏の主張する「抑制と均衡の原理」による学校選択制として、「単純な市場原理」による「学校選択制」と異なるものとして推奨する黒崎氏の議論は、氏自身の理論枠にあわせて強引に現実を「解釈」するものというほかない。しかも、若月氏のインタビューをほとんどそのまま肯定し、氏のイニシャティブの下で、教育の自由が脅かされ、教師統制が進み、品川区の教育改革が多くの矛盾や問題を引き起こしていることを見ない、無責任なものといわなければならない。

2　日本経団連の「学校選択」推進論

日本経団連（日本経済団体連合会）が提起した意見書「義務教育改革についての意見書」（二〇〇六年四月一八日）は、「多様性」「競争」「評価」という観点から、学校選択制が導入された自治体が約一割にとどまっていることにいらだちを示し、「学校選択制の全国的導入」を強く打ち出している。そしてこの学校選択制にあわせて、「教育の受け手の選択を反映した学校への予算配分の実現」をも主張している。

この中では、現在の予算配分が、主に学級数・教員数を基準に配分されており、学校選択による生徒の増減（に表される親の学校評価）を反映していないというのである。これを「教育の受け手の選択を反映した学校の整備・配置」に変えろと要求しているのである。もしこれが実現されるようになるならば、学校選択による生徒の増減は、いっそう急激な予算配分格差となって、学校格差をさらに拡大することになるだろう。もはやこれは、懲罰的な予算配分とでもいうものに近づいてくる。何か困難な条件をかかえ込み学校のパフォーマンスがゆらぎ、選択者数が減ると、そのため予算配分がクラス数や教員数を基準にではなく生徒数を基準として（すなわち選択数を基準として）削減されるのである。もちろんこういう状況の下では、学校は学校の死活がかかる重大性を意識して、学校づくりに努力しようとするだろう。しかし、今日の学校を、教師の努力が足りないからそういう事態を招いたのだと考えること自体がリアリティーを欠いている。与えられた地域的条件や生徒の条件によって、すぐには成果を上げられないケースも生まれるだろう。しかしそうなったら懲罰的な予算削減におそわれるのである。しかも今日の地方財政の条件、また義務教育費国庫負担制度が後退する中で、全体として教育費が減らされて学校予算が全体としての縮減基調にされようとしていることも考えねばならないだろう。

この「提言」は不人気校に対する「必要に応じて支援措置（有能な校長・教員の配置、予算の特別交付など）」も提言するが、そもそも不人気校に対する「選択数」に応じた懲罰的な予算配分と矛盾した「特別措置」をどう組み込むというのだろうか。イギリスでは、何年か連続して「失敗（failure）」

という教育基準局（OFSTED）の査察（inspection）判定を受けた学校を、ブレアーの学校政策に沿う形で新しい校長、新しい学校名、特別予算の支給などで再出発（fresh start）させる制度があるが、そういう強権的な学校改変の手法を日本にも持ち込もうというのだろうか。

いささか性急ではあるが、結論を述べるならば、地域で人間らしく、安心して生活していけるシステムを回復するために、地域が自分たちにふさわしい学校、人間らしい教育を子どもたちに保障できる学校、安心して子どもの成長を任せられる学校を創造することが、今日における学校の公共性再建の中心課題ではないか。そしてそれは、学区の自由化、学校選択の自由の拡大によってではなく、何よりも親・住民の学校参加を基盤として、地域に根ざす学校づくりの自由を実現することから始められるべきだろう。そのなかでこそ、親・住民の要求と教師の専門性とが、学校の自由の土台の上で新たな協同関係をつくり、相互に支え合って発展していくであろう。

第7章　今問われている学力問題とは何か

学力問題は、今日の教育の基本方向を左右する問題として論争されている。OECDの国際学力調査（PISA）結果の論評を含んで、「学力低下」があおられ、学力テストがまたたく間に全国に広がり、点数を競い合う学校間競争が各地で組織されている。教育改革の基本理念をこの「学力低下」キャンペーンが作り出し、その流れの中で新自由主義的な教育改革への国民的合意が作り出されようとしている。

したがって今、今日の学力問題の本質的な課題が何かを明らかにすることが、教育改革の方向をめぐる対決点の一つの焦点となっている。ここでは、問題の全体構造を提示することで教育改革の課題とは何かを検討していきたい。

一　OECDの国際学力調査が示すもの

すでに多くの論者が指摘しているように、今回のPISA二〇〇三年調査が示したのは、次のよう

図２　読解力における習熟度レベル別の生徒の割合
——2000年と2003年を比較——

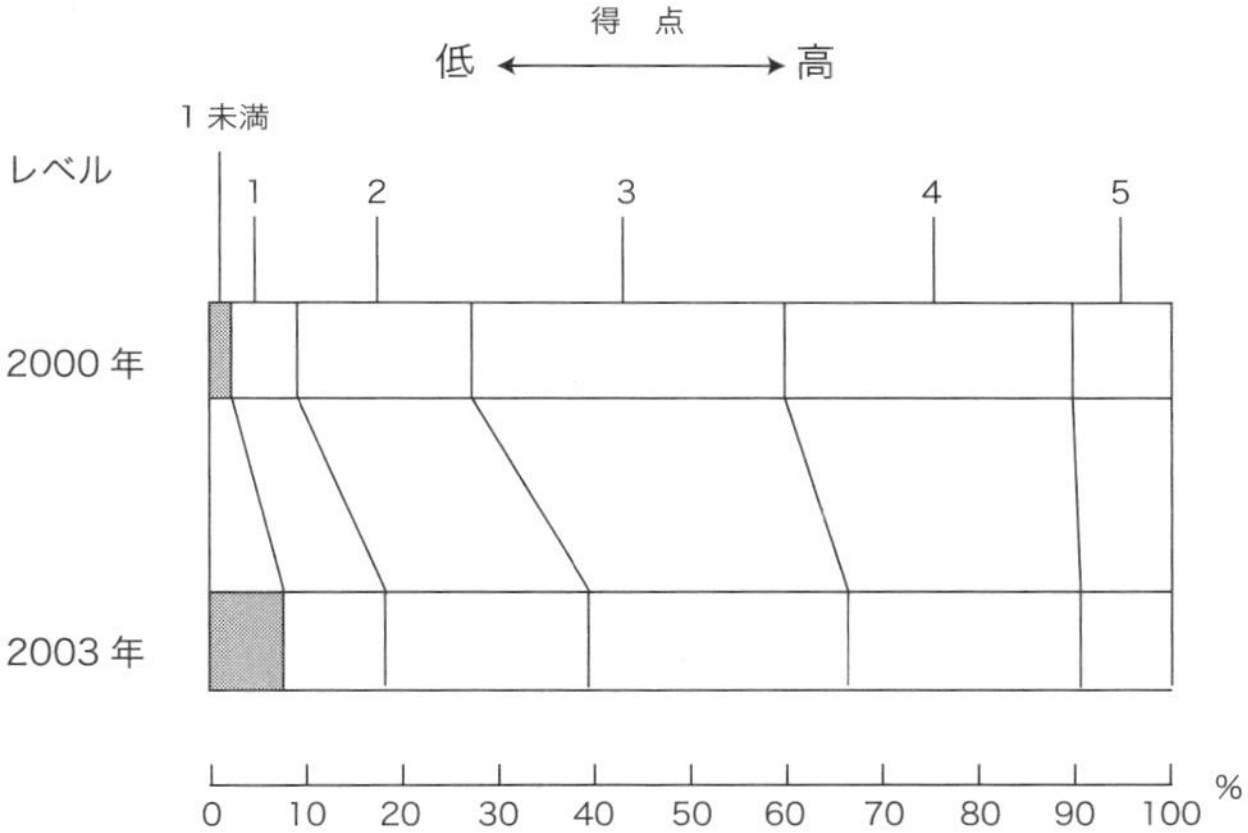

な構造的な問題であった。

第一に、今回の結果からは学力「低下」を伺わせる一定のデータを読みとることも可能である（たとえば数学的リテラシーで前回一位から今回六位へ後退）。しかし、必ずしも確定的なものではない。むしろ問題は、そのような傾向を示すに至った日本の学力の構造的特性にこそある。それは、日本型受験学力の破綻といってよい。今回のＰＩＳＡ調査は、たんなる知識量や操作能力ではなく、思考力、生活への解決力などを調査するように工夫されたもので、その学力概念をリテラシーと規定している。今回の結果は、そういうリテラシーの質において、日本の子どもの学力が大きな問題をかかえていることを示したのである（岩川直樹「誤読／誤用されるＰＩＳＡ報告」『世界』二〇〇五年五月号参照）。

第二には、今回の調査で、日本の学力平均点を押し下げたのは、子どもの学力格差の拡大、とくにその底辺部分での落ち込みの影響が大きい。読解力では、日本は前回調査で、六段階に区分した一番下の「一未満」が二・七％だったのが今回は七・四％へと大きく増えている(図2参照)。トップのフィンランドでは、このレベルは、一・一％となっている。フィンランドでは、落ちこぼれを出さないことが政策的な重点となっている(『教育』二〇〇五年五月号特集「なぜフィンランドの子どもたちは『学力』が高いか」の佐藤学、中島博論文参照)。補足的にいえば、イギリスでは、ナショナルテストの結果が全学校についてリーグテーブルとして新聞に発表されるが、その数値は、その学校の生徒の何％がその学年で到達すべきレベルに達しているかという数字であり、学校間の学力競争はいわば落ちこぼれをどれだけ少なくするかによることとなる。ところが日本では、すでに一九七〇年代から半数近くの生徒の落ちこぼれが指摘されているにもかかわらず、その克服を戦略的な課題とする教育政策はほとんど採用されていない。* この異常な政策感覚が今日の事態を招いた大きな要因ではないか。

* この間習熟度別学習が広がっているが、それは落ちこぼれ対策とは異なるものである。その点は、すでに、佐藤学「劣化する学校教育をどう改革するか」(『世界』二〇〇五年五月号)および佐藤学『習熟度別指導の何が問題か』(岩波ブックレット)で指摘されている。日本の場合、本来の学習コースのほかに、落ちこぼれ生徒を支援するシステムがあって、その生徒が本来のコースについていけるように支援するというのではなく、学力別にコースわけして進度そのもの、学習内容そのものを差別化してしまうために、生徒を格差的にグループ化して、ますますその格差が広がっていくという結果を招くものになっている。落ちこぼれ対策に必要なのは、落ちこぼれた生徒に対して、必要な特別支援を普段の授業の他に、特別な体制をとって行うことである。そのことと学習進度に応じたグループ分けとは基本的に

趣旨が異なるのである。

第三に、深刻な子どもの学習意欲の衰退が、重ねて明らかにされたことである。ＰＩＳＡ調査では、学校の有用性についての質問（「学校は仕事に役立つことを教えてくれた」）に、日本の子どもは、加盟国平均の四倍もの否定的回答率を示している。同じ時期に行われた国際教育到達度評価学会のＴＩＭＳＳ２００３調査（二〇〇三年国際数学・理科動向調査）では、「数学の勉強が楽しい」という生徒は、国際平均の二九％に対し、日本はわずか九％であった。私の教育学の授業でのアンケートでは、大学生の三分の二程度が、普段の自主的な学習時間は一時間未満で、ゼロと答えるものがそのうち約半数近くいるというのが、ここ一〇年間ほどのほぼ共通した結果であることも指摘しておこう。* 学習嫌いと競争圧力による学習意欲の発揮というセットが日本の子どもの学力を規定する中心的な性格なのである。

＊　河地和子『自信力が学生を変える』（平凡社新書、二〇〇五年）の調査によると、四分の三の学生が普段、勉強について、一日平均「一時間未満」か「ほとんど何もしていない」と解答し、一日平均で一時間以上勉強する学生は四分の一にも満たない（二四・八％）としている。ただし、試験前には、様相が全く変わって、一—三時間、三—六時間学習するものがそれぞれ三六％、六時間以上も一七％に達することが示されている。試験にならないと勉強しないという今日の大学生の様子がはっきりと現れている。それは後で指摘するように、受験学力の基本的な特徴を表している。

第四には、このＰＩＳＡ調査の直接の結果ではないが、日本社会の安定性の破壊、階層格差の拡大と底辺階層の増加が学力を低下させつつあるのではないかと思われる。児童虐待やネグレクトの増加、

『教育』二〇〇五年八月号の特集（「暴力の世紀に、暴力を超える教育実践を考える」）で解明されている子どもの生活への暴力の浸透、一三万人の高原状態にある登校拒否・不登校、学級崩壊現象の一般化、等々が、九〇年代後半から続いている。そしてこの困難に対処する学校の力量が、その変化に追いつかなくなり、学校の相対的な力量が急速に低下しつつあるのではないかと危惧される。日本社会の階層格差を示すジニ係数が九〇年代後半から増加しているという指摘もある（山田昌弘『希望格差社会』筑摩書房、二〇〇四年）。フィンランドがPISA調査でトップとなった背景には、安定した福祉政策による格差のない社会づくりがあると見ることができる。逆に、アメリカやドイツ、イギリスなどが子どもの学力平均の国際比較でトップにこない大きな理由は社会階層格差の拡大、とくに貧困で差別されたマイノリティーの存在が指摘されているが、皮肉な見方をすれば、日本の学力平均点の低下は、日本がそういう「先進国」の仲間入りをしつつあること――しかし当面は民族的マイノリティー問題ではなく、新自由主義的な社会階層格差拡大政策により――を示しているといえるかもしれない。ただこの点については、今の時点で、必ずしも確定的なデータを提示できるわけではない。この点は、実証的、社会学的な研究によって今後解明されていくべき課題であろう。

なお補足しておくならば、学習指導要領の「三割削減」が今回の「学力低下」の直接の原因であるというのは根拠がない。なぜならば、今回の調査対象は基本的にそれ以前の学習指導要領で学習してきた生徒の調査結果であるという佐藤学氏の指摘がある（『世界』二〇〇五年五月号、佐藤学「劣化する学校教育をどう改革するか」参照）。またそもそも今回のPISA調査は、各国のカリキュラムの差異――とくにその学習内容――に左右されない性格のテストとして行われたものである。*

＊　この調査と各国カリキュラムとの関係については、ＯＥＣＤ『ＰＩＳＡ二〇〇三年調査評価の枠組み』（ぎょうせい）には次のように記されている。「調査対象の知識・技能……これらは基本的に、国の学校カリキュラムに共通するものという観点からではなく、むしろ将来の生活において重要であると考えられる技能という観点から定義づけられる。これがＰＩＳＡ調査の最も基本的な特徴である。……ＰＩＳＡ調査はカリキュラムに基づく知識や理解を除外するものではないが、主に、知識を応用するに必要な幅広い概念や技能を習得しているかどうかという観点について調査する。」

二　学力の構造と学力低下問題

日本のいわゆる受験型学力について、この「学力低下」との関連を見ておこう。日本型受験学力は、知識の記憶と単純なパターン化された適用訓練によって一定の高さを維持してきた。大学入試を始め、日本の入学判定テストはこの学力に対応したものとなっているため、受験圧力が高まるほどますます「効率的」な知識の記憶と操作訓練が繰り返されるという悪循環が進む。その結果、学習嫌いが大量に生み出されてきた。学習の意味がよくわからなくても、一定の訓練を行えばある程度の「学力」を証明できるようになるため、勉強をテストで点数をとるための苦役として堪え忍ぶこと、その訓練に耐える人格的な力が将来を保障するというような人間像が生み出されてきた。落ちこぼれ線の付近から下（ということは過半数の生徒を意味すると思われる）では、学習する知識の意味や意義をほとんど理解せずに、ただ苦役として、記憶と問いをパターンに当てはめる訓練で学力競争に参加してきた。

だから知識を使って自分の課題を解いたり、未知の課題を自分で調べてどんな問題がそこにあるのか(問題の定立＝発見)、それに対してどんな方法や概念を使用して事態を把握し理解すればよいのかなどを考える学力――今回のPISA調査に言うリテラシー――は獲得されない。小・中学校では一定知識の意味を理解した成績上位グループでも、高校に進むとより負荷の高い競争へと追いやられて、結局そこで余裕のない受験学力獲得競争へと追いやられる。だから、「普通」の学生は、たいがい学習嫌いになって大学に入学してくる。*

＊　日本の受験学力の特徴について議論した私の講義での学生の感想を紹介しよう。前から三人は、競争の学習システムへの疑問を述べているが、最後の学生の文章は、もし競争がなくなったら、学習意欲がなくなって、大人に必要な知識すら獲得できなくなるのではないかという文脈で、競争が不可欠だと主張している。なおここで言われている「意欲のバイパス」とは、文化それ本来のおもしろさによって引き起こされる学習意欲ではなく、競争によって呼び起こされる学習意欲のことを指している。

◇「私は思いっきり、学習意欲のバイパスの上を、一九年間ひたすら走ってきた。将来の夢も目標もこれといってなかったが、より良い配分的評価（進学や就職の判定基準として機能する評価）を得るために、勉強の仕方を学びに塾に通ったし、試験期間には、普段の何倍も（一夜漬けも含んで）勉強した。大学に入学した今、それらが何を残したかわからない。文化や科学、知識にであう前の幼児期には、いろいろなことに興味があり、それらに関するすべてが将来の夢だったのに。」

◇「僕は、小・中学校とも学年でトップの成績でした。当時は友達に成績やテストの点数で、負けたくないという気持ちが強かったのを覚えています。つまり先生の話の中の『意欲のバイパス』をとおり配分のための評価、競争を経て、文化・科学・知識を学ぶという方法でした。中学での成績は良かったので、高校は一番楽に入れる○○高校へ推薦で入学しました。○○高校へ入学したことにより、○○大学へ進学できることがほぼ決まったので、配分の評価や競争への意志も薄れ、意欲のバイパスもとぎれました。それにより何となく高校を卒業し、何となく大学に入学してしまいました。」

◇「……しかし……社会科だけに限らず、どの教科も暗記重視になって来たと思います。国語では漢字、古文、文法の暗記、数学では数式の暗記、英語では単語と文法の暗記、理科でも用語の暗記などがあります。暗記だけの勉強は勉強にならないと思うし、その学力だけで全てが決まってしまう日本の教育社会もおかしいと思います。」

◇「私は高校受験の時にかなり必死に勉強しました。そしてめざしていた高校に合格できましたが、入学したとたん、『何で私は勉強しなければならないの？　大学受験のためだけに勉強するの？』とかってに言い訳を考え始め、しばらくは勉強する意欲がわきませんでした。しかし競争＝受験があるからこそ若者は勉強し、勉強するからこそ、その過程でさまざまな知識、文化と出会い、興味を持ちます。もし競争をなくしたら、現在の若者は何の知識も持たないまま大人になり、自分の存在価値さえも見失いがちになると思います。競争がなくなって、自ら進んで勉強する人はどのくらいいるのでしょうか。そう考えると競争学習はとても意味のあるものだと思います。」

学力には三層の構造があると私は考えている。第一の層は、基礎的な知識や文化、技能などの層（学力を構成する要素としての知や文化）である。第二の層は、それを使いこなすことによる習熟の層である。第三の層は課題と取り組み、分析し、創造し、表現し、参加へと自分を動かしていく活動の層である。この第三の層においては、生きる目的や価値意識、参加への意欲と学力とが直接結びつき、能動化されている状態にある。この三つの層は、段階的に積み上がっていくものではない。絶えずこの三つの層が存在し、第三の層においてもっとも強力に働く学習の意味と学習の実感（喜びや達成感）を学習の主導力としつつ、常にこの三つの層が深く結びつき、相互に働き掛け合い、豊になりあっていくものである。この構図を理解するポイントがある。

第一は、習熟である。習熟は、二つの性格を持つ。一つは、知識を何度も課題を解くために使いこなす中で、その知識の意味をより深く把握し（学び直し）、知識と現実（社会的、あるいは自然的）との関連を深く把握し、その意味、概念の豊かさ、現実を概念を通して思考する力量、等々が訓練され蓄積されていく。概念が持っている思考の方法としての性格もその過程で深く把握されていく。習熟の第二の側面は、そういう過程の中で、一定部分の知識や操作が自動化（無意識化）されていくとともに、それ故により高度な意識化が課題の焦点に向かって展開されるプロセスが進むということである。この無意識化と意識化が相伴って進行する過程が習熟である。* かけ算の九九を覚えるというような集中的な「習熟」訓練は、その中から自動化（無意識化）の過程だけを取り出し訓練するものである。そのような訓練が状況により有効かつ必要であることは否定されてはならない。しかし同時に本来の習熟過程は、この両側面をともなって、自分の知識や技を課題と取り組むなかで使いこなし、より深く、より的確に、物事に知的に、文化的に、技術的に対処する力量、自分を環境に対して能動化するスキル獲得の過程であることを忘れてはならない（佐貫浩『学校と人間形成』法政大学出版、二〇〇五年、参照)。

＊　この習熟概念は、ＰＩＳＡ調査の習熟概念に近いと思われる。日本の学力論争において、留意すべきことは、一〇〇マス計算に代表されるような「習熟」と総合学習のような学習とが対立的に議論されて、「習熟」訓練か、「総合学習」かというような論争構造に陥っている面があることである。この点では、日本の子どもの学力が、本格的な習熟過程を欠いているために、獲得した知識・科学・文化を自分の課題との取り組みに生かし、思考し、分析、創造、表現していく段階に進み得ないということが重視されるべきである。

もちろんここで言う習熟は、たんなる「自動化」という意味ではない。私の言う「無意識化の習熟」をともなった「意識化としての習熟」である。課題へと常に挑戦し、知識や技を何回となく使いこなし、世界（あるいは対象、現実自然、等々）と対峙しつつそこに問題を発見（定立）し、課題自体を科学的、文化的、技術的な課題として把握し、それに対応した知識や科学や方法を自ら発見し（＝知識や科学、技能自体の学び直し、理解の深化）、その対象＝課題に働きかけていく方法を発見していく試行錯誤の過程が不可欠なのである。そういう本格的な習熟過程が日本の学習に欠落しているために、パターン化された操作を当てはめるという解き方以外には、どうして良いかわからないという思考停止が起こってしまうのである。そのため日常的な現実の中にある問題をこのような意味での知的科学的課題として把握し、それに能動的に関与していくという関心と現実に突き刺さっていく能力が形成されないのである。習熟概念をもっと広く把握すること、自動化という習熟の一側面だけで習熟概念を捉えるのではなく、学習の中に、豊かな習熟のプロセスを実現すること、そのための学習指導論、評価論を意識的に作り出していくことが必要になっているのである。

もちろん、かけ算の九九のように一定の時間、集中的に「自動化」のための訓練をすることが有効であることも否定できない。それを否定する必要はない。また現実に行われている多くの総合学習が、私の言う習熟過程をきちんと兼ね備えていると言うことはできない。むしろ多くのケースで、活動主義的に進められているという弱点を指摘することができる。総合学習の指導は、よりていねいで個別的な援助を必要とするし、知や科学をより高いレベルで活用していく指導や援助、作品化の過程への緻密な指導、等々が求められる。比喩的に言うことだが、大学で学生に対して卒論指導を行う過程は、総合学習に対する指導に似通っているのではないだろうか。この卒論の指導では、その結果としての作品（論文）への評価が下されるし、これに合格しないと卒業できない。総合学習がそういう習熟の過程とその成果（作品）への評価を意識的に組み入れたものとして実現されるような学習プログラムを作り出す必要がある。習熟の過程を、具体的に指導する内容と方法、それを評価する方法を開発し、豊かに蓄積することなくして、総合学習によって確実な学力を獲得させていくたしかな手応えを得ることはできないだろう。

第二は、第三の層が、学習と生きることとの循環を可能にする学習の性格（構造）を与える。しかし現実の受験学力は、基礎的な知識の獲得とそのパターン化された操作への習熟（自動化としての習熟）に矮小化された学習を中心的な内容としている。したがってここには、本来の学ぶことそれ自体からくる感動、学ぶことが自分を能動化し積極的な参加主体へと高めることからくる学習の喜びや意義が希薄になる。そして受験学力競争で高い位置を占めることができたときにのみ学習の意義が証明され、その努力が報われるという形で学習意欲が循環する。この場合、成績順位が下位の場合、学習の喜びは起こりえない。自信も剥奪されていく。日本の子どもの自信や自己肯定感の弱さはこのことを大きな背景としていると思われる。

第三に、したがって、このような受験学力の構造から照らし出される基礎学力（学力の第一の層）自体は、独特の一面化されたものへと変容されていく。本来、基礎知識の学習は、その第一歩から（基礎知識の学習の最初から）習熟の過程にはいる。知識（概念）は世界を把握する方法であることが豊かに学ばれることで、学習は発見や感動を伴う。習熟の過程は、知識と世界との関連をより深く再把握し続ける過程である。たんなる記憶対象として学ばれる基礎知識にはそういう能動性や発見性が剥奪されてしまっている。

第四に、学習は、本質的に世界と対峙するという緊張感を根元的な動機としつつ、先人の蓄積した知識や文化に能動的な姿において出会い、自らが世界と出会う緊張の中でその知識や文化を読み解き、より意識的、科学的、生産的に世界に対処し、その世界に参加していく自己を創造していく過程であるというべきであろう。

問いのあり方という点から補足しておこう。世界と対峙しつつ「問い」をその中から立ち上げ、その問いに取り組むことが求められる。しかし日本の子どもにとっては、問いは常に試験問題としてパターン化した形で与えられる。ある知識を適用すれば解けるように準備された「問い」にしか反応しない学力の構造になっているのである。したがってこの中では、考えるということは、問題に適合するパターンをいくつかあるパターンの中からえらんで来ることへと矮小化されている。しかし重要なことは、問い自体を発見しなければならないということである。現実の中にある疑問や矛盾、課題への要求を、解くべき「問い」の形で発見することによって、その課題へ知的、科学的な接近が可能となる。この「問い」をたてる能力（あるいは方法）が獲得されていないと、日常の生活の中にある諸問題、諸課題は、いっこうに学習課題としての「問い」へは転化しない。現実からこのような「問い」を読みとる力が、生活と学習を結びつける。

そのためには、基礎的な知識や概念が、現実とどう関わっているのか、その概念によって現実がどう把握されるのか、現実を抽象的な概念によって把握し組み替え操作することができること、知や概念はそういう点で現実を頭脳の中で操作する方法であることなどを、一つひとつの概念に即しててい ねいに学んでいく必要がある。常に、言葉＝概念を現実と交渉させつつ、知の操作と現実との対応関係をていねいに結びつけて学習していく必要があるのである。それは知（概念）というものの持っているリアリティーを明らかにすることであり、知（概念）を現実を把握し思考する方法として獲得するということでもある。知（概念）と現実とを常に往復しつつ、現実を知（概念）を通して思考するという学習態度が求められるのである。

日本の受験学力はそういう展開を欠落させていることで、豊かな習熟の層も、本格的な分析、創造、表現、参加の層も欠落させたものとなっているのである。その弱点が今回のＰＩＳＡ調査で指摘されているのである。

一つの補足が必要である。日本の学校の学習時間が短いということが学力低下の原因であるという指摘もある。しかし日本は世界に例のない民営化された学習システム、すなわち塾が異常に肥大化した国である。過半数の生徒が塾や予備校に通い主要教科の学習を長時間補填し、しかも学力の歪みを強めている。それは、学習競争に参加している生徒の学習時間を限度いっぱいにまで増加させることと、底辺層の競争からの離脱部分の学習時間との格差をさらに拡大することとの二つの機能を果たしていると考えられる。しかし逆に、強制的に管理された時間以外で自主的に学習する時間は、日本の子どもは非常に少ないのではないか。こういう構造をこそ問題にすべきである。

日本の学校改革にとって「塾システム」が持っている負の遺産ともいうべきものについては、従来考えられてきたよりももっと深刻なものであることが認識されなければならないだろう。第一に、日本のように、学校のほかに、一貫した体型を持った塾教育が成立していて、学校ではなく塾で勉強すれば受験に対処できるというシステムを持っている国はおそらく世界で日本と韓国だけであろう。第二に、過半数の生徒が塾に通い、中学や高校の受験ですら、受験のためには塾に通うことがほぼ不可欠であるという常識が成立している。そういう意味では、子どもの義務段階の学習が制度的レベルで、その何割かが民営化されているという状態は、これまた世界的にみて、特異な現象であろう。第三に、そのことは義務教育段階において、格差化が大幅に放置されているということを意味する。義務教育においては、不十分ではあれ、「等しく」権利を保障するという努力がなされてきた。しかし何割か（比喩的に言うのであるが）の民営化された教育は、完全に個人化され、格差化され差別化されている。そして義務教育の外で拡大された学力格差が、学校での平等理念に立った教育をまるであざけ笑うかのように、無力化していくのである。「学力格差がこれだけ開いていては、学力別授業にしないと授業が成り立たない！」と。第四に、競争を制限しようとするあらゆる教育改革に対しては、もし学校がそういうものになるのだったら即効的な競争的学力を補強するための「自営」手段として働くことで、塾が競争を取り押さえようとする教育改革を無力にしてしまうのである。このような塾システムを生み出してしまったことの大きな負の遺産をどう克服するのかは、今日の日本の教育改革にとってさけて通ることのできない難問となっている。

三　競争圧力の構造的変容と学習意欲の低下

「学力低下」は競争のゆるみによるという論評がある。二〇〇七年からは「大学全入時代」がやってくるともいわれている。しかしこの議論は、競争を強化することで問題を解決するという方向へ流し込まれる危険性を持つ。

第一に、事態の本質は、競争が階層化されたということにある。文科省の方針によって、「すべての地域で生徒が中高一貫校にアクセスできる」状況が生み出されつつあり、上層部分の競争は小学校にまで降りつつある。（文科省調査によると、二〇〇五年四月段階で、一七三校が設置されている。）

第二に、学校的学力を基準に終身雇用へ差別的に参加していく雇用システムが崩れ、学力の中・底辺部分では、学校の成績＝一般的学習能力よりも、資格や技能など、労働力市場で即戦力と見なされるものへの取得要求が高まりつつある。大学生でも、大学に入れば終身雇用へと連動するという安心感が奪われ、就職不安をともなった競争意識はかってなく強まり、資格や技能などを獲得するダブルスクール化が進んでいる。このような競争圧力の質の変化により、学校での学習が位置付かなくなりつつある。

第三に、アルバイトやフリーターに典型的なように、初歩的な技能でこなせる低賃金労働市場が拡大し、これらは学校的学力、学問的専門性との関連が薄く、学校での学習へのインセンティブを持たないものとなりつつある。

第四に、最初にも触れたように、経済的・文化的な底辺階層の増加や生活破壊の進行の中で、そもそも学習へ向かう意欲や生活の土台が崩され、学習意欲が崩壊し、学力競争から降りてしまう層が増加しつつあると思われる。

新自由主義的な競争システムの強まりにより、このような競争の質的変化が生み出され、一部分はより強い競争に直接組み込まれていくが、もう一方の中・底辺部分では、その競争が、苦役としての学校的な学習に向かわせる圧力としても機能しなくなりつつあるのである。

このように事態が把握できるならば、必要なことは、子ども・青年の未来探求と学校での学習とがつながれ、学習それ自体の意味を明らかにできる学習の質の探求、就職を中心とした将来設計と学習とがつなげられる社会的システム（人間らしく生きられる安定した雇用システム）が形成されることであろう。それなくして競争圧力だけを強化すれば、ますます競争は脱落者を大量生産し、勉強嫌いの構造を極限にまで押しすすめ、無力感、自信喪失、絶望感を「自己責任」として自らに刻み込む人間破壊を拡大するものとなろう。

四　新自由主義的な教育政策による「学力」破壊

今日の「学力低下」に第一の直接責任を負うのは、今日の新自由主義的な「改革」ではないか。

第一に、学習と生きることとの非常に新自由主義的な回路――それは、一九九〇年代はじめまでのすべての青年に就職を通した何らかの社会参加の道を与える回路とは異なって、学力底辺部分についてはその参加の回路を閉ざし、社会的排除を強制するコースをも持つものとなった――を作ることを通して、底辺部分における子ども・青年の学習への意欲を剥奪してきたことである。低賃金フリーターやアルバイト労働の比率をどんどん拡大することを野放しにし、青年が将来への希望を持てないような雇用を拡大し、若い労働者を企業が目先の利益で搾取・消耗させることがまかり通っている。いわゆるフリーターは、生涯賃金でおよそ五二〇〇万円のコースとなり、終身雇用の二億一五〇〇万円のコースから大幅に差別化された道を選ばされることを意味するとの調査も報告されている。将来の仕事への希望を大事にし、そこに向けて努力していくならば安定した職や大人としての社会参加が可能な見通しのある社会を形成することが、子ども・青年の学習意欲を支える上では不可欠である。学習意欲は参加への希望と意欲に結びついている。一人前の大人への筋道をどの青年にも保障することによってこそ、持続的な学習意欲を持たせることができる。

第二は、この間の学校の困難の強まりの中で、新自由主義的な学習指導システムを持ち込むことで、教育を一面化し、教師の指導力の低下を引き起こしている。新自由主義の学校改革は、競争を階層化し、競争による学習への意欲を再度呼び起こすこと、そのために子どもを学力テスト責めにするような方向である。ほぼすべての都道府県で学力テストが実施されるに至っているが*、それらはただ競争の圧力によって子どもを勉強させようとするだけで、日本の子どもの学習意欲の回復のための独自の視点を全く持っていない。加えて「ゆとり」政策から今日の基礎学力重視政策への中途半端な動揺を繰り返し、そのたびに上からの一方的で強権的な指示によって現場を攪乱し、学校と教師を疲弊させ、地域に根ざした教育改革を妨げてきた。とくに数値化した目標で教師を管理するスタイルを持ち込むことで、教師の指導の形式化、一面化を進め、子どもとの格闘の中から教育課題を見出し教師の専門性と教師集団の共同性を高めることで勝負していくスタイルを崩し、教師の指導力を弱めている。

＊　文科省の調査によると、二〇〇四年段階で、富山、愛媛、三重の各県と横浜市を除くすべての都道府県と政令指定都市（合計五六自治体）で、学力テストが実施された。そのうち四六自治体が二〇〇二年度以降に開始している。横浜市は、二〇〇五年度から市主催テストを実施する予定（『朝日新聞』二〇〇五年五月一日付による）。

この点では、学力テストが持つ独自の力学についての問題を指摘しておかなければならない。一つは、学力テストを中心手段とする新自由主義的な学力評価システムが、学校教育の課題をよりいっそう受験学力へと焦点化させるという点である。今まで検討したような日本型受験学力風土のままで学力テストが行われていくならば、間違いなく、この学力テストを勝ち抜くことのできる授業が学校に強制される。すでに、基礎知識の反復訓練によって、テストの点数を即効的に向上させようとする「学力向上運動」が始まっている。それは今まで検討してきたようなＰＩＳＡ調査の提起する課題とも反するものとなろう。二つには、現場で今苦労しているのは、たんに狭い学力にとどまらず、人間的コミュニケーションの回復や、自立して生きていく土台としての人間力、暴力や非行を克服する子ども自身の力、等々である。そしてそれらの回復と学力の向上とは深く結びついていると考えられる。しかし即効的な学力テストへの対応を迫られ、それが教師の人事考課や時には学校選択による廃校の圧力ともなるとするならば、学校の努力が一面化せざるを得ないだろう。すでに、東京のいくつかの区では、学力テストの成績順位が学校ごとに発表され、その順位を上げるための即効的な対策、学校間競争が始まっている。三つには、これらを通して、学校教育の課題を提起していくシステムとしてこの学力テストが自動的に回転し始めることになる。しかし、このような競争的市場の仕組みに教育の課題、方向を決めるそのような専制的な力を与えていいのだろうか。子どもと日々格闘する教師、そして親と住民とが参加した学校の中からこそ、子どもの発達に必要な教育課題が提起されてくるのではないだろうか。これらの教育価値を選択していく親・住民の参加、国民の教育の自由の実現を、市場的システムに明け渡してはならないと言うべきである。四つには、ＰＩＳＡ調査をも含んで、はたしてシチズンシップの学力、市民としての政治参加の学力というようなものは、そもそも学力テストによってどこまではかりうるのだろうか。学力テストから提起される課題にだけ教育を焦点化させることには、大きな危険が伴う。それらを含んで、慎重に検討することが求められている。

第三に、バブル崩壊以降の諸困難、社会の階層化、不安定化の影響が学校に押し寄せる中で、学校教育の困難が一挙に高まっているにもかかわらず、それにふさわしい学校支援策を行わず、新自由主義的な学校の競争化で対処させる政策を選択したことで、今学校に求められる力量と現実の学校の力量との間にギャップが拡大し、今日の子どもを育てる困難に有効に対処すべき学校という公共のシステムが衰弱させられつつあることである。教師の専門的な力が封じ込められ、点数で管理され、理不尽な国旗・国歌の強制にも忠誠を示して自らの職位の安定を図るという小心な教師を生み出すシステムにさらされる中で、熱意あるベテラン教師ですら退職願望を高めている。三〇人学級の実現や教師の増員が拒否され、非常勤の教師採用の増加（文科省調査で二〇〇三年から二〇〇五年に一・四倍に増加）も学校の力を低下させている（「朝日新聞」二〇〇六年四月一〇日付夕刊）。このような政策は、取り返しのつかない事態を招くだろう。

五　学力問題解決への方向

以上のような問題点をふまえるとき、今日の学力問題は、次のような課題を提起しているということができる。

第一に、何よりも子どもたちの学習意欲の低下が、深刻な問題であるということである。そしてその大きな原因の一つは、日本の学校での学習の性格そのものにあるという点である。それは科学や知識・文化の学習が次第に学習意欲を引き出し、さらにはよりよく生きる力を獲得することに結びつく構造を剥奪されていることにある。その学習の構造を克服することがまず課題として自覚される必要がある。それは競争によってあおられる記憶とパターン化された操作能力に特化された受験学力を組み替え、考え、分析し、創造し、表現し、それぞれの年齢、発達段階にふさわしい人間的な活動をより豊かに展開し、社会に参加していくための学力へと組み替えることである。少なくとも、今後の私たちの学力議論は、学力と学習意欲のこの両方の回復にどう取り組むかとして設定されるべきではないだろうか。この課題に取り組むためには、競争で追い立てる教育ではなく、本当に考えることに取り組ませ、知や文化のリアリティー、そしてさらに生きることのリアリティーと結びついた学習を作り出す必要があろう。

第二に、とくに底辺層の落ちこぼれ状態に対し、本格的な援助体制を作り出すことである。今日本の教育政策は、学力上位生徒を早期に選別して、そこにお金を集中的に投資し、世界競争に勝ち抜くための「優秀」な人材を確保する方向で改変されつつある。しかし今日本の教育のもっとも危機的な様相は、教育の崩壊とも言うべき諸困難が増大し、大量の落ちこぼれ、教育からの脱落者が生み出されつつあることである。すべての生徒に対して保障されるべき権利としての教育の危機に対してこそ、集中的な政策的努力が注ぎ込まれなければならない。その点では、イギリスなどでは当然の政策となっている階層格差の拡大に対抗する教育改善措置、底辺を押し上げる福祉と教育政策を、日本でも本格的に実施すべき時にきているというべきである。学力格差の背景に階層格差があることをしっかりふまえて、どうこの階層格差を克服するか、階層間格差の拡大という困難に対する特別措置を含んで学力支援策を進める教育政策が求められている。

第三に、学校と教師の力量を飛躍的に強化する政策によって、学校が地域の子どもの教育に信頼できる教育力を発揮できるようにすることが緊急の課題になっている。教師と校長が、上からの指示や報告文書の作成に時間をとられ、国旗・国歌の強制を含む行政の無理難題に振り回され、学力テストの点数を競わされ、一日授業と生徒指導に走りまわり、熱心な教師が体力と気力を消耗しつくして病気や早期退職に追い込まれていくような状況を放置するならば、上からの点数化された課題にだけ要領よくつきあうスタイルを身につけた教師しか生き延びられない状況になるだろう。それは教師のモラールの低下を招き、上からの管理と評価によって動かされ、学力テストで受験学力を競う塾的機能と、国家主義を教え込む人格統制機能を中核とした学校になるだろう。そしてそれについて行けない「落ちこぼれ」や「問題児」が心理的なカウンセリングや医療の対象として個別に隔離されて治療を受ける治療センター的機能が付加されるものとなろう。この間の学校の変化を聞くたびに、教師と子どもがさまざまな格闘を経験しつつ、知力と人間的な力を獲得して成長していくことのできる学校、地域が信頼して子どもを通わせることのできる教育力を持った学校が、一つひとつ破壊されてきているという思いを禁じ得ない。

現状を変えなくても市場的な競争が組織されれば学校改革が実現されると考え、人事考課で差別的に評価して行政の命令に教師を服従させれば教師の質が改善されるという新自由主義的教育政策の幻想に今後もしがみつくならば、日本の学校は取り返しのつかない危機を迎えるのではないか。いやすでにここ五年間ほどの経験は、そういう危機が次第に現実化しつつあることを示している。

第四に、子ども・青年が、未来への希望や理想を持って、自分の力を信じ、何回もやり直しをしつつ、誰でも誇りある人生と仕事を実現することができるという社会のシステムを作り出すことが必要である。競争に勝たなければ人生がみじめで無駄になっても自己責任だという恫喝を行い、その競争に意欲を持続できない人間に国家的な教育や福祉を保障する義務はないという冷酷さが、すべての人間から意欲を引き出すのだなどと正気でいえるものなどいないとすれば、そういう現実の変革をこそ、親と社会の責任として取り組まなければならない。

「学力低下」を、競争の低下や教育内容の削減、授業時間の「少なさ」などの結果であると短絡的に結論し（ＰＩＳＡトップのフィンランドは日本より授業時間が短い）、競争を強め、夏休みまで削減して授業時数を増やすなどの無理を重ねても、かえって教育現場の荒廃と疲労を増幅させるだけであろう。

冷静かつ科学的な対応が「教育改革」として求められている。

六　補足――教育課程「改革」の動向

教育基本法「改正」と深く連動した形で、今、次期学習指導要領の改訂に向けた動きが強まっている。二〇〇六年度中に次期学習指導要領が出されるともいわれている。今の時点（二〇〇六年五月）では確定的なことは言い難いが、すでに出されている中教審初等中等教育分科会の教育課程部会の「審議経過報告」（二〇〇六年二月一三日発表）を見ると、一定の方向が予想される。

この内容は、今回の教基法の「改正」とあわせてみるとき、国が「必要な資質」を定め、それを「教育の目標」条項に書き込み、「義務教育として行われる普通教育」はその「資質を養うことを目的として行われる」（「義務教育」）とし、「教員」はこの「教育の目標」の達成という「職責の遂行に努める」ことが規定され、さらにそれに対して「待遇の適正が期せられる」とされ、学力テストや教師の人事考課が行われるというシステムの上で機能することがめざされているものである。したがって、「教基法の教育目標」⇒「学習指導要領」⇒「教科書検定」⇒「学校の教育課程」という強力な法的コントロールが行われ、政府や自治体も「教育振興基本計画」によってそれを管理し、財政措置を講じるということとなろう。こういうシステムの下で、学習指導要領の法的拘束性は一段と強力なものとなろう。そういう性格の変化が組み合わせられることに注意しなければならない。

今回の教育課程の「改革」には次のような性格がある（「　」内は、「審議経過報告」の文言）。

第一に、ゆとり路線、そしてそれへの批判と学力低下への対応という揺れを経過して、新しい学習指導要領の編成へと向かっている。したがって、今までのゆとり批判や基礎学力への一面化などの批判をそれなりにくぐり抜けた内容となり、批判の構造は複雑にならざるを得ない。その際、学力像は、ＰＩＳＡテストの結果や学力観をも一定ふまえ、「読解力」「コミュニケーション力」「知識技能を活用する能力」「読書習慣」などが強調されると考えられる。これらをどう評価、批判するかが重要になる。そういう点では、我々の側の学力論もまた試されることになろう。この二年間ほど続けられてきた学力論争を、教育課程のあり方という形に向けて、どう総括し、あるべき学力像を提起できるかが問われることになる。

第二に、「基礎的基本的な知識・技能を徹底的に身につけさせる」点が突出して強調され、反復練習に近い方法まで提起される可能性もある。機械的な習熟がその方法として位置づけられるだろう。反復練習、読書習慣、暗唱などを含んで、知識を使いこなす過程が、一定の方向で教育課程に組み込まれ、そのありようが論争となると予想される。習熟問題がより本質的な争点として登場するだろう。

我々としても、スキルと習熟というものを本格的に論じ、また子どもの学習過程に組み込むことが求められることになるだろう。私は、習熟が必要か必要でないかという形の論争ではなく、本当に求められている習熟とスキルとは何かを明確にしつつ、教育課程、学習方法論を提起していく必要があると考える。おそらく習熟のいくつかのスタイルが教科書にも登場するのではないか。陰山方式をどういう意味で批判するのかがより厳密に問われるだろう。

第三に、現在の「学力低下」論の構造を批判的に見る視点が、とくに必要になるだろう。いわば、仕組まれた「学力低下」論を相対化するとでも言う視点である。なぜ「学力低下」が心配される状況が生まれているのかを含んで、議論を組み立てていかなければならない。具体的には、①学習意欲の低下こそ、最大の問題であり、この学習意欲の低下を克服するためにどういう教育改革が必要かという課題把握と合わせて学力問題を捉える視点、②児童虐待、貧困などによる家庭崩壊、いじめや学級崩壊等々の、階層化と結びついた日本社会の安定性の崩れが、「学力」を低めているのではないかという視点、③さらに学力格差の拡大こそ日本の学力平均を下げているとすると、平等性と落ちこぼれ対策こそが、学力の低下をストップさせる一つの方策となるのではないかという視点、等である。さらに付け加えれば、学習時間が少ないから学力が低いという議論に対しては、塾に行く時間を含めると日本の学習時間は大幅にアップするという点も考慮に入れるべきであろう。また教育内容の削減が学力低下の原因だとする議論も慎重さを必要とする。少ないが体系的にしっかりして高度な思考を求める段階に行く教育課程編成という視点が必要になるだろう。

第四に、今回出されてくる教育課程には、新自由主義的な「勝ち組」の人格像、及び「ナショナリズム」によって能動化された人格像が登場するのではないかと考えられる。「生きる力」という表現の背景には、現在の競争社会をたくましく生きる人間像がある。とくに市場主義的市民とも言うべき人間像を直接のターゲットにした教育が強く押し出されよう。キャリア教育（職業意識の確立）がその一つの核となるだろう。金融教育、ＩＴ教育、コミュニケーション能力、自己理解と自己責任力、「ニートに転落しない」力、「法教育」等々。それらの質が生きる力の内容として強調されるだろう。「国を愛する態度」を持った「国家・社会の形成者としての資質の育成」なども強調されるだろう。そういう人格像をどう批判するかが大きな課題となろう。そこでは、復古的なナショナリズムと言うよりも、グローバリズムの競争の中に日本人がさらされる中で、日本の没落を危惧し、自分たちがトップに浮上してくることを願うナショナリズムとも言うべききわめて現代的な、そしてグローバリズムによって喚起されたナショナリズムが、大きな位置を占めるのではないか。そしてそれと、世界の強国たらんとする政策とが共鳴し合うという形が強まるのではないだろうか。

第五に、今回の教育課程改訂は、評価という点から見ても今までとは違った「飛躍」が起こりうる可能性が高い。一つは、教育課程管理の国家的な市場システム、パフォーマンス評価へ向かう明確な転換が組み込まれるだろう。「国の責任によるインプット（目標設定とその実現のための基盤整備）を土台にして、プロセス（実施過程）は市区町村や学校が担い、アウトカム（教育の結果）を国の責任で検証し、質を保障する教育システムへの転換」が進められよう。これは、たんに今までの行政的統制に加えて、市場的なパフォーマンス・コントロールを通しても教育の内的な方向を国家的に管理していく新自由主義的な仕組みを整備したいという意図と結びついてる。

その際に、学力の数値化という力がさらに働くだろう。それは、学力概念をゆがめ、①点数化できる学力、②点数化できる態度と行動という二つの筋へと評価を集中させていくだろう。ここにも学力とナショナリズムという二元的な人格評価の構図が伺える。もう一つの「飛躍」は、「関心、意欲・態度」評価が、いっそう深く組み込まれるだろうという点である。すでに日本の公立学校の成績評価は、教育学的に見てありうべからざる「関心・意欲・態度」評価を通常のこととして受け入れ、ほとんどすべての教師がその評価の「科学化」、「実証可能化」をめざして、多大な時間を費やすという、恐ろしい事態にあるが、これからは教育課程の内的構造として「関心・意欲・態度」が組み込まれるという状況へと移行すると思われる。こういう事態に対して、我々は、学習が生きる意欲や態度、行動へと展開していくような仕組みをどう明らかにするのか、そういう視点から見て、新学習指導要領はどこが問題かを明らかにしなければならない。「生きる力」というレベルで、本格的な論戦を求められるだろう。

学力をめぐる議論を、教育課程のあり方を焦点として、さらに深く展開していかなければならない。

第8章　学習のあり方を考える

ここでの検討課題は、次の三点にある。

第一は、子どもが学習を権利として捉えるとはどういうことかということである。今、子どもが学習から「逃走」していると言われ、学習嫌いがどんどん増えていると言われている。最近、義務教育の「義務」とはどういうことかと学生に聞いたところ、十人のうち九人までが「勉強しなければならないという義務だ」と答えた。一人だけが「国や親が子どもの発達の権利を実現するために教育を提供する義務だ」と答えた。およそ、今日、子どもたちが権利を実現していくプロセスとして学習を捉えているとは考えにくい。こんな嫌な勉強は早くやめたい、こういう苦しい「勉強しなければならない義務」から逃れたいと思って学習時間を過ごしているのではないか。

戦前は国家に対する義務としての教育であった。戦後それが子どもの権利としての教育に変わった。しかし子どもの実感としては一向に権利になっていない。では、今日の時点で、子どもにとって、学習者にとって権利としての学習とは、いったいどういう枠組みや構造を持てばいいのか。その問題は、依然として未解決の課題として存在している。この問題を新しく考えてみる必要がある。

第二は、そういう権利としての学習を考えるためにも、子どもの生活と学習をつなげることを本格的に考える必要があるということである。それは、生活の側から知の意味を問うということでもある。これは、私は、子どもの中に、生きるための知識を必要としているという内的な必然性を発見することだと考えている。ともすれば、子どもの要求に関係なく、一定の体系的な知識を身につければ人間は発達するという経験に基づいて教育を行う面がある。いやそれがむしろ日常であろう。しかし子どもは「何でそんなことを学ばなければいけないのか」という気持ちが強い。私たちがやるべき仕事は、子どもにとって今本当に、「そう！　そのことが知りたかったんだよ」というような知識との出会いを生み出すことではないか。それは、子どもが人間として生きることを意識化する仕事としての教育を作り出すことだともいうことができる。そういう子どもの意識化という役割を果たせる構造を持った教材と学習を生み出すということを考えてみたい。

第三は、知が力に転化する仕組みをどう考えるかということである。「知は力」と言い得るとしても、「知」を与えれば力になると単純に考えることはできない。知識、文化や科学が人間の力になるプロセスを把握したときにのみ、それにふさわしい学校の仕事の進め方を見出すことができる。それは一体どういう過程をたどるのか。それを学力の構造の問題として考えてみたい。

以上の三点を課題として意識しつつ、問題を検討していきたい。

一　競争の教育による「意欲のバイパス」の形成

1　学習の全体性と知・科学・文化

学習においては、当然学習主体が存在する。そして、この学習主体は、ある目的を実現するために、学習を行う。しかし学習それ自体、科学や文化や知識の獲得それ自体が目的なのではない。目的とは、その行為によって実現され、達成されるものと考えるべきだろう。単純化して言えば、たとえば、人間が狩猟生活の時代に生きていくために獣を狩ることを考えてみよう。そのために弓矢の使い方を学習する。その学習の目的とは、狩猟を行い、獲物を捕り、生きていくことそのものである。その目的は本人が生きていくために不可欠であり、また共同体を維持していくためにも欠かせない。それを実現するために、学習が求められる。そして、その目的の達成のために、知恵、技が必要になり、文化が学ばれる。そのことからして、学習が行われるためには、それを必要とならしめる全体的な枠組みがあると考えることができる。一つの学習が意欲され、遂行され、実現されるには、それだけの諸関連が存在しているということである。学習が意欲を持って実現されるためには、学習を意欲させるこの全体的諸関連――それを、学習を成立させる全体構造と呼ぶことができよう――が必要である。この全体的諸関連があること、しかもその全体的諸関連を学習者が意識的に把握していることが、必要となる。それが、学習が成立する最も基本的な構造であると考えることができる。

この全体的諸関連のなかでは、学習意欲は循環的に発展していく。この関連のなかでは、なぜ勉強するかは自明となる。学習することによって自分の力が発展し、その発展した力が他者のために役立っているというように、自分と共同体にとっての学習の意味は明確である。

ところが社会が発展し、文化が発展していくと、あることを実現する能力を獲得するには、長期に、系統的に、蓄積された技や知識を身につけなければならなくなる。ここに社会制度としての学校教育が求められることになる。この学校での教育は必ず評価を含んでいる。いわゆる形成的評価と呼ばれるもので、この評価によって教師は、この子どもは今何が理解でき、何が理解できないのか、どういう課題を与えれば飛躍できるのか、などを読み取っていく。だから教育するということは常に子どもを評価することを伴っている。もちろん評価には、教師自身、自分の指導がこれでいいのかと反省的に評価するという部分も含んでいる。こういう、生徒の意志にかかわらず系統的な学習を強制する制度としての学校が成立し、教師の評価行為（主として生徒への評価行為）が組み込まれることが、この段階の社会制度化された教育の最も基本的な構造となる。

2　評価の二面性

しかし、評価というものは、現代社会では二面性を持っている。子どもの発達を促すための形成的評価（発達の到達点や課題を見極め、また子ども自身の発達課題を自己認識させるための評価）は、それ自体では、当然のこととして、学習の目的とはならない。形成的評価は、子どもを励ますものであっても、その評価を得ることを目的として学習が行われてはならないものである。しかし、教師の行う評価は、形成的評価とともに、配分的評価（進学や就職の判定基準として機能する評価）として働かざるを得ない側面を持つ。現在、文科省が強引に機械的に「絶対評価」を教育現場に強制して、かえって現場に混乱が引き起こされている実態があるが、これは考えてみると必然的なことがらであると言えよう。

形成的評価として絶対評価を行うことはできても、現代日本の進学配分システムのなかでは、配分的評価という視点で見ると、現状のような出身学校の個別基準による「絶対評価」は、混乱を生じざるを得ないものである。現状では、高校への入学試験は配分のための評価を得るために行われるものであるので、複数の中学校から来る生徒を一つの基準で比べられないと配分ができないことになる。それぞれの学校で別々の基準（到達基準）で、「絶対評価」を行っても、異なった基準を持つ多様な学校からの内申点を、同一の基準によって比較できないことになる。

文科省が学校現場に強制している評価方針の欠点の一つは、形成的評価が同時に配分的評価として働いて、今日の競争社会の中では配分的評価としての機能が優先されることを考慮に入れていない点にある。したがって、いくら「絶対評価」を実施しても、その評価が共通の基準による配分的評価に読み替えられないとなると、この評価が入試には役立たないということになる。だから業者テストはなくならないことになる。このように、誰が考えても単純にわかる事実を無視したまま文科省が「絶対評価」を現場に一方的に強制するから、大きな混乱がおこることになる。もしある水準の入学基準を満たしたものはすべて受け入れるというような入試制度があるならば、個別出身学校ではなく州や国家的基準に基づく絶対評価は、そのまま入学判定基準として通用するが――ドイツやフランスなど、ヨーロッパの一定の国の大学入試がそういう制度をとっている――、受け入れる側が自分のところで人を選別するシステムの場合、出身校の独自基準による「絶対評価」は入学基準判定には役立たないのは、最初からわかり切ったことなのである。

現実には学校の勉強は、子どもにとってはだんだんおもしろくない勉強になって行く。それは、何のために学習しているのかということが明確にならないことが大きく影響している。その背後には、学校が、最初に述べた学習が成り立つ全体的諸関連の外に置かれてしまっているということがある。もちろん一国の政策というレベルでは、そういう諸関連——たとえば富国強兵とか——は存在しているのであるが、学習主体である子どもは、そういう諸関連から断ち切られて学校に来る。加えて、たくさんの量を教えて落ちこぼれが生まれる状況が拡大している。一九七〇年代から日本の子どものおよそ半分が、「勉強がわかることによって勉強がおもしろくなる」というプラスの循環を味わえなくなっている。おそらく、今の子どもたちの半数以上は、学習の本質から見て、落ちこぼれ(「落ちこぼし」)だと言えるだろう。テストでたとえ五〇点を取っても、おそらく学習がわかるからおもしろく、もっと学習したいというような学習意欲のプラスの循環は成立していないのではないか。わからないけど必死になって暗記してきてテストを乗り切るというような努力の結果が、おそらく五〇点ぐらいを意味しているのではないか。そうすると、学習意欲の循環が学校という枠のなかでは、断ち切られてしまうのである。

3　意欲のバイパス

配分的評価について言えば、競争社会がどんどん強まっていくと、競争に勝つためには勉強でこの高い配分的評価を獲得しないと、この世で有利に生きていけないという圧力がかかってくる。この競争的な意欲の流れを、私は「意欲のバイパス」と呼ぶ。勉強がわからなくなり、本来の学習意欲が衰退してくるなかでの流れ、この「意欲のバイパス」を通って学習に向かう意欲が強められていく。そうすると、ある知識を身につけることによってこういう目的が達成できるという関連の中で活性化される学習意欲の回路が遮断され、次第に、良い学力順位を獲得するために知識を学ぶというように、学習の目的が置き替わっていく。加えて知識そのものがしっかり獲得できていないから、これを獲得するおもしろさや知的興奮が失われてくる。しかし競争で落ちこぼれたら「私の人生はおしまいになる」という恐怖感で、高い自分の学力順位を確保するために競争意欲が強められる。その結果、配分的評価を得るために知識に向かうという、非常に狭く閉ざされた知識獲得の「意欲のバイパス」が肥大化し、日本の教育＝学習を支えることになる。今日の日本の子どもたちの多くが、こういう学習意欲の仕組みによって学習に向かっているといえるだろう。

じつはこの回路、「意欲のバイパス」が、知識を生きる力から分断しているのである。受験のためのテストは、知識をどれくらい記憶しているかというレベルで行われることが多い。何のために勉強するかは明確でなくとも、学習が意欲されるようになってしまう。しかしそれは知識や科学の内在的な価値、おもしろさとつながっていない。それどころか、大量の落ちこぼれ状態でも勉強が意欲されるという不思議な事態をも生み出す。先に見たような、将来の力を付けるために、子どもの外から知識が強制されるという学校の性格と、今見た「学習意欲のバイパス」の作用によって、テストで、子どもを励ますというスタイルが学校に広まり、本当の学習意欲の循環、学習の全体関連が失われる。

二　学力の全体性とその構造

1　二つの習熟

知識というものは、その知識を使って自分の考えを作る、意見を作って表明する、さらに作品を作る、というように展開していくときに、次第にその意味が明確になる。あるいは自分が不思議だと思って疑問を抱いているような現象を自分で分析して、「ああ、そうなのだ」というふうにわかる過程に知識が入り込んで、知識や科学の力がわかる。また、いろいろ迷っていてどうすればいいかというときに、自分で学んだり考えたりして、「こういうことなのだから、自分はこういう選択をしよう」というように自分の行動を決める力になっていくとき、知識は大きな役割を果たす。しかし、そこに行くためには一定の期間をかけた（あるいは長期の）習熟が必要となる。

しかし一般に世間で習熟といわれているのは、いわゆる「機械的な習熟」のことを指しているように思われる。たとえば、掛け算の九九を例に取ると、最初覚えるときは3×9はどうして27になるのかというようなことをいろいろ考えたり討論したりしながら、「なるほどこういうことで27になるのか」と理解していく。しかし習熟を経るなかで、3×9は27だということは、何でそうなるのかは考えないで、いわばその過程は無意識化されて答えが出てくるようになる。いわば思考過程の無意識化による思考エネルギーの削減が行われる。そういうふうにまで自分の知識を働かせることができるようにするのが通常言われている習熟である。そういう習熟を「無意識化としての習熟」と呼ぶことができる。

ところがもう一つの習熟がある。それを私は、意識を課題対象の中心に向けていく過程と考え、「意識化としての習熟」と呼んでみたい。例示的に説明すると、たとえばある彫刻家が像を作る場合に、自分のイメージを粘土（あるいは青銅など）で具体化していく。ところが最初から完成した作品ができるわけではなく、ある未完な段階で作品の発展（創造）がとどまる。その段階でまだこれではだめだと彫刻家が判断する。そこには到達した作品を土台にしてより発展したイメージが産み出されている。これではだめだと考えるときには、自分の目標としてのイメージをより発展させて実際に作った作品と対比させ、そのギャップを意識し、それを埋める課題を意識的に把握する。そこに課題が生まれ、その課題に向けて意識がとぎすまされ、再挑戦が始まる。そしてそれがくり返されることで、より高いレベルでその課題が再把握、再意識化されなおし、同時にそれを実現する筋肉の使い方や手の微妙さや神経の使い方――総じて作品を作成する主体の側の能力の未熟さ――が新たに学習の課題として把握される。そしてそういう諸能力が、挑戦を懸命に繰り返すなかで鍛えられていく。

より一般的な言い方をすれば、こういう習熟のなかで、既得の知識や科学や技能が再吟味され、再解釈され、自分の課題に役立つものが選び出されていく。そういう過程で、知識や技が主体化され、能動化され、自分の目的を実現する力へと組み替えられていく。そして、そういう習熟のなかで、ある部分は無意識化されて自由にできるようになり、だからこそ、より高い課題に意識を集中することができ、そういうことを繰り返しながら、だんだん作品が本格的なものになっていく。あるいは自分の主張が本物になっていく。あるいは分析が、本格化していく。同時にそういうことが繰り返されることによって、対象に対して働きかけるという実感、自分の目的を実現する焦点に向かっているという実感がより明確になり、自分の課題と学習とがより有効につながれていく。

これは子どもにとっても同様であろう。知識を使って意見を作ったり、作品を作ったり、物事を分析したり、要するに知識が自分の目的を実現するための知に転化するためには、こういう習熟のプロセスがどうしても不可欠だろう。この習熟があることによって、はじめて知を力にすることができる。そして最初に指摘した学習が必要とされる全体的諸関連がより意識的につながれる。そして学習を、この全体性のなかに位置付けていくことができるようになる。

しかし今日の学校教育は、たいがい機械的習熟で終わって、テストによって知識をどれだけ反復できるかがためされる。あるいは方程式と知識とを組み合わせれば答えがでるという操作的な「応用」に習熟することで終わってしまう。そしてテストで一定の成績を取れば、だいたい身についたとなる。だから大学にはいってきた学生はその知識を使って何か自分の課題に挑戦してみろと言われても、自分の課題がないとか、自分の課題と学習とをつなげる方法を持たないために、何もできないという状況におかれる。

2　学力と基礎学力

この習熟概念を踏まえて、改めて、学力の構造を考えて見よう。そのため、学力の全体性の構図を提示してみたい（図３）。

図3　学力の全体構造

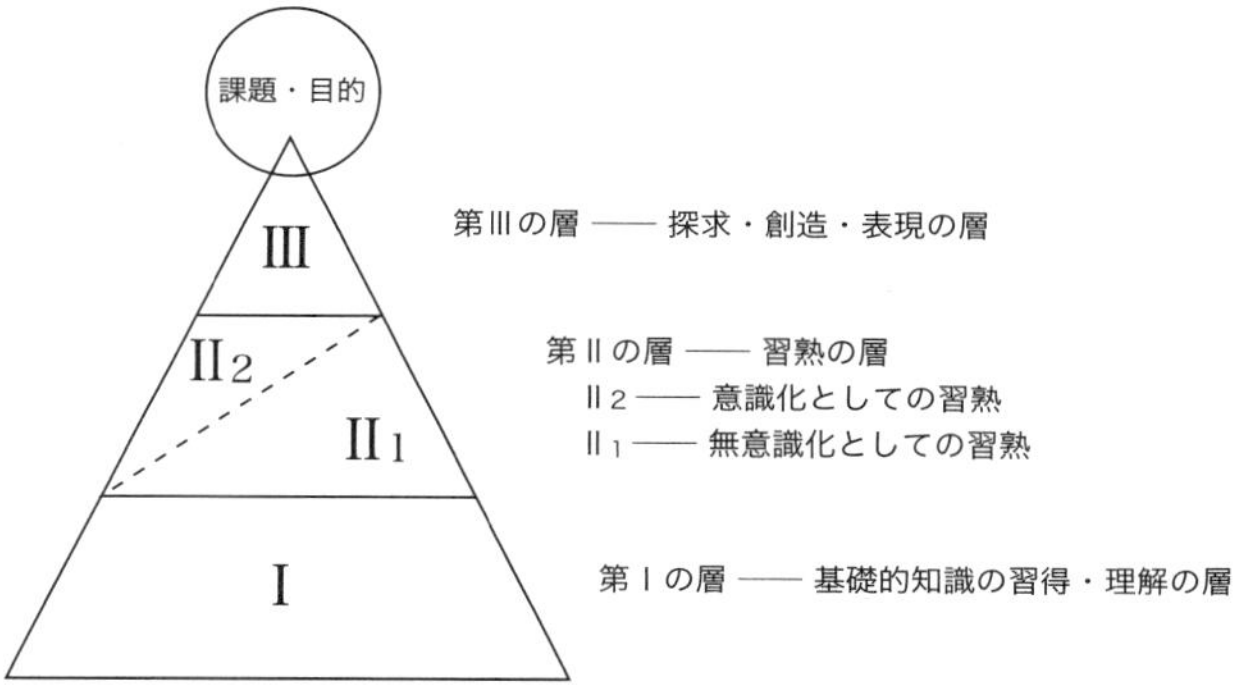

第一の層は知識の習得の層である。第二の層は、習熟の層である。習熟には、先に指摘したように、機械的、無意識化の習熟と、創造的な意識化の習熟とがある。日本の非常に狭い習熟と、英語で言われるスキルに相当する部分を含んだ意識化としての習熟の両方を合わせた習熟があってはじめて、自分の学んだ知識をどのように使えるか、どういうときに役立てることができるかがわかるように知識が組み替えられていく。そして、第三に、その知識を使いこなしながら、実際に自分の意見を作り、作品を作り、課題を処理していくというような学力の層がある。

この第三の探究的・創造的学習の層こそ、学力が人間が生きていくということにつながるようになった形、生きる力へと組み込まれた学力の基本的なあり方だと考えることができる。

注意しなければならないことは、この三つの層はつねにひとつの構造をなして存在していることであり、そのそれぞれが相互関連を持って豊かになり発展していくということである。加えて、この全体構造を発展させる意欲や目的意識性

図4　学力の発達

学力の全体性を持った基本形が相似的構造を持って発達していく基礎学力モデル

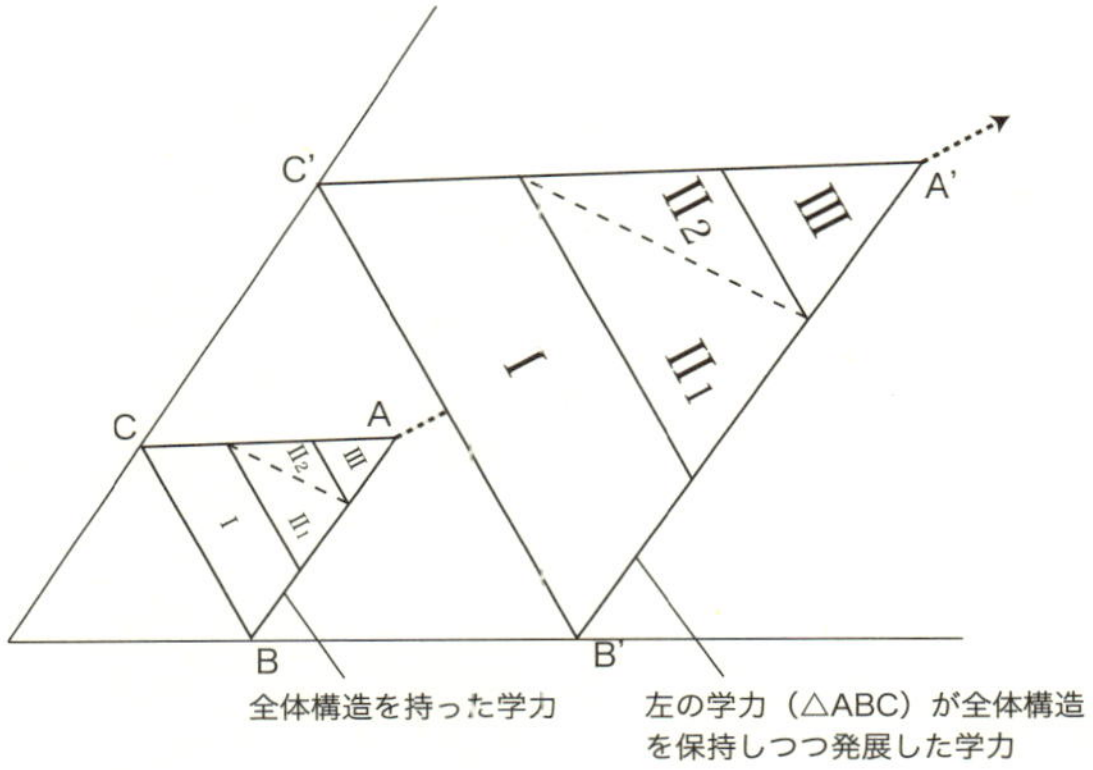

は、第三の層によって学習が「課題・目的」と結合されることによって、より根源的なものとなるということである。

基礎学力論では、とくに小学校の低学年の間は、第一の基礎知識の習得の層を徹底して鍛えればいい、そして五年生、六年生くらいになったらその知識を利用して作品を創造したり、課題を解くような学習に挑戦すればいい、というような主張が行われることがある。しかし、それは、間違いであろう。一年生なら一年生でその知識が自分の生き方につながるような学力の全体構造が獲得されていなければならない。

上の図4のように、学力の全体性をあらわす三角形をイメージするならば、たとえば小学校一年生の基礎学力をこの図のような全体性を持った三角形（△ＡＢＣ）で考える必要がある。これがたとえば小学校一年生の学力で、その全体が、次の二年生の学力（△Ａ'Ｂ'Ｃ'）の土台となると考える必要があ

図5　縦ベクトルの学力と横ベクトルの学力

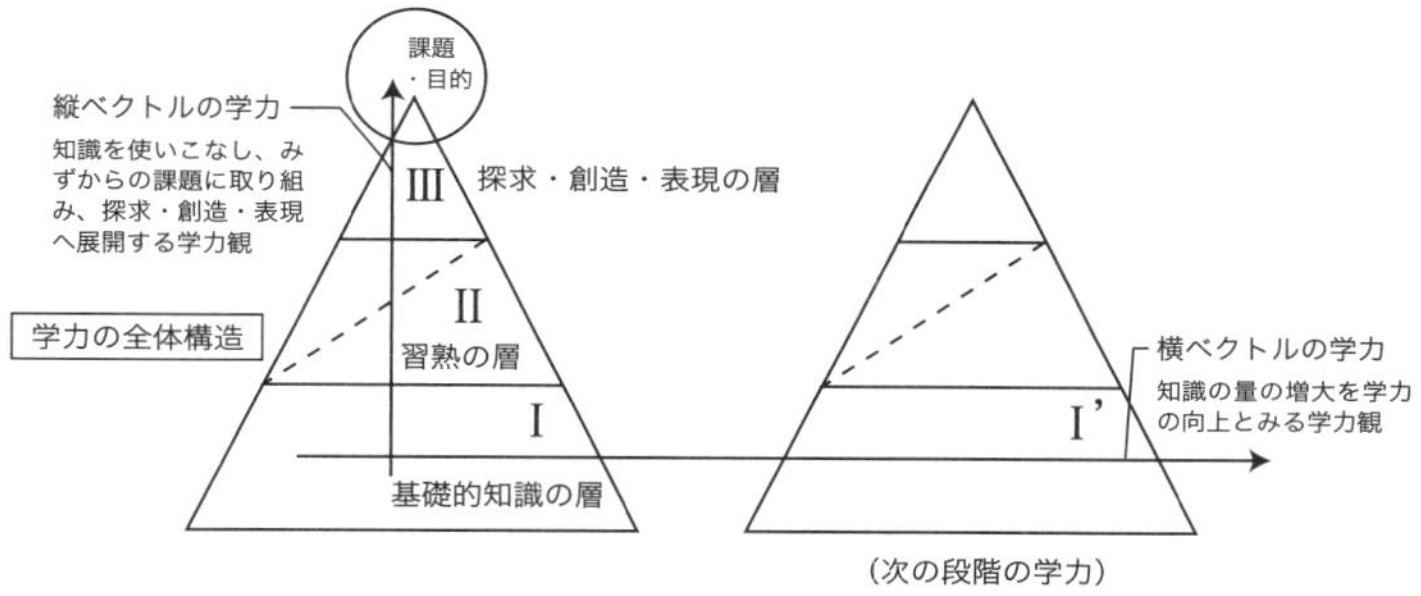

ろう。各学年の学力は、それぞれ相似形であり、その相似形の三角形の形を持ったままで、次の段階の学力にたいする基礎になるのだと考えるべきだろう。それを、三角形の底辺の台形部分（基礎的知識の習得の層）だけを取り出して、それが基礎学力だというのは、学力の矮小化につながるのではないか。

子どもも、それぞれの成長の段階で人として生きていくのであり、その生きる課題に知識が結びつくためには、基礎学力はこういう仕方で把握される必要があるだろう。

上の図5は、そういう学力構造論を土台にして、日本の競争的な記憶主義と操作主義の学力を横ベクトルの学力として説明しようとしたものである。ある学年で獲得すべき基礎的な知識量があるとすると、「縦ベクトルの学力」観では、その知識を使っていろいろなことに挑戦し、調査、分析、表現、討論、作品の創造などの豊かな学習過程で思考力や創造力、課題と学力とが結ばれた課題解決能力などが蓄積され、それが豊かな学力を形成すると考える。当然学習意欲は、そこで展開する学習課題が、子どもにとってどれだけ切実かつ興味あるものであるかに大きく依拠し、また自分の意見やすぐれた作品の創造などによって、自分の生活が主体化され、作り替えられ、また課題が解決されていくことの喜びに支えられていると考える。そしてそのような豊かな学習活動の蓄積によって獲得された思考力、判断力、創造性などが次の段階の基礎知識の理解や習得、その創造的活用力としてプラスに作用すると考える。

ところが「横ベクトルの学力」観では、知識の量が重視され、学力を高めるには、ある学年で獲得する知識量にとどまらず、その次の段階の基礎知識にまで拡大されたときに、より学力が高まったと判断する。学力を高めるために、知識の量を増やし、主に機械的習熟による記憶の定着（無意識化としての習熟）、操作能力の習熟等に重点が置かれていく。しかしそれは、日本のような知識の記憶量や操作力を競うことに重点が置かれた入学試験に勝ち抜いていく上では、かなりのリアリティーを持つ学力となるので、受験競争の圧力が高まれば高まるほど、このベクトルの学力が学校教育を支配するように作用する。それは結局、記憶量と操作力を競う学習となり、多くの子どもにとっては記憶はできても意味があまりわからないままで詰め込み、応用力が効かないものとなる。したがってまたそのような知識ははげ落ちやすいものとなり、時間が経てば忘れ去られてしまう。学習の喜びは、競争に勝つという報酬となり、競争によって学習意欲は刺激されるが、学習自体は「苦役」へと転化していく傾向が強い。これは先に検討した受験学力の構造につながる。この横ベクトルの学力は、主体的に生きることと結びついた学習意欲の発展を可能にする構造を欠いているといわなければならないのである。

三　民主主義と協同のための市民を育てる学力

1　学習空間・教室空間の問題

私は学力が「成長」していかないもう一つの原因は、学校で子どもたちが学習する教室の性質が、こういう学力を成立させない空間になっていることが関係していると考えている。それは、学習空間が、一方的な伝達空間になり、ただ知識を受容し、記憶すれば学習が完成したと把握されるような構造を持っているということである。

第一に教室空間は強いもの、すなわち頭のいい者が勝つという空間になっている。方程式と知識を組み合わせて、頭の回転の速い者が一番早く正解に到達する。正解の判定者は教師である。したがってそういう空間では子どもたちはほとんど発言しないようになる。小学校三、四年までは「はい、はい！」と手を挙げたりするが、中学生あたりになると全然手を挙げない。「何でわざわざ手を挙げて、間違っているかもしれない答を言って、自分の恥をさらす危険を冒すのだ。そんなことをすれば教室で生きにくくなるだけだ。黙っていて、わかっていても喋らない、これが利口な生き方だ」となるのである。それは間違いを隠す「戦略」であり、表現を断念する空間が広がる。

授業の空間は、自分を成長させるべき空間だと考えると、間違いをおそらくいっぱい含んでいるであろう自分の考えとその時間の中で一生懸命取り組むことが必要である。自分の考えを表現し、みんなの場に出すということ無しに、自分の考えとみんなで取り組むことはできない（それは具体的に発言するということを必ずしも必要としない。自分の考えを大事にしなさいというメッセージがあるかどうかが大事である。そしてそういうメッセージがあるとき、発言が自由となり、そういう空間では、各自が自分の考えと取り組むことが励まされる）。ところが自分の「間違いを隠す戦略」を選べば、結局発言しないということになり、自分の考えを授業の場に出さない。その結果、ただ正解を受け取る空間になってしまう。そしてその結果、自らの思考をその授業に参加させて、本当に主体的に考えることができなくなってしまうのである。そういう自分の思考、おそらく多くの間違いを含みつつ、一生懸命考えようとしている頭の働きが承認され、励まされ、受け止められることが、学力を創造の学力へと飛躍させていくものであろう。しかし日本の教室空間は、子どもたちのそういう考える努力を、間違いへの恐れ、あるいは恥ずかしさから――いや、それらを恥ずかしいと考えさせるような教室空間の圧力によって――抑圧し、ただ正解を記憶していくことだけを求めるのである。

2　正解のない論争問題を学習できない空間

さらに、日本の教室空間は、正解のない論争問題を学習できない空間となっている。正解が必ず存在している空間で、知識と方程式で答えが全部出てくる。国語の授業すらも、そういうようになっている。

学生の感想を聞くと、国語の授業は一番おもしろくなかったという。理由は、自分でこうだと考えていることが先生の答えと違っていて、なぜ違うかということを先生が説明してくれない。これはこうなのだという文章の読み取りをすべきだと教師が説明しても、自分はその文章を読んでそうなるとは思わなかった。しかし正解は違うと言われた、というような点にあるようである。じつは、一つひとつの言葉のイメージは、自分の生活体験で再構成していく面があるので、その文脈の中で出てくる意味や結論は人によって違うし、自分の読みとりも他の人にとっては「そうじゃない」ということもある。そういう多様性を本当に自由に出し合うなかで読みとりを深めるような学習空間はなかなかなかったというのが正直な学生の感想である。とくに受験勉強になるとそういう傾向が強くなる。受験問題には当然「正解」がある。その受験問題で、私は違うと思ったといっても通用しない。もちろん入試問題の場合、できるだけ読みとりのちがいが少ないものが選ばれているとしても、そのスタイルとトーンで国語の授業が進んでしまうと、国語も唯一の「正解」がある教科になってしまう。

授業では、論争的問題が扱われないということもある。じつは、人間の能力の中には、狭い意味での労働能力と統治能力とがある。狭い意味での労働能力の場合、ある知識があり、操作能力があり基本的にはマニュアルにしたがってきちんと機械などを動かすことのできる知識が求められているという面を否定することはできない。これは誰がやっても同じようにできるということが重視される領域でもある。

しかしもう一つは、統治主体＝自治主体になれる力が必要である。統治主体＝自治主体としての力量とは、自らの生きる場――仲間、学校、地域、会社、国、世界など多様な生きる場がある――の中で、自分が主人公になっていく、あるいは共生という点で言えば他者と協同しながら、より生きやすい空間にしながら生きていく、そういう力量を意味する。そういう力量なしに、民主主義は成立しないし、政治も成立しない。他者をともに理解しあいながら一緒に生きることが楽しいと感じられるような能力を身につけることもできない。そういう統治＝自治能力の形成にとっては、立ち向かう課題は、方程式と知識だけで結論が決まるものではない。もし政治で、コンピュータと基礎知識で解決方向が決まるとしたら、選挙などという方法は不必要になり、エリートの専制政治が最も効率的になるのではないだろうか。しかしそのようなことは、あり得ない。政治問題、社会問題の空間では、多様な意見が存在し、議論して、説得しあい、合意を作り出し、社会的選択、社会的正義を生み出していくことが不可欠である。そのためには、多様な解があるなかで、議論し、合意を作り出していくような論争空間、公共的な空間が不可欠である。ところが日本の教育ではそういう教育はほとんど否定されてきたのが現実である。

イギリスで、シチズンシップの教育が教科として、二〇〇二年から独立した。まだ中等教育だけであるが、それを設けるにあたって出された「クリック・レポート」には、なぜ正解のない問題を議論するのかについての説得的な議論が展開されている。それは、社会で議論されている問題——基本的に単一の正解が科学そのものによっては明らかにされないで、社会的、歴史的な方法による社会的選択としてある真理が選ばれていく問題——を教室で議論するということは、大人が最もエネルギーを費やして、どうするかと考えている一番焦点の社会課題がそこにあること、その問題を大人と一緒に子どもが考えることで、「なるほど、大人は、こんな知恵を持って、こんなふうにしたいのだ」と考え、大人の努力や願いを引き継いでいくことができる、などと述べられている（佐貫浩『イギリスの教育改革と日本』、参照）。

しかし日本では、そういう知恵を伝える空間がない。日本では、大人は一体何をしているのだ、というのが子どもの正直な感想ではないだろうか。もちろん、団塊の世代は企業社会を作ってこんなに生きにくい世の中を作った責任をどうとるのかという批判を覚悟しなければならないし、イラクの戦争についても、大人は何だかんだと言っても、テレビを見ながら毎日普通の生活をしているではないかと言われればその通りであろう。だから大人自体、そういう弱点を克服しなければならないことを自覚する必要がある。しかし非常に多くの社会問題が生まれ、それをめぐって矛盾が噴出しているときに、それを子ども自身が考えることをしないで、子どもが未来の主体へと成長していくことはできないのではないか。「クリック・レポート」は、そういう学習空間の大切さを強調している。

ところが日本の教師教育で、教員養成の大学の教育の中で、結論がつかないような社会の論争的問題を学校の中で子どもたちに議論させないと、子どもたちは社会問題に責任をとることのできる大人になれないし、大人を信頼する子どもは育たない、そういう重要なテーマに取り組まなければ、教育は成功しない、というような主張、教育学の論理を教わった教師は、おそらくほとんどいないのではないだろうか。ディベート教育などが広まる中で、今日では一定の変化があると思われるが、これは今までの日本の教授学の大きな弱点だといわざるを得ない。

もちろんその場合、一方的に教師が結論を押し付けてはならない。子どもの表現の自由や思想・信条の自由、価値観形成の自由をどう保障するかということが、本格的に問題になる。そのためには、教師は、①徹底的してチェアーマン、司会に徹する、②自分の意見を言うときはその意見に対して生徒に反論させるということを課題として自分の意見を言う、③議論の対等な参加者として参加する、などいろいろ方法がある。その工夫が必要となる。

論争的問題を学習する空間を持たないと子どもは社会に対して主体的になれないし、民主主義を本当に実感することもできない。そうでなければ、教室の学習空間は、知識と方程式があって頭の良いものが勝つという、いわば新自由主義的な競争空間になってしまう。これでは、教室は、能力主義的な競争市場で勝ち残るための訓練をする学習空間になり、子どもたちは、新自由主義的な競争社会こそが当たり前の社会だと思い、強いものが勝つことが正義だというメッセージを受け取るだろう。すでに、現実の学校そのものが、強いものが勝つという空間になっている。そういう訓練を徹底して子どもたちに与えておいて、民主主義や協同に向けて子どもを教育することは困難であろう。それとは異なった学習空間の性格を作り出し、その中で人間的価値とは何かを論争し合い、民主主義で正義や価値が選択されていくような学習の体験をどうやって広げていくかが大きな課題になっている。

3　課題を子どもの中に発見する

私は今、子どもたちには平和という価値が、一番切実な課題になっていると考えている。なぜならば、いつ他人から言葉や物理的な暴力が自分に向かってくるかもしれない、自分の本音は言えないという思いで脅迫的に同調し合っている仲間関係が子どもたちの間で支配的になっていると思うからである。人間というものは、それぞれ一番心の奥底に、一番悩んでいたりうれしかったり悲しかったり、どうしようかと思って悩んでいることを秘めている。しかし脅迫的な同調空間では、そういうことは出すことができなくて、押し隠してしまう。人間は、一番心の奥底で心をふるわせている事柄を出して了解し合い、共感し合うことによってこそ、本当に信頼でき、励まし合う関係を作ることができる。しかしそういうことは、能力主義的競争空間や表現の自由が奪われている空間では困難となる。教室空間が、暴力のおそれを取り払い、他人のかかえている一番心の奥底の琴線にふれることをお互いに大切にしあう関係、考えている一番大事な部分を尊重しあう安心と平和の空間になったとき、子どもたちは、間違いや他者との違いを恐れないで、自分を表現でき、その中でお互いに人間として支えあう民主主義の関係形成に取り組むことができるようになる。そういう意味でも、子どもにとって平和が、非常に重要な課題になっている。暴力がそれを妨げているとすると、この暴力をどう克服するかということなしに、子どもの根本の思いを表現させることはできないし、子どもを統治主体＝自治主体に向けて育てる課題に取り組むこともできない。

教育＝学習で学び、取り組むべき最も切実な内容は、子どもの外にあって、それを子どもの外から与えるという性格のものではなしに、子どもが生きている日々の生活の中にすでに課題として組み込まれていて、その課題＝困難ゆえに子どもが苦悩し、生きることを厭いすらするような重圧として、子ども自身にも意識されているものなのではないか。教師に求められているのは、子どもの中にそういう形で内在している教育＝学習課題を発見し、子どもと一緒にそれを意識化し、その課題に子どもが勇気を持って取り組み、たくましく成長していくための学習を組織し援助することではないか。

おわりに

以上、今日の子どもの学習をどう転換するかという課題を、学習意欲論、学力論、学習空間論に関連させつつ検討してきた。いま、「学力低下」こそが教育問題の最大の焦点であるという方向で、世論形成が進められ、その学力回復が、学校の使命であり、授業の中心課題でもあると、強調されている。

しかもそういう学力向上を焦点化して改革を推進するシステムが、学校に組み込まれつつある。各種の学力テストで、個々の子ども、個々の学校の学力が数値化され、比較され、その結果で学校が親に評価・選択され、学校は数値で教育向上目標を行政や親に約束し、教育行政もその指導責任を問われ、そこで働くものに給与額と結びついた努力の評価が行われ、システムも人もすべてがこの数値を高めるために知恵を絞り、そのための競争が脅迫的に循環し始めようとしている。そこでは、その数値の高さだけが目標となり、数値を高めることが教育がよくなることだという確信＝思いこみが論証抜きにこれらの動向を正当化しているように見える。授業も、その数値を高めることを最大の責務とされて管理・評価され、競わされる。「テストの学力を高める教育改革を！」これが、私たちが直面している現実である。

しかしそれは決して問題を解決する道ではないと考える。いまここで述べたように、今こそ学習の質を組み替え、授業の質を組み替え、本当に子どもの学習意欲を循環させるような学習のあり方を生み出す必要がある。数値化された学力の向上という圧力に対決して、授業の本来の姿とそこで実現されるべき子どもの学力の本当のあり方を、深く探究する必要がある。

III　憲法を学ぶとは

第９章　憲法を生きる力にする教育
――シチズンシップの教育としての憲法教育――

憲法改正の動きが、加速されている。二〇〇五年八月の総選挙の結果、衆議院では、明確に改憲を否とする政党の議員は共産党と社民党の一五人（三％）のみになるという事態を迎えている。近いうちに、国会で憲法「改正」が議論される事態も予想される。そのような状況を前に、今、憲法教育の課題を考えてみたい。

今、私たちは、少し前までは予想だにしなかったような人権切り下げの圧力に直面して、どう生きるかが問われる状況の中に投げ出されてしまった。現実に進行しているグローバル化は、巨大な多国籍資本によって主導され、世界が単一の競争的な市場と化し、国境を越えて、安い賃金、資本にとって有利な条件が漁られ、そのために人権保護のためにつくられてきた諸規制の緩和・解除がさまざまな分野で進められている。日本も中国や東南アジアの低賃金や安い土地との直接競争にさらされ、それに対抗するためという理由で、終身雇用が破壊され、極度に低賃金の短期雇用が一挙に拡大しつつある。フリーターの拡大はその直接の結果である。人権は、時代とともに前進していくものという私たちの楽観的な思いこみが幻想と化し、従来の人権水準を維持することすら危うくなるという異常事態に直面している。

憲法は、日本社会における人間の生き方の基本水準と基本原則を規定したものである。それは人間の生き方についての方法的権利の確定であるとともに、それを犯す可能性のあるもの（国家や企業）に対する厳しい規制を課すものに他ならない。今日の憲法「改正」動向は、この憲法的規制にまで、新自由主義的な規制緩和を及ぼそうとするものに他ならない。憲法を学ぶとは、憲法の求める生き方の基本水準とは何かを把握し、同時にその生きるための基本原則を使いこなす方法を身につけることを意味している。しかし、すでに日本国憲法の理念は大幅に崩され、それとは異なった生き方の方法が社会に広がっている。

一　憲法的な生き方の方法の喪失

今はやりの「自己責任」論から考えてみよう。フリーターバッシングが行われている。なぜフリーターが増えるのかに対して、青年の職業意識の欠落や社会性のなさなどが指摘され、政府の政策として、青年のキャリア教育の強化がいわれる。しかし財界と政府が、雇用構造を転換し、三―四割の労働者を短期雇用する計画を実施に移しつつあるとき（ＵＦＪ総合研究所の調査予測では、二〇一〇年三〇％、二〇三五年四〇％）、フリーターが増加するのは、個人の責任ではなく、政策のせいに他ならない。こんなわかり切った事態を、青年の職業能力の欠落の責任に帰する政策側の無責任は、糾弾に値する。

しかし事態はそこにとどまらない。日本国憲法には、不利な雇用条件に対しては、労働者は団結権、団体交渉権を行使して、雇用主とたたかう権利が記されている。しかし多くの日本の労働組合は、非正規雇用者を組合に組織せず、非正規雇用者の大部分は、労働組合を作ってたたかう権利を実質上奪われている。ＮＨＫで放送されたフリーターの実態（「フリーター四一七万人の衝撃」二〇〇四年三月七日、ＮＨＫスペシャル）では、フリーターにも厳しい勤務査定が行われ、たとえば靴の量販店で、地下倉庫から顧客の注文に応じて靴箱を駆け足で運んでくるのが当然というような労働実態が取材されていた。屈強な若者でないとうてい勤まらないような過酷な労働が強要され、それができない弱者は、遠慮なく解雇されていくという、資本の専制が支配する空間が多くの職場に広がっているのである。

男女平等の建前にもかかわらず、日本では女性の賃金は、正社員で七〇％に及ばす、女性のパート賃金は男性正社員の賃金の四五％程度にとどまっている（二〇〇四年現在、内閣府『男女共同参画白書』）。それを合理化するのが、能力主義である。どんな試験でも、試験をすれば必ず格差は付く。しかしその格差がどんな「差別」のある待遇に値するのかは、試験そのものではなく、全体としての給与額を減らすために能力主義を表向きの根拠として給与の差別化を企てるものの側の意図によって決まるというのが実態に近い。そこでは能力主義は、差別を正当化するイデオロギーとして機能する。労働者の側の差別とたたかう運動がない限り、差別化は大手をふるってまかり通る。年収二〇〇万円で生涯を過ごせという過酷な境遇も（今日のフリーターの現実はまさにそれである。木下武男「日本型雇用・年功賃金の崩壊と新しい賃金運動の構想」『ポリティーク３』、旬報社、二〇〇二年、参照）、本人の無能力の結果として正当化される。今日では、当然、身分差別や民族差別は、建前上許されない（それは日本国憲法の大きな力である）が、そこに能力主義を持ち込むことで、あたかもその差別待遇が正義であるかのようにまかり通る。そして人間らしく生きるすべを奪われる不幸を、差別されている側もそれぞれの能力の「自己責任」として、互いに見て見ぬ振りをする。

そもそも、政治という方法で問題を解決するという発想自体が縮小させられている。憲法の中心理念は、日本で生活する住民が、政治によって生きる方法を記したものである。ここで言う政治とは、基本的人権と民主主義を行使して、統治主体として、生活の場を、自分たちで統治し作りかえる方法である。そして人類の歴史を見る限り、この政治という方法こそが、社会の基本的な構造と人権と正義の水準を決定するもっとも強力な社会的方法であることは疑いない。しかし、一九六〇年代から展開してきた日本の企業社会の下で、市民が生きる方法において、政治という方法が縮小されてきた。よりよい生活を獲得するためには、企業社会の中で展開される学力競争、就職競争、昇進競争に勝ち抜くという個人主義的な競争の方法が主役を占めることになった。そして一九九〇年代後半にはこの競争の性格が大きく変化――競争の脱落者を社会的に排除するシステムが大きく組み込まれるようになったという変化――する中で、政治の方法によって人間らしさの社会的水準を維持する抵抗を有効に組織することができないままに、ますます激しい個人の生き残り競争に突入するという事態が生まれている。今日すでに、政治の場で、統治者としての力の復権によって日本の未来を切り開くという憲法的な生き方は、正直なところ、かすんでしまっている。

二　自己責任論とのイデオロギー闘争を

子ども・青年を憲法的思考から切り離しているもう一つの論理が、「自己責任論」である。この論理は、能力主義の論理と切り離しがたく結びついている。自己責任論は、多くの場合、弱者の置かれた悲惨さや差別的な境遇を、その個人の能力（の弱さ）の結果として、正当なものとして受け入れるように強制する。国家が保障するのは、競争の平等までであって、その競争の結果は、すべて個人の側の責任に属しているという論理である。

＊　ここでは能力主義について本格的に論じる準備と余裕はないが、ここでの能力主義批判は、能力によって個人への処遇に一定の格差がもたらされるであろうこと自体を否定しようという意図を含むものではない。能力差を根拠として非人間的差別を社会的正義であると正当化するイデオロギーとしての能力主義がここでの批判の対象である。

しかし、日本国憲法が保障する権利の多くが、この自己責任原則を打破することから確立されてきたものであることは明白である。第二五条の「最低限度の生活の保障」とは、その原因のいかんにかかわらず――もちろん個人の側の失敗などによる場合も含んで――、一定の生活水準を国家が保障すべきものとして定めたものである。参議院の答弁で、厚生労働省官僚が「サービスは買うものだ。それが新しい福祉の考え方」と公然と述べてはばからない事態は、そのような憲法の基本理念に対する無知というほかない（『赤旗』二〇〇五年一〇月二二日付）。また教育を受ける権利は、親の生活水準や子どもの能力にかかわらず、すべての子どもに義務教育が保障されるべきことを記したものである。「能力に応じて」（日本国憲法第二六条）という文言も、子どもの能力によって教育内容を差別するものとしてではなく、「発達の必要に応じて」その子どもにもっとも適合した教育を施す義務を国に負わせる文言として解釈されてきた。憲法の精神を受けた労働法規において、労働時間の規制や最低賃金の規定があるのは、たとえ労働者間に競争が持ち込まれ、待遇に格差が付けられるにしても、その能力差や成果の差を理由に人間らしく生きる権利それ自体を奪うような待遇は、絶対に許されないとする憲法の理念の具体化と見ることができる。そもそも基本的人権を犯すことは、いかなる「自己責任」の論理によっても正当化されるものではあり得ない。

ヨーロッパ社会では、シチズンシップの獲得は、まさに個人の権利として把握されている。職を獲得し、住居を獲得し、政治的な権利行使をし、一人前の大人としてこの社会に参加し、社会を作り上げていく役割を担うことは、市民の権利でもあり、また義務でもあり、国家はそういうシチズンシップをすべての青年に保障・実現する責務を負っているのである。職に就いて一人前として生きていけるかどうかは決して個人の「自己責任」ではないのである。だからイギリスでは、すべての青年に職を獲得させることが国家の義務として捉えられ、職を持たない青年を国家的保障によって、職業訓練などを施して支援しているのである。

重要なことは、この自己責任の理念が、自己の社会的弱者としての無念を自分の責任として背負わせ、それを受容させ、堪え忍ぶことを強要する圧力として働き、権利意識を後退させていることである。しかし、じつは、そんなことは日本の子どもは当たり前として納得しているのが現実である。幼いときから学力競争に追いやられ、「勝ち組」と「負け組」へと分割されてきた。勝者は、獲得した栄冠を、自分個人の才能や努力の正当な報酬として受け止め、敗者もまたそのみじめさを自己責任として受け入れる。敗者は、いらいらはするけれども、そしてこの世界全体を破滅に陥れたい衝動に襲われることもあるけれども、それを社会的不正義の結果と認識する回路を、日本の教育システムの隠れたカリキュラム《ヒドゥン》、能力主義に基づく差別的処遇――それがたとえ底なしの格差であっても――こそ正義であるとのメッセージによって奪われているのが現実である。

三　憲法的な生き方と教育の責務

このような事態に対して、自己の人間らしさを回復しようとする憲法的な方法を回復するには、次のような課題と取り組まなければならない。

まず、そもそも政治（＝統治主体としての力を行使した社会参加）という自己実現の方法と領域があることについて、認識を新たにする必要がある。競争は、他者との競争に勝ち抜いて自分の順位を変えることで、自分だけをよりよい条件の下におこうという戦略である。それは、与えられた競争の条件を問うことがない。それに対して、政治という方法は、個人間の競争ではなく、人々の連帯と合意によって、個人に強制されている競争のあり方それ自体を問い、あるいは社会的弱者の不可避的な出現に対して、その弱者を標準として、すべての人間が一定水準以上の生活ができるようなシステムの作成（社会的ルールや規制の設定）によって、この社会に生きる人々全体の自己実現の道を探ろうとする方法に他ならない。

しかし一九六〇年代からの日本の企業社会は、この政治的参加の方法によって自己実現する道を閉塞させ、経済的競争の方法を肥大化させていった。そして、バブルが崩壊し、競争がいっそう不安定化し非人間化する中で、多くの人々が、グローバル化の下でそういう人権の切り下げなしには世界競争に勝ち残れないとする財界の戦略とイデオロギーに屈服させられて、よりいっそう個人化された競争の方法にしがみついて生き残り競争に参加することを強要されている。あわせてそこからの脱落者はその困難を「自己責任」として堪え忍ぶのが当然であるとする世論操作が行われている。人々が連帯し、政治を取り戻すことで、人間としての力を回復する筋道が閉ざされ、ただ個人間の競争における勝利の戦略のみが、個人に力を与えるのだという幻想に閉じこめられているのである。「個性をみがけ」、「キャリア能力を高めよ」、「オンリーワンたれ」、等々のメッセージが、個人の競争力の獲得のみが「勝ち組」に残る条件であるとして、子ども・青年を脅迫し続けている。こういう中で、それとは異なった政治という方法が改めて再発見される必要があるのである。

憲法の提示する諸権利は、基本的に政治というカテゴリー空間において、人間をエンパワーメントする方法として存在している。しかし、そのカテゴリー空間を自らに属する力が実現される空間として実感できるためには、次のようなことが条件となる。

第一には、自分が生きる生活空間に公共圏を立ち上げる必要がある。政治的な力は、決して孤立した個人の力としては実現し得ない。憲法的な諸権利、すなわち参政権、表現の自由、あるいは裁判に訴える権利等々は、現代社会に組み込まれた人権を行使して、自己の願いや要求を社会的で公共的な要求へと高めることで、自己実現の「武器」となる。自分の側からこのような権利の能動的な行使をもって社会に参加していかない限り、この空間は、自己実現の場とはならない。むしろ通常の公的世界は、個人をその公的システムに同化し、飲み込み、支配するものとして個人の前に立ちふさがっているというのが現実であろう。多くの青年には、公的システムの世界は、窮屈な、人間らしさを我慢させられ、あるいは上の権威に従属させられ、資本＝企業の横暴によって自己の人間性が消耗させられ、支配的秩序への屈服を強いられる領域として把握されているのではないか。そういう公的空間に、人権を行使して、自己の願いを実現していくことのできる政治的協同を立ち上げ、自分にとっての公共圏（自分の私的要求が公的要求に転化することのできる空間）へと組み替えることが必要になる。公的世界に、自分を社会創造の協同に参加する主体として組み込む公共圏を作り出すことによってのみ、政治参加が自己実現の方法となることができるのである。

第二に、そのような公共圏を立ち上げるために、コミュニケーションが必要になる。人と人とが社会的課題をめぐって議論し、原因や政策を論じ合い、合意を形成していく基本的な方法は、表現とコミュニケーションであり、民主主義である。しかし現代社会の病理の一つは、この人と人とを結び付け共感と協同を作り出すコミュニケーションが、抑圧されていることにある。

長期的、継続的な暴力支配は、その表現から主体性を剥奪する。なぜならば、いつ襲われるかわからない不安に長期にわたってさらされ続ける中では、攻撃をさけるために、その逆らい難い支配者の意志を読みとって、自己の絶対的な従順を表明することが暴力を避けるために不可欠になるからである。自分を表明しないこと、支配者の意志で自分の行動を全面的に律すること、自分の絶対的な無力さを表明することがもとめられる。そのような圧力の中で、自己の無力性、主体性の剝奪が人格に刻み込まれるのである。「成りゆきまかせの客体」（「ユネスコ学習権宣言」一九八五年）として生きることが強制され、自己の人格の統御主体であるという能動性が剝奪されるのである。児童虐待や長期的ないじめは、そのような人格改造として機能する。しかしそれにとどまらず、成長期の全体に及ぶような長期の学力競争にさらされ続けること、また同調しないと安全に生きていけないという今日の子ども・青年の仲間関係も、主体的な表現の剝奪という点では、同様の機能を持っている。くわえて先に指摘したような「自己責任」イデオロギーは、弱者としての自己を基盤にしてコミュニケーションを展開することを萎縮させる。「弱者は黙れ」というメッセージが充ち充ちているのである。

このような表現抑圧とたたかい、弱者としての自己を土台とした表現を勇気を持って立ち上げ、自分を他者と交わらせ、そのコミュニケーション空間を公共的な合意形成の公的空間へと展開していくとき、はじめて政治という方法が、自分の行使できる方法として、リアリティーを持ち始めるのである。そのような力を剝奪されているとき、人は、「成り行きまかせの客体」として、個人の競争によって敗者復活戦に挑む以外の道を断たれた弱者として生きるほかなくなるのである。（佐貫浩「現代社会における青年の自立とコミュニケーション」『高校のひろば』二〇〇五年秋号、旬報社、参照）

憲法学習のリアリティーを回復し、子ども・青年にパワーを獲得させる学習として実現するためには、この二つの課題を避けては通れない。憲法で生きるための場と方法が剝奪されている中では、それを回復しなければ、憲法の理念をリアリティーを伴って学習させることはできない。その課題を避けたところでの憲法学習は、競争に勝ち抜く学力を高めるために憲法に関する知識を詰め込むという反憲法的方法によって生きる学習へと組み替わるのである。

四　表現とコミュニケーションの性格を転換する――シチズンシップへの道

憲法教育とは、先にも触れたように、憲法的な原理に依拠して、自らの生活と社会、そして政治を作り出していく方法と力量を獲得させる教育である。とするならば、それは第一に、子どもたちが、自分たちの生活の創造と統治の主体になるプロセスを遂行していく実践としてこそ進められるべきものであろう。

平和とは、戦争がない状態と考えられることが多いが、それは非常に消極的な規定である。戦争とは武力によって物事が決着されていく状態だとするならば、平和とはそれと異なった方法によって「決着」が付けられていく状態でなければならない。では何によってか。それは「平和的な方法によって」であるほかない。すなわち、平和とは、「平和的な方法」によって物事が決められ、正義が実現されていく状態であるということができる。ではその平和的な方法とは何か。それは、言葉によるコミュニケーションを介して真理や正義の探求や合意が達成されていくこと、そういうコミュニケーションを介して民主主義が働き、社会的な合意や選択が行われていくことであろう。コミュニケーションと民主主義は、まさに人間的な力の実現形態なのである。憲法が国民に与える人間としての力の核心は、この平和的な表現の力にこそ依拠している。

しかし、はたして子どもたちは、いや大人も、今日のコミュニケーションと民主主義を、自分の力の行使の方法であると実感しているのだろうか。先に見た表現の閉塞は、そういう力の表現形態を抑圧している。いやそれだけではなく、孤立感が深まる中で、コミュニケーションは、自己を表出する方法から、逆に、他者への同調を表す信号へと変質させられてもいる。さらにはネット上での集団的バッシングの様相からは、自己の攻撃衝動を同質のメッセージと共振させつつファッショ的な言論空間を拡大していく一方的なコミュニケーションの肥大化を指摘することができる。そこには応答責任――誠実な対話を通して、新しい価値や合意を探求し合う相互努力の実現過程――は消失している。匿名性がそういう性格をより増長させるのだろうか。

さらには、親密圏における生きにくさ――児童虐待、家庭内暴力、老人介護における虐待など――が広がっている。そこではコミュニケーションが暴力的支配のメッセージを運んでいる。コミュニケーションが、平和的に自分を作り出し、他者に働きかけ、社会へ参加し、自分の意志で社会を創造していく方法として実感されてはいない。

じつは、日本の現代学校は、このようなコミュニケーションの危機を拡大していく構造を、組み込まれてきていたのではないか。

学校は、その最も基本となる学習＝教育の活動において、表現の自由を忌避させ、コミュニケーション不全をむしろ促進してきたのではないか。表現の自由を抑圧する学習空間は、子どもの発言を次第に衰弱させ、表現への意欲を剥奪する。その時、知識は主体化される文脈を奪われて、ただテストの場で呼び出される記憶の負荷となる。知識を自分の主体的な力へと組み込むスキルと習熟の過程（それは表現の過程と深く結びついている）を奪われて、考え、生きることを豊かに展開させていく創造・

表現、自己実現の営みへと学習がつながっていかない。学習は競争に勝利するための記憶の訓練となり、苦役へと転換する。表現とコミュニケーションは、人間が主体化され、社会化され、協同の力を獲得していく最も基本の方法――人間のエンパワーメントの基本方法――である。その筋道を閉ざした土俵の上で、学習は、その活力、生命力を剥奪されざるをえない。子どもたちは表現とコミュニケーションではなく、同調と暴力によって関係を作る。

この学校の病理をどう克服するか。課題は多い。人間的コミュニケーションの回復には、いくつかの階層的課題がある。人を動かすことのできる言語を、親密圏における人間的交わりを介して獲得する必要がある。応答責任を持ったコミュニケーションを実現するには、自分本位性を克服することが不可欠である。「コミュニケーション的合理性」による応答は、蓄積されてきた人間的価値への共感力を獲得するための学習によって支えられなければならない。そして民主主義は、手っ取り早い多数決ではなく、このコミュニケーションによる真理や正義の協同的探究過程を介して合意が形成されていく方法として把握されなければならない。そのような応答責任を相互に果たし合うコミュニケーションによって平和的な秩序が建設されていくことを確信できるとき、非暴力としての民主主義を「平和の方法」と把握することが可能になるだろう。そこでは平和とは、暴力に代わる「平和の力」が実現されている状態である。平和は暴力がない状態として消極的に規定されるのではなく、自己の力が最も強力に発揮されている状態として把握される。この中でこそ、表現とコミュニケーションによって実現される非暴力という力を、子どもたちは実感し、確信することができるだろう。その確信が、統治主体としての力を実感させる。（佐貫浩「非暴力、民主主義、平和、コミュニケーション」、民主

教育研究所冊子『なぜ今非暴力の思想か』二〇〇五年六月、参照）

シチズンシップとは、市民であることを権利として把握した概念である。市民であるということは、統治の主体であり、労働の担い手であり、地域や家庭生活の主体的担い手であり、これらのトータルな担い手であるという地位を保障することが国家の責任であるとともに、それらの役割に応える個人の責務でもあるという国家と個人との契約関係の中にあるということを意味している。シチズンシップの教育とは、そういう自覚と力量を獲得させる教育を意味する。それは現代に生きるパワーを獲得させる教育の全体構造を示す。経済主義的に一面化された現代日本の競争社会の生き方の論理を根本的に批判する論理をこのシチズンシップ概念から摂取しなければならない。

五　青年のエンパワーメントと共同性の実現

力の剥奪状況は、力への渇望を生み出す。また孤立は共同性への渇望を生み出す。青年の中にある無力感と共同性への渇望状況は、強力な国家の一員であるということに自己のアイデンティティを見出そうとするナショナリズムへの要求を呼び出す。憲法前文や教育基本法に「愛国心」を書き込もうとする「改正」動向はそれに呼応するものであろう。問われていることは、それに対抗する私たちの論理が、青年のエンパワーメントと共同性の回復を、それとは異なった方法によって明確に提示できるか否かである。

暴力的な脅威に囲まれた生活空間の中で生き延びる戦略を強いられる青年には、暴力（武力）による安全のシステム以外はリアルな説得性を持たないだろう。競争と「自己責任」を強要される日本社会では、逆に日本国家や日本民族というような超越的な共同性幻想が、マスコミ等による外国からの脅威の演出とも合わさって、かえってリアリティーを持ち、そこに競争を超えた普遍的な他者愛を見出すような倒錯も現実的となる。すでにそれほどまでに日本社会は、人を分断させ、孤立させている。

憲法が、人々の日常の生活の論理を基盤にして人と人とをつなげ、個人の中にある統治能力――人と人とがつながることによって公共空間に表出される人間の力――を結合し、そこに政治的公共圏を創出することによって、市民としてのエンパワーメントを達成し、人間の共同性の新しい姿をうち立てること、それが今私たちの課題となっている。憲法教育の基本課題は、その戦略の中にある。

第10章　憲法・教育基本法と平和
――第九条を核として二一世紀の平和を考える――

　今、小泉首相の靖国神社参拝問題が議論されています。その議論のなかでは、たとえば、ＮＨＫの靖国問題を扱った番組のなかでは、「日本が自主的に靖国神社参拝の是非を決めるべきか、中国や韓国の圧力を考慮すべきか」という歪められた土俵でアンケートを取り、論争するというような状況もあります。しかしここでは、何よりも、日本にとって、日本人にとって靖国参拝が許されるのかどうかが問われているのです。

　この背景には、戦争犯罪を犯した日本政府の責任を公の場で日本人自身が裁くということが一度もないままに今日に至ってしまったということがあります。靖国問題の根本は、日本の天皇崇拝と大東亜共栄圏というイデオロギーによって多数の国民が死に追いやられ、その多くが無念の死を強制されたなかで、靖国神社がこの侵略戦争を正義の戦争とし、この無念の死を国のための名誉ある戦死であったと描き出していることにあります。

　藤原彰氏の研究では、日本の兵士二三〇万人の六割に当たる一四〇万人の兵士は餓死をしたことが明らかにされています（『餓死した英霊たち』青木書店、二〇〇一年）。日本の戦争戦略とは、中国やアジア諸国に侵略していくときに、食糧や軍事物資は現地で調達することと決め、住民から物資の略奪を行い、それに抵抗する現地農民を殺害しつつ戦争を進行させる方法でした。補給がなくなれば餓死をする他なくなるわけです。こういった状況において多くの日本の兵士が無念の死を強制されたのです。

また、敗戦が避けがたい状況があり、日本の支配層もそのことを知っており、たとえば一九四五年二月には、降伏を進める近衛上奏文が出されていたにもかかわらず、「もう一度戦果を上げてからでないと」有利な終結ができないという天皇の判断で、戦争が継続され、その後に多くの市民が殺されていきました。二〇万人もの沖縄地上戦の犠牲や、三月一〇日の東京大空襲を期に国内全土に広がった空襲による三〇万人を超える無差別殺戮、そして天皇制の存続にこだわってポツダム宣言受諾をしぶる間に広島・長崎への原爆投下で三〇万人もの死者が生み出されました。これら日本国内での非戦闘員の死は、その殆どが一九四五年の二月以降なのです。これらはある意味でまさに無駄な死――死ぬ必要がなかった死――と呼ぶべきものなのです。つまり、軍部や天皇による無惨な死の強制という日本国民への戦争責任を問うべきものであったのです。

しかしアジアへの侵略の全貌の解明と天皇の戦争責任の解明を意図的に放棄した東京裁判により、これらは問われませんでした。日本人自身によってこの戦争犯罪を裁く場も設定されませんでした。その結果、今日のような形で、あの戦争は日本を守るための正義の戦争であったという靖国史観が復活し、首相がその靖国神社に参拝するという異常事態が起こっているのです。その意味では、首相の靖国参拝問題は、日本の侵略戦争に対する国民の反省の欠落を端的に示し、しかもそれを世界に公言して挑戦するという暴挙とも言うべき事態であると言わなければなりません。だからこそ、日本の侵略の犠牲になったアジア諸国にとどまらず、ドイツと日本の戦争行為を根底的に批判することから戦後世界の平和の秩序を作り出してきたと考えるアメリカやヨーロッパからも厳しい批判が寄せられているのです。

一　平和な二一世紀をどう構想するか

そういう文脈の中で考えるとき、日本国憲法第九条は、日本のアジアに対する二〇〇〇万人もの死をもたらした加害への歴史的・根本的反省として、日本は二度とアジアの国々に侵略を行うような軍隊は持たないという誓いを立てることで、日本が再びアジアの人々といっしょに生きていく姿勢を示したものだといえるでしょう。しかし、九条改正論者は、憲法九条とは一国平和主義的な考えに立つものであり、日本は世界の事柄に関わらないので軍隊を保持しないという利己的なものだと批判しています。そして、世界の平和に責任を持つのなら軍隊は必須であると主張して、いま九条改正案を押し出してきています。

しかし、考えてみると、私たちも、ある意味で、世界の平和に対して、積極的にその責任を負う立場から憲法第九条が不可欠であるということを明確に主張してきたかといえば、その点で不十分だったのではないかと思うのです。今、アジアにおいては非常に大きな困難があります。北朝鮮問題、日中関係、日韓関係の中で、ますます日本の排外的なナショナリズムの感情が触発されるような状況が生まれています。そして、日本も軍隊を持ち、対外防衛をし、さらには核兵器を保持すべきだという声すら出ています。

その問題は、いま、世界的にも大きな分かれ目にきています。人類が、世界で起きている諸問題に対して、「武力的＝暴力的解決」によって対処するのか、「平和的対処」を行うのかが、問われているのです。二一世紀は地球温暖化などで、環境が根底的に破壊されてゆく可能性を含んでます。温暖化が進むことで、海面が上昇し、気候変動が激しくなり、食糧生産が困難になるなどのなかで、とりわけ貧しい発展途上国において命の危機が拡大せざるを得ません。そのため、数千万にも及ぶ大量の難民が生まれ、それらの人々は豊かな国をめざし大移動を始めるでしょう。今日でも貧しい国の人々は出稼ぎという形で先進国の大都市へと移動していますが、先進国側は難民を受け入れることで自国の豊かさや安全が奪われることを恐れ、民族排外主義の感情が高まりつつあるようにも見えます。

このままでは、地球上にこのような大問題が発生したときに、先進国は軍事力を用いてバリアを形成し、世界の貧困や無惨な死から自国を暴力的に防御する方向に向かうかもしれません。しかしその結果、貧しい国と豊かな国によりいっそう格差が生じ、恨みが拡大し、テロリズムが拡大するのではないでしょうか。そしてテロリズムを抑圧するために軍事力が強化されるという悪循環が進むでしょう。いやすでに、9・11同時多発テロのように、そういう悪循環が生まれているのです。

これが私たちが現に呼び寄せ、直面しつつある二一世紀世界なのではないでしょうか。グローバル化はまさに今そうした方向に進行しているのです。そういう二一世紀においては、私たちは、平和に生存するという希望も奪われてしまうでしょう。それを克服するためには、世界の貧困や困難をともに世界が背負い、解決のために協同し、歴史的に作られてきた差別や敵対を克服し、和解し合い、心からの相互援助と平和的な協同を生み出していかなければなりません。

私たちは今そういう地点に立っているという認識が必要なのです。その意味では、二一世紀の平和は決して約束されたものなどではなく、むしろ危うい状態に置かれているのです。そういったまさに人類史的な危機の時代において、日本国憲法第九条は、新しい平和への希望を拓くものとして存在しているのだと私は考えるのです。日本は、侵略戦争を遂行したことに対する根底的反省を行い、アジア諸国、とりわけ中国・韓国・北朝鮮との平和的な協同にイニシャティブを発揮する責任を負っているのです。また、地球温暖化をストップし、環境破壊を抑えるような生産と生活のシステムをアジアの先頭に立って作り出す必要があるのです。そして、平和でかつ地球の存続を可能とする二一世紀への新しい模索が東アジアから始まっているという形で世界が注目するような協同を作り出さないかぎり、二一世紀の未来はないのだと思うのです。そのとき、本当の日本の国際貢献の道も明らかになるのではないでしょうか。そしてその文脈の中に憲法第九条の価値を把握するということが求められているのです。

二　平和の価値の発見の歴史

まず、人類がどのようにして「平和」の価値を発見してきたのかを考えてみましょう。そこには二つの文脈があると思います。

1　議会制民主主義＝平和への巨大な一歩

日本の場合を見ても、国家が成立して以来、江戸時代、あるいは明治維新までは、国内政治における権力争奪のたたかいは、多くの場合、武力によって決着がつけられてきました。たしかに戦争によらない政権交替――すなわち平和的な政権交替――もあったと考えられますが、階級関係が組み変わるような大きな政権交替では、軍事力で新しい政権が確立されることがほとんどでした。このことは世界でも共通でした。しかし、ヨーロッパ市民革命という転換点がおとずれます。

それまでは、中世的宗教的権威の下で、正義は宗教＝キリスト教が決定し、あるいは王権神授説によって神から支配権を委ねられた国王の判断が絶対的なものでした。しかし、宗教改革が起こり、自然科学が次第に広まり、市民が真理を判断する主体であるという意識が形成されていきます。さらに社会契約説の登場により、国家は神と国王の手で統治されるのではなく、市民が自分たちの生存権を実現するために国家を設立し、国家が市民の利益に背く場合は市民が国家を転覆する権利があるという考えが広まっていきます。そしてそういう新たな社会観、人間観、国家観を土台として市民革命が遂行されていきました。

もちろん、市民革命自体は、フランス革命がそうであるように、暴力的プロセスをたどりました。しかしそこから近代的な議会制度が創設され、その中で市民が議会において議論し、民主主義的決定によって社会的正義を実現できる制度、すなわち戦争ではなく、平和的な方法で権力が選択され、政策が決定されていくという平和の制度が生み出されたのです。その意味で近代的な市民革命の上に立った議会制民主主義の発見は、国内レベルではあるけれども、人類の歴史にとって「平和」を実現する偉大な一歩であったということができるでしょう。

武力の強い者が勝つのではなく、議会における民主主義的な討論を通じ、多数を獲得できるならば、自らの正義を平和的に実現することができる強力なシステムがここに作り出されたわけです。これは一般の国民に平和的なたたかいの権利を実現したと言えます。平和とは、争いをしないということではないのです。世の中の正義を実現するためにたたかわなければならない。しかしそのたたかいを平和的に行うことができるという状態こそが平和の状態を意味するのです。市民革命は、武力によるのではなく、民主主義的討論によって多数者を獲得した主張が社会的正義として承認されるシステムを創出することによって、「平和」への人類の歩みの中に決定的な前進を作り出したのです。そして、各国で市民革命が達成され、あるいはその思想を引き継いだ民主主義政治体制が確立される中で、討論による決定という意味での民主主義が、暴力と武力による政治を克服する基本的な理念と方法として、受け継がれるようになり、その平和の方法と制度の継承が社会の基本課題となってきたのです。

2　九条と国連憲章の意味

しかし、このような平和の論理は、じつは国際社会にはそのままでは通用してこなかったのです。そして国際社会では、長い間、国家による戦争が正当化されてきたのです。そして結局、第一次世界大戦、第二次世界大戦で合計六〇〇〇万人を越える殺戮を人類は経験せざるを得なかったのです。

しかし一方で、第一次世界大戦は、戦争の廃止に向けての国際的な努力の出発点ともなりました。

第一次世界大戦では、それまでの戦争とは規模の違う無惨かつ非合理な人間の殺戮を人類は体験しました。この第一次世界大戦では、巨大な戦車、大砲の巨大化、毒ガス兵器、潜水艦、飛行船（ツェッペリン）による空襲（ロンドン空襲）等々、最先端の科学技術を動員した大量殺戮兵器が開発されました。そして兵士八〇〇万人、それを上回る一般市民の殺戮が行われました（『講座　戦争と現代』全五巻、大月書店、参照）。そこから、このような悲惨を避けるには、もはや国家間の戦争を廃止するしかないという方向が浮かび上がってきました。そのために第一次大戦後の一九二〇年に国際連盟が作られました。そして、国家間の戦争をなくすために、集団的安全保障システムの構築がめざされます。集団的安全保障とは、全ての国が同盟を結び、ある同盟国が戦争をしたならば、その他の全ての国が戦争を起こした国に対し制裁を加える、すなわち国家が戦争を起こすこと自体を盟約違反としてそれを犯した国に対して他のすべての国が制裁を協同して加えるという同盟です。けれども国際連盟は提唱者であった米国の不参加など、さまざまな欠点をかかえていました。しかしその後、パリ不戦条約（一九二八年）が結ばれ、この理念が次第に具体化されていきます。

ある研究者は、そのことによって既に第二次世界大戦が始まる頃には、国際的には国家が戦争をすることは当然の権利であるという観念は後退し、個別国家の決定によって戦争を仕掛けることは違法であるという国際的な合意が成立しつつあったとみるべきであると述べています（岡部牧夫「十五年戦争と日本の国家・国民」『講座　戦争と現代3　近代日本の戦争をどう見るか』大月書店、二〇〇四年、参照）。

重要なことは、そのような当時の国際的な到達点を正面から踏みにじったのがドイツと日本であったということです。日本は満州侵略をし、それに対して国際連盟がリットン調査団を派遣し、国際法から見て違法という判断を出しました。そのことに対し、日本は国際連盟を脱退するという形で抵抗し、アジアの国々への侵略を拡大していったのです。ドイツもポーランド侵略を始めとして、侵略を広げていきました。そのことによって、第二次世界大戦における六〇〇〇万人を越える世界民衆の悲惨な死がもたらされたのです。その意味では日本の戦争責任は、たんに米国に対する真珠湾攻撃開始の問題にとどまるものではなく、国際的に一定の合意が形成されつつあった国家による戦争の廃止という歴史的な流れを正面から踏みにじり、未曾有の世界戦争を引き起こした罪を負っているということを理解しなければなりません。

だからこそ、この日本の戦争犯罪に対しては、東京裁判で、このパリ不戦条約を侵したものとして断罪されているのです。*

＊　東京裁判は、ニュルンベルグ裁判の以下のような「意見」を引き、「本裁判所は完全に同意する」としている。

「問題はこの条約（一九二八年八月二七日のパリー条約）の法的効果は何であったかということである。この条約に調印し、またはこれに加わった諸国は、政策の手段として戦争に訴えることを将来に向かって無条件に不法であるとし、明示的にそれを放棄した。この条約に調印した後は、国家的政策の手段として戦争に訴える国は、どの国でも、この条約に違反するのである。本裁判所の意見では、国家的政策の手段としての戦争を厳粛に放棄したことは、必然的に次の命題を含蓄するものである。その命題というのは、このような戦争は国際法上で不法であるということ、避けることのできない、恐ろしい結果を伴うところの、このような戦争を計画し、遂行するものは、それをすることにおいて犯罪を行いつつあるのだということである。」（朝日新聞法廷記者団『東京裁判』下、一九六三年、六八頁）

また、日本国憲法制定過程において、その起草にあたった米国の担当者のケーディス大佐自身が、パリ不戦条約を学習し参照したことが明らかにされています。その経過は、ジョン・ダワー『敗北を抱きしめて』（岩波書店、二〇〇一年、下巻一四四頁、参照）にも書かれています。パリ不戦条約の第一条は、「締約国は国際紛争解決の為戦争に訴ふることを非とし且其の相互関係に於いて国家の政策の手段として戦争を抛棄することを其の各自の人民の名に於いて厳粛に宣言す」となっており、文言的にもその継承性を九条の規定に読みとることができます。憲法第九条はそういう、国家による戦争はもはや違法であるとする理念を正面から踏みにじったことへの根底的反省にたって、日本が、これからはこの国際的合意を先頭に立って実現していくということを表明したものだと見ることができるのです。故に憲法第九条は、歴史の流れを飛び越え、突然理想主義的規定が生まれたというものではなく、第一次世界大戦、第二次世界大戦を体験した人類の理性が到達しつつあった国際的な合意を、いっそう明確にし、推進しようとしたものとみるべきだと思います。

さらに重要なことは、国連憲章が、九条と不可分の関係を持っているということです。国連憲章は、第一次世界大戦、第二次世界大戦の経験を踏まえて、個別国家の単独の判断で戦争を仕掛けることを違法として基本的に禁止しているのです（詳細は省きますが、国連憲章第一章および第六章―七章にそのことが書き込まれています）。したがって、9・11同時多発テロを理由にアフガニスタンに、米国の独断で戦争を開始することは、明らかに国連憲章違反なのです。そして、国連憲章がそのようなものであるとするならば、各国が自国の軍隊を自国の判断によって他国にけしかけることは、いかなることがあっても絶対に許されないことになるのです。その意味でいえば、国連憲章が実現されるためには、世界各国が自国の軍隊を自国の決定によって海外に送ることは基本的に許されないこととなるのです。つまり、国内における治安のためには警察や軍隊があるとしても、その国家の意思で統率されて海外に派遣される軍隊は持ってはならないということが論理的には当然のこととなるのです。その論理を明確に表現したのが第九条なのです。

しかし、国際的にはそういった国連憲章に背く、ならず者国家の出現が予測されます。それに対して国連は、個別国家が武力で反撃するのではなく、国連のみが最終的には軍事力をも含んで、その反撃行動を決定することができるとしているのです。そういう考えに反対して、各国の自衛権というものの存在を主張する場合がありますが、国連憲章のいう自衛権は本来きわめて限定されたものなのです。武力侵略などに対する解決は国連の為すことであって個別国家の軍事的反撃によるのではないというのが国連憲章の第一の原則なのです。もし個別国家の軍事的反撃による対処を国際紛争解決の方法とすれば、各国が軍事力を持ち、軍事力によって正義が決定される国際秩序、国家による戦争によって維持される国際秩序へと逆戻りしてしまうわけです。国連憲章の自衛権は、厳密に言うと、国連の決定に至るまでに、死者が出るなどの攻撃が続いている場合、その被害国は、あらゆる手段を駆使し侵略に対し反撃することができるというものなのです。国連が有効な措置を取るまでは被害を受けている国家が反撃できるという形で、非常に限定的な自衛権が認められているのです。決してそれ以上のものを認めているわけではないのです。

ただし、現実にはこの国連憲章の理念が大きく踏みにじられていて、じつは集団的自衛権や個別的な自衛権の名において、個別国家、あるいは複数の同盟国家の決定で国家による戦争が強行されているのが現実なのです。その点では、国連憲章を、単純に評価することはできません。しかし、私たちが継承すべき国連憲章の理念は、今述べたような性格の中にこそあるということを強調したいと思います。

歴史的に見ると、冷戦の中で国連が先のように『国家による戦争』の違法化」という論理を持っていたことは、ほとんど無視され、機能しませんでした。冷戦によって国連憲章の先進的な論理と精神は眠り込まされてきました。安全保障理事会の常任理事国の拒否権の論理で、国連が戦争に介入することは麻痺状態に陥ったのです。だから、ベトナム戦争については、国連は何一つとして介入できませんでした。しかし、ソ連が崩壊し、米国がアフガンやイラク攻撃を謀る中で、今日個別国家が自分で判断し他国へ戦争を仕掛けることは許されないということ——すなわち国連憲章のもっとも基本の精神——が、世界の人々に改めて認識され始めてきたのです。そのため、米国がイラク戦争を仕掛けたときに、一気に一〇〇〇万人を越える世界の人々が反対の態度を示して立ち上がったのです。

そういう中で、二一世紀の平和を実現する大道が、国連憲章の論理と日本国憲法第九条の論理の二つを世界中に広め実現していくことであるということが、だんだんとリアリティーをもって理解される条件が広がっているのです。

そのようにして、国内と国際社会における二つの「平和」の論理を、人類は長い長い苦闘の結果として、ようやく今日、明確に掲げることができる地点に到達したと思うのです。

三　日本国憲法と表現・コミュニケーションの論理

1　主体性と表現抑圧の構造

しかし、今日、平和の論理が以上に述べたように、新たな段階に到達しつつあるにも関わらず、今日の子ども・青年たちは、恐らく平和というものへのイメージも信頼もあまりないのではないでしょうか。一体それはなぜなのでしょうか。

その背景には、子どもたちが「平和」に生きていないということがあるのではないでしょうか。たとえば、暴力が日常生活のなかに広がっていることが挙げられます。多くの子どもが、児童虐待やいじめ、ドメスティック・バイオレンス、性的虐待などにさらされているのではないでしょうか。また、子どもたちの抑圧された人間性が、自分の生きている世界を消滅させてしまいたいというような衝動を呼び起こし、子どもの心の中にも暴力的な攻撃性が生まれているのではないでしょうか。暴力はその中で生きる人間に「暴力の戦略」を強制します。「暴力の戦略」とは、暴力それ自体がなくなる希望がない中で、その暴力を上回る暴力を獲得するか、その暴力に屈服・従属して生きるか、自分の表現を閉じて暴力対象にならないように生きるか、暴力に同調してそれに荷担して生きるか、そのどれかを選ぶことで安全に生きる道を選択することを意味します。

継続的な暴力は、人間の主体性を根底的に奪っていきます。たとえば、児童虐待を考えると、解放される見通しのない暴力にさらされ続けるとき、その暴力を受けないためには、その攻撃者の表情や考えを素早く読み取り、その人間に徹底的に服従し、その意図を先に立って実現するという戦略を身につけざるを得ないのです。したがって、その支配者に対していささかでも自分の主体的な本音や意思を見せないことが、安全に生き抜くための方法となるのです。すなわち、自分の表現から自分というものを根底的にキャンセルすること、自分の思いを全て取り除き完全な従属を演出することによってこそ、その暴力が避けられるという状態に置かれるのです。だからこの暴力は、人間の主体性を根底的に奪うことへとつながっていくのです。したがって、そこには希望がなくなるのです。自分の要求やそれを実現するという自分の人格の能動性が剥奪され、徹底的な無力状態に置かれるのです。暴力は、徹底的な従属性と無力性を強制されて生きる人間へと、人々を改造するのです。

それと同じようなことが、直接的な暴力にとどまらず、今日の人間関係の中に組み込まれてきているように思います。たとえば、同調の圧力の強まりがあります。今、子どもたちは、自分の意思を表明することが非常にむずかしいと感じています。みんなと違うことを言ったりすると、みんなから「ハズシ」にあってしまうのではないかと細心の注意を払って、言葉を選んでいるように思います。その結果、自分を表明せず、支配的な雰囲気、支配的なファッション、支配的な声に自分を同調させ、自分の主体性、みんなとの違いを押し隠す努力を強いられているように思うのです。

さらには、今日の学力競争が私たちの主体性を剥奪する働きをしています。学ぶということは、自分が望む生き方を実現するためだという本来の意味が奪われ、競争のために学ぶという文脈が肥大し、テストに出るものを勉強する、すなわち何を学習するかはテストで出される問題だから学習するというように逆転し、そこから学習は苦役となり、勉強する意味の喪失に子どもたちは悩まされているのです。このような形で、学ぶということにおける主体性がやはりキャンセルされているのです。

以上のように、暴力や同調や競争の中で、自分を主体的に表現しながら生きていくことが困難になっているのです。

2　新自由主義の「自己責任」論による主体性と表現の抑制

さらに現代社会を覆いつつある新自由主義的な雰囲気が、この主体性の剥奪をいっそう強制しています。「自己責任」という論理は、弱者・負け組・優れた競争力に恵まれていない人、等々に対して、「そのみじめさは、お前の責任だ。社会の責任ではない」として、「その困難を自分で引き受けて生きろ」というメッセージとして機能しているのです。

たとえば、フリーターが大量に政策的に形成されてきています。彼らは、生涯賃金が五二〇〇万円ぐらいで、年功序列賃金の人の二億一五〇〇万円の四分の一程度だと試算されています。それは、日本の財界が、フリーターというような労働形態を組み込んだ雇用構造を一九九五年に打ち出した結果に他なりません（日経連「新時代の『日本的経営』」一九九五年）。ところが、それに対して、政府までもが、フリーターはもっとキャリア能力をアップして、エンプロイアビリティー（雇用されうる能力）を獲得して、フリーターにならないようにせよということを政策の基本としているわけです。これはまさに、本人の自己責任の結果として、フリーターが生まれているという考えにたった主張に他なりません。その中で、弱者は、自分は勉強ができなかったからフリーターになるより仕方がないのだ、などと自己責任の論理で納得することを強要されているのです。

こういう中では、人間が弱い立場に置かれたとき、この弱者としての要求を社会に提起することができなくなってしまいます。弱者である自分が背負わされているみじめさを、社会の責任として追及し要求することが、この「自己責任」という圧力によって、沈黙させられてしまうのです。社会のあり方に原因があってみんなが多くのみじめさを強制されているのだから、この弱者が人間らしく生きられる社会を作っていかなければ、社会は多くの人間にとって幸せな社会にならないのだ、だからこそ弱者が声を上げられなければ社会はよくなっていかないのだという論理が、抑圧されているのです。勝ち組は自分たちの主張を通すけれど、負け組は主張ができないという表現抑圧社会になってしまっているのです。

3　表現と平和の関連

じつは、そういう表現の抑圧状態が、平和の実現を大きく妨げているのです。平和とは、先にも述べたように、戦争や暴力がない状態ということでは正確に表せません。なぜなら、世の中には問題や矛盾があり、それらはたたかいによって解決されなければならないのです。ですから戦争や暴力がないということにとどまらず、ではいかなるたたかいの方法が実現されていることが平和という状態であるのか、ということを明らかにしなければ、平和という状態を規定することができないのです。

戦争とは、その争いを暴力＝武力で決着を付けるという方法です。とすれば、平和とは、その争いを暴力ではない方法、すなわち非暴力的方法によって決着を付けることができる状態に他なりません。

ではその非暴力とは何を意味するのでしょうか。それは、日本国憲法の論理からすればコミュニケーションと表現、その上に具体化される民主主義に他なりません。コミュニケーションと表現によって、何が正義かという選択が行われ、多くの賛成を獲得した理念や政策が、実現されていく状態が平和の状態なのだと考える必要があります。

それに対して、警察の暴力や軍隊の介入による表現の自由の抑圧や、あるいは民衆同士で武器を使い争うなどといったことがあった場合には、もはや平和は成立しなくなります。日本国憲法は、その点で、基本的人権を保障し、表現の自由を保障し、権力による弾圧、自由の剥奪、命を奪うことなどを禁止し、投票権をはじめとする政治に参加する権利、あるいは労働組合に結集して団結権を行使してたたかうこと、それらが侵されたときには裁判によってたたかうことをも保障しているのです。日本社会では表現の自由を行使してたたかう自由が全面的に保障され、そのことによって誰も心身の自由を奪われたり、暴力によって命を奪われたりしないという意味で、平和に生きる権利を保障されているのです。すなわち日本国憲法は、日本という生活の場での「平和的生存権」を保障しているのです。

しかし、多くの子どもたちは先に指摘したような児童虐待やいじめ、同調圧力といった抑圧の中で、主体性を剥奪されるという困難の中に置かれています。この平和的生存権を実現するには、表現をすること、とくに弱者が自分の思いを表現に組み込んで社会的な主体として登場することができなければなりません。

じつは、この表現によって主体として社会参加するもっとも基本の方法は、「政治参加」なのです。ところが、日本国民は今自分たちの生きていく方法として、主に「(経済的)競争の方法」を行使しています。それは、日本の企業社会が国民に強いてきた生き方に他なりません。その中で、より有利に生きるために学校も競争の場となりました。

ところがこの高度経済成長が終わり、バブルが終わり、グローバルな競争の時代の訪れとともに、企業社会を成立させてきたシステム――企業の獲得した高利潤を労働者に配分することで差別的で抑圧的ではあるけれども「豊かな」生活が営めるシステム――が崩壊し、切りつめられたパイをいっそう厳しい競争によって奪い合う「競争」によって乗り切る方法――「勝ち組」と「負け組」に国民を分断する競争――へと追いやられつつあるのです。国民全体が新たな社会システムを構築することで安心して生きられる制度を作り出す「政治参加」の方法が見失われてしまっているのです。

しかし今こそ、人類が獲得してきた最も強力な人間の力の発揮の方法、一人ひとりが自分の表現とコミュニケーションを通して、社会的合意を作り出す方法、日本国憲法によって保障されている「平和的生存権」に依拠して表現や基本的人権を行使して社会を変えてゆく方法を回復しなければ、安心して生きられる日本社会が崩壊しつつあるという今日の危機を克服することはできないのではないでしょうか。

四　日本国憲法の二つの「平和的生存権」

最初に述べてきた戦争や暴力に対抗する「平和」の問題と、後半で触れてきたコミュニケーションと表現という問題がどういう関係にあるのか、を最後に述べてみたいと思います。私は、今子ども・

青年たちの中に、平和への構想力が衰退しているのではないかと考えているのです。

今日、日本国憲法が保障している平和的生存権を二つの点から把握しなければいけないと私は考えます。一つは、国家間の戦争によって多くの人命が奪われる事態を免れることを保障しているという意味の「平和的生存権」です。しかしそれにとどまらず、二つ目として、後半で触れてきたように、日常生活において、暴力によって命を奪われることなく平和的な方法によって、主権者として自分が生きている場の創造主体となって生きていくことができるという意味での「平和的生存権」です。

重要なことは、なにより子ども・青年の日常生活で、この後者の平和的生存権が保障されることです。子どもたちが暴力を恐れ登校拒否になることや、表現において主体性を剝奪されるといった困難に陥っているとすれば、平和の力を彼らは実感できないのです。平和というものへの信頼を獲得することはできないのです。先にも触れたように、暴力が支配的な環境の中では「暴力の戦略」を採らざるを得ないのです。

だからこそ、教育は、その困難を解決する平和的な力を子どもたちに獲得させる責任を負っているのです。日本国憲法は、暴力に脅かされることなく自分の言いたいことを表現し、弱者が声を挙げて、みんなが人間らしく生きていく社会を作っていく「平和的生存権」を保障しているのだということを、子どもたちに知らせ、自分たちを脅かしている理不尽な暴力に立ち向かっていくこと、それを克服して平和に生きていく生活をたたかい取っていくことができるのだということを、現実化し、証明しなければならないのです。そして人間的に自分の思いをコミュニケートして他者と共感しあい、この世界を平和の方法で作っていくことができるのだということを子どもたちの確信にしなければならないのです。そうして、子ども・青年が、自分の中に平和的方法で発揮される強力な人間の力があることを「発見」させることが必要なのです。平和とは、その意味では個々人の人間的な力がもっとも強力に発揮されている状態のことにほかならないのです。そうでなければ、子どもは平和の力を理解することができず、平和の力によって世界を変えていくという構想をうち立てることが困難になるでしょう。そして、暴力のみが世界を変える力であるという考えから抜け出ることができなくなるでしょう。

最後に、非暴力と民主主義について。非暴力とは、多くの場合、ガンジーやキング牧師の非暴力主義という形で把握されてきました。これらは、人権や表現の自由が保障されていない人々が、武力的弾圧にさらされたときにもなおかつ暴力は行使しないで平和的な方法によって徹底して戦うという高度な倫理観に貫かれた闘いでした。しかしそれはたんに崇高なだけでなく、平和の道徳性に依拠して新たな民衆の支持を獲得することによって、もはや武力弾圧することは政権の転覆や国際的批判を招くという関係を作り出すことで勝利を手にできるという、リアルな戦略をもった闘いでもありました。しかし今日は、そういう非暴力こそが、すべての国民によって行使されるところの人間的な力を発揮する基本方法となる時代であると考えることができるのではないかと思うのです。

民主主義というものは、その究極の発展形態は、非暴力主義につながるのではないかと私は考えます。先に述べたコミュニケーションというのは、その中に合理性・正義・論理的正当性・科学的真実・人間的正義を組み込み、他者にそのメッセージを送り、その他者もまた自分の中に蓄積された人間的判断力によってメッセージを読み取り、そのメッセージが優れたものであるならばそのメッセージによって自分を作り替え、合意を作り出して行くという根底的に平和的な方法なのです。それは他者によって自分の考えを外から強制され、ゆがめられるということとは異なって、メッセージによって送られて来たその価値や正義と、それを受け取る者の内面的判断力とが、個々人の思想・価値判断の自由の保障された内面の自由の世界で格闘することによって、個々人の中に新しい正義が獲得されていき、その個々人の自由な変革＝成長、すなわち根底的に自主的な個々人の営みの結果が、公共的な合意を作りかえていくという方法なのです。根底的に自主的でありうるということは、根底的に平和であるということに他ならないのです。そういうコミュニケーションのプロセスを日本国憲法が保障していると考えれば、日本国憲法は非暴力を民主主義の高度な実現形態の中に保障するものだととらえることができるのではないでしょうか。ガンジーの時代とは違い、我々は日常生活において、しかも暴力に襲われることなく、まさに非暴力という人類が理想として追求してきた方法を一般的に行使することができる中に生きていると言えるのではないでしょうか。そのように考えれば私たちは非常に幸せな時代に生きているのです。

しかし、そのためにはコミュニケーションや民主主義をよりいっそう強化しなければなりません。ここでは詳しく触れることができませんが、民主主義はそれほど単純ではなく、ある意味では暴力をも含む側面を持つと考えられてきた経緯があり、民主主義が非暴力につながると単純には言えないという反論もあると考えています。しかし私たちは今日のレベルにおいて民主主義をそのように発展させていかなければならないと思うのです。

さらに、日本国憲法はある意味で国際世界における非暴力というものを最も鮮明に打ち出した憲法なのです。国連憲章はたしかに最終的に国連の暴力（武力）によって国際紛争を解決するという方法を規定しています。その点では、国連憲章と日本国憲法とはある段階では矛盾します。しかし、国連は同時にディスアーマメント（軍縮・武器の廃棄）を大きな運動にしています。つまり、国連憲章の精神と軍縮の国際的な動きが統一したときに、そこには日本国憲法の示す根底的な非暴力の方法と国連の理想とがつながる時代がやがてやってくるといえるのではないでしょうか。そのようにして、世界の論理と日常生活の論理を貫いて、普遍的な方法としての非暴力が実現される時代、それこそが二一世紀の理想だと言えるのではないでしょうか。そして日本国憲法は、その最先端にあるのだということ、さらにまた教育基本法は、「（憲法の）理想の実現は、根本において教育に力にまつべきもの」とする自覚に立って制定されたものであることを、改めて思い起こす必要があると思います。

Ⅳ　公共性の再建

第11章　戦後社会構造の変化と教育の転換
――「企業社会」がもたらしたものをどう組み替えるか――

一　戦後六〇年

戦後六〇年が経過した。六〇年というと、そのなかにかなりのスパンで展開された歴史の進歩という変化が、鳥瞰できる長さであろう。しかし、今、私たちが持つのは、歴史の六〇年間の展開が、一定の法則的で前進的な起伏を示してくれる地点にはまだ立ち至っていないという感覚である。むしろ今私たちはどこにいるのだろうという迷いととまどいを感じつつ、日々を生きているといった方が実感にあっているように思う。それは「時代閉塞感」といえるかもしれない。今、あらためてふり返ってみると、この閉塞を生み出したのはまさに戦後六〇年の歩みそのものであったと言わねばならないように思える。この閉塞の構造を解明することなくして、新しい道への出口を見出すこともまたできないだろう。

私は一九四六年生まれであるから、ほぼこの六〇年を自分で体験してきた。その戦後六〇年――ここでは戦後六〇年の教育を中心に――をふり返るとき、日本は、これほどの激しい社会変化を経てきたにもかかわらず、どうしてなかなか変わらないのだろうという思いを禁じ得ない。もちろん六〇年前とは大きく異なっていることはたしかである。その違うものがなにかを今一度たしかめ、新しい展開への道を探ってみたい。

従来、現代教育史を描く際に、主として政府の教育政策の展開とそれを批判する運動との対抗というかたちで叙述されてきたことが多かった。もちろんそれは今も重要な視点である。しかしそこにとどまらず、教育のあり方を規定している産業や労働、さらには国民生活や生活意識などとの関連で、教育の変化を考えてみることが重要であろう。なぜならば、じつは私たちの感じている閉塞感は、その生活レベルの循環構造ともいうべきもののなかに根ざしているように思われるからである。

ここで重視したいのは、日本の戦後資本主義の華々しい展開と、そこに生み出された日本社会とはどのようなものであったのかという点である。今日の閉塞を生み出す基本的な構造が、いわゆる企業社会の時代に日本社会に組み込まれたのではないか。この時期、日本はめざましい経済的成長を遂げ、世界のトップに躍り出た。そしてそこで出現した社会が「企業社会」と呼ばれる、ヨーロッパ社会とは様相を異にする社会であったことは、渡辺治氏らの研究で明らかにされてきた（渡辺治編著『日本の時代史27　高度成長と企業社会』吉川弘文館、二〇〇四年、参照）。その戦後日本資本主義の創造物としての「企業社会」が今日の日本に背負わせた負の遺産――といってもその遺産のなかで現に今私たちはとらわれつつ生きているのであるが――が、今日の困難を生み出しているのではないかということである。

ここで別に新しい時代区分を提起しようという意図はない。教育にそくして問題を歴史的に把握するために、常識的ではあるが、戦後六〇年の区分を最初に示しておく。

第一期――終戦から一九五〇年代半ばまで（占領期から五〇年代の自由な教育の展開まで）

第二期――一九五〇年代半ばから一九七〇年代半ばまで（高度成長期）

第三期――一九七〇年代半ばから一九九〇年前後（低成長期、バブルの崩壊まで）

第四期――一九九〇年代から今日まで（バブル崩壊後。九〇年代半ばまでとそれ以降とに区分される）

二　戦後教育史の素描

従来ともすれば、一九五〇年代のいわゆる教育の政治的逆コースが非常に大きく取り扱われ、六〇年代がその延長上に把握されている面があった。教育と国家をめぐる激しい対立という側面からすれば――たとえば勤務評定の実施とそれへの反対闘争、学力テスト実施とそれへの反対闘争、教科書問題をめぐる訴訟が六〇年代から七〇年代にかけて、激しく展開された――、そのような時代把握は一定の根拠を持ったものである。しかし、国民のなかの教育意識の変化という点で、高度成長が引き起こした学校の位置の変化はより根底的なものであった。

1　希望の拠点としての学校――一九五〇年代半ば頃まで

戦後の憲法の普及の拠点として学校が機能した時期があった。自由と平和という価値が、一挙に学校に流れ込む勢いがあった。農村は、農地解放によって、人間の自立の希望の中にあり、民主主義と人間の尊厳を基礎原理とした学校は、そのような農村の進歩と民主主義への期待とマッチしていた。たしかに教育をめぐる政治の世界では、急速な逆コースの潮流が一九四八年を転換点として始まり、国家統制が強められていく。しかし教師のなかには、自由、民主主義、平和、そして科学への信頼、さらに民衆の生活への共感が深く組み込まれていた。学校はそのような価値や真理を教える場として、大きな信頼を獲得していた。そういう意味で、一九四五〜五〇年代の学校は、人間が未来に向けて成長していく拠点として信頼される面が強かった。

2　「競争の教育」への転換、そして高度成長へ

しかし、大きな転換が急速に訪れる。一九五〇年代の農村地域の教育——その典型として無着成恭の『山びこ学校』を挙げることができる——を「村を育てる教育」と呼ぶとすると、それは急速に「村を捨てる教育」へと転換していった。五〇年代の農村の学校は、農村の発展を直接の目標ともし、支えともしていた。しかし急速な経済発展のなかでの都市と農村の格差の拡大、農産物の自由化による農村経営のいきづまり、そして高度成長の中で次々に開発されていく生活電気製品に象徴される豊かさを手に入れるための安定した収入への要求、さらには勤務時間以外を自由に使えるサラリーマンの生活形態へのあこがれ、そして急速に拡大していく第二次産業からの労働力需要、等々によって、農村青年がサラリーマンや工場労働者として都市へ大移動していく。

その時、その青年を会社へ配分する基準が、学校的学力として設定されていった。そのため、農村にそくしていえば、学校は「村を捨てる学力」（あるいは「村を脱出する学力」）を、期待されることとなった。この変化は、教育における五〇年代から六〇年代への変化を象徴している。そして、教育政策は、「所得倍増計画」（一九六〇年）や「人的能力開発政策」（一九六三年）などの経済政策に直接従属させられていった。

その後、高校の学校格差を制度化する形で高校の多様化政策が進行し、この格差を序列とした中学生の進学競争、学力競争が展開されるようになる。そのため、六〇年代半ばには、ほぼ全ての中学生が高校進学をめぐって学力競争に参加することを強制されるという、今日に直接つながるまさに「大衆的学力競争社会」が出現した。

そのようなかで、学習意欲が競争によってあおられることで、子どもの生活力や主体性、社会的関心が衰退し、受験学力という独特の矛盾構造を持った学力と人格の構造が子どもたちのなかで形成されはじめた。また拡大する学歴要求に対して、貧困な教育予算と施設、そして私学のもうけ主義で対処したことは、大きな矛盾と要求を呼び起こした。七〇年前後の大学闘争と高校紛争は、このような問題性を追及する学生・生徒の学校反乱という側面を持っている。

しかし六〇年代は、この進学要求の拡大と平行して高校定員の拡大、そして大学定員の拡大政策が取られ、全体としては、「開かれた競争」という性格をもっていた。（久冨善之『競争の教育』労働旬報社、一九九三年、参照）

3　生き残り競争としての学力競争――企業社会日本の「成熟」へ

しかしオイルショック以降の低成長のなかで、様相は大きく変化する。七〇年代半ばに高校進学率（一九七七年九三・一％）、大学進学率（一九七六年三八・六％――短大を含む）ともに急速な向上が終り、頭打ちとなる。一方企業社会は低成長のなかで、過労死につながるようなモーレツ社員としての生き方を強要し、一九七五年を境として、階層格差が拡大していくような逆転現象も起こってきた。六〇年代に蓄積されてきた企業の強力な支配力が、世界的な資本の生き残り競争に勝利するための日本的な企業の合理化を推進する強権として国民に働きはじめた。競争こそ活力の源泉とする資本のイデオロギーが、臨調・行革を通して、一般企業から公務労働部門へと拡大し、国民生活のなかへ深く浸透し始めた。

このような、学校制度上の理由と、社会構造上の競争の強化を背景として、学校における競争がいっそう激化し、しかもそれは、相手を引きずり降ろさないと勝てないという、生き残りのための競争、仲間うちでの敵対的生存競争へと変化していった。そのため、家庭までが「学校化」され、家庭は子どもの学校での競争を支える場となり、その財力と知力をかけて、学力増進のために子どもを励まし、管理する場となっていった。子どもを競争場に送り出す家庭のなかで、教育に関わる親殺し、子殺しが起こりはじめる（「父親による開成高校生殺害事件」一九七七年、「世田谷の高校生による祖母殺害事件」一九七九年、「川崎の予備校生による金属バットでの両親殺害事件」一九八〇年、など）。

一方、このような学力競争に覆われた学校に対する生徒たちの反乱が、一九七〇年代の後半から八〇年代前半に、全国各地の公立中学校の校内暴力として激発した。しかし政府は、この問題に次の二つの政策をもって対処した。

第一は、学校選択の方向である。ただしこの時点では、私立中学校への進学を選択するという方向である。東京では、一九八〇年代前半に七％程度だったが、九〇年度で一二・七％の中学生が私立中学へ進学するまでになった。その結果、学力競争は、とくに大都市では、かなりの規模で中学から小学校へと低年齢化していった。第二は、公立学校に対し、教育条件の改善、教師の増員などによる教育力の改善なしに、教師の「だらしなさ」を攻撃し、指導と管理の強化を求め、学校を管理主義へ向かわせた。受験競争で学習に向かわせる管理主義と、非行を規則で取り締まる管理主義との二重の管理主義が拡大していった。

臨教審路線下で進んだのは、日本の学校の競争主義のさらなる展開であった。そのなかで、学校の病理が深刻に噴出する。いじめ、登校拒否、生徒間暴力、高校中退、勉強嫌い、等々。それはもはや「敵」である学校や教師への反乱としてではなく、無差別に身近な他者に向かい、同時に人格の内側へと内向し、まさに人格と人間性の危機の噴出という形を取るに至った。

この時期の競争の煮詰まりともいう現象の背景には、一九九二年に第二次ベビーブームによる一八歳人口のピークが来るということもあった。その結果九〇年が、大学合格率（全大学入学志願者数に対する実際の入学者の割合）が最低となる（一九七四年が七四％、九〇年は六三％、『文部科学白書』）。進学抑制政策と一八歳人口の増加とが合わさり、八〇年代はまるで流れがボトルネックに向かうかのように競争が加速されていった。

しかし重要なことは、日本型雇用は基本的に維持されており、バブルによる景気の高揚もあって、子どもへの抑圧性は急速に高まっていったが、大人社会はそれほど大きな変化を感じていなかったということができよう。

4　社会の新自由主義的構造転換の強行

しかし一九九〇年前後に日本社会を転換させる大きな変化が連続的におきた。

①ベルリンの壁の崩壊とソ連崩壊、冷戦の終結、全地球的な規模でのグローバル資本の展開。

②一九八五年のプラザ合意を転機として、日本がグローバル市場へと組み込まれ、日本の地域社会までもが世界競争に直接さらされ、バブル経済に酔っていた日本経済が一挙に危機に直面する。

③そしてそこから日本の競争力を回復するため、一九六〇年から九〇年までの日本社会の経済構造の柱をなしていた生産システムと雇用構造を一挙に解体再編するという新自由主義の政策、規制緩和政策が強行実施されていく。

④しかし渡辺治氏らの分析するように、社会党や共産党の存在と、高度成長を支えた利権型政治構造がその新自由主義的改変の障害となるなかで、小選挙区制（一九九四年）とドラスティックな政党再編による財界を支える二大政党型政治構造の創出が企図され、二〇〇〇年以降、自由主義的改変が加速されつつある。

⑤その結果、社会の階層化、失業の増加、青年層におけるフリーターやニート（NEET = Not in Employment, Education or Training = 職に就かず、教育や職業訓練をも受けていない人）と呼ば

れる弱者の析出、福祉の削減や保育・教育等における競争化、自己責任化などが進行し、また高齢化社会への安定した対応政策が放棄されるなど、ますます社会不安が高まりつつある。
⑥くわえて、グローバル経済下で強まる世界格差を要因として各地で勃発するテロや武力衝突を軍事管理する役割をになうべく、日本の自衛隊を世界展開させるための憲法改悪が意図され、競争に勝てる日本への期待と相まって、新たなナショナリズムが呼び起こされつつある。
教育はこのなかで、はげしい新自由主義的再編の渦に巻き込まれている。およそ以上のような構図で把握できるだろう。

三　この展開から見えてくるもの

以上の叙述は、別に目新しいものではない。この構図を前提に、その変化を人間の生き方や人格の構造へと内在化させていく諸要因を重ねて把握してみることが必要である。

1　競争と人格

第一に考えてみたいのは、高度成長から企業社会の下で、「競争の教育」政策も相まって、日本の子どもの人格の中に形成され、組み込まれた競争性は、かつて地球上の人類には見られなかったものではないかと予想されることである。

国連子どもの権利委員会の、日本への勧告の文書は、「過度に競争的な日本の教育」を問題にしているが、その過度の競争性とはどういうものであるかを教育学的に明らかにすることが大きな課題になっているのではないか。

その「過度」性は、競争に依拠した学習意欲の構造が、すでに先進国で最も学習意欲の低い状態を日本の子どもたちの中に作り出していることにも示されている（国際教育到達度評価学会＝ＴＩＭＳＳ２００３によると、中学二年で「数学の勉強が楽しいか」――「強くそう思う」＝日本九％、参加国平均二九％、「数学の勉強への積極性」――「強くそう思う」と「そう思う」の合計＝日本一七％、参加国平均五五％という結果がでている）。

学習は本来、その知識や力量を何に生かすかという目的に支えられて意欲されるものであるが、競争的学習の中では、何を学習するかは他人まかせで、ただ競争に勝つために学習が進められる。そして学習の喜びは、高い順位を獲得することに矮小化される。次第にこういう状況の中で、本来の目的に支えられた学習意欲が衰退し、競争の磁場におかれないと学習する意欲が起こらないという人格特性が作り出される。それは、目的を喪失した意欲、競争場においてしか呼び起こされない意欲、順位によってのみ報われる意欲――したがって低い順位では、たとえ学習で成果が得られたとしても、学習したことの喜びは感じられず、とくに学力中位から低位の生徒は意欲が大きく衰退していく――であるということができる。

その結果、多くの学生が、学習に疲れ、学習はもう終わったと感じつつ大学に来る。そして期限を区切った競争がほとんどない大学では、多くの学生が学習意欲を感じなくなってしまう。人間の主体性は何よりも個々人の中に構築された目的の固有性によって成立すると考えるならば、日本の青年は、目的喪失を強制されて、極度に主体性を剥奪された状態におかれているといわざるをえない。それは世界的にみても、国民的規模で現れている特異な人格構造ではないだろうか。

日本の学力問題の核心は、この悪循環からどう脱出するのかということにあるのではないか。二〇〇三年一二月のOECDの国際学力調査（PISA）結果は、一五歳の学力が、二〇〇〇年と比較して急速に低下しているという結果（数学的リテラシーは一位から六位に、国語の読解力は八位から一四位に低下）を示したが、しかしそれは当然の結果と受けとめるべきであろう。むしろ、今述べたような学習意欲の空洞化ともいうべき構造を日本の子ども・青年の人格に組み込んできた日本の受験競争が、四〇年間にもわたって記憶主義的かつ操作主義的な「日本型高学力」を維持し得てきた理由の方こそが解明されるべきだろう。

その理由は、子どもたちが学力競争状態に囲い込まれ続けてきたことにあることは間違いないが、重要なことは、そういう競争が企業社会の競争構造と連結し、少ない失業率と安定した日本型雇用システムへの参入競争として有効に機能したということがあるのではないだろうか。日本社会全体が、格差の少ない豊かな社会として世界のトップに位置し、高い水準の生活を日本人全体に保障し、その安定性の中で、富の配分をめぐる一定の差別構造を、学力の格差に依拠して正当化しつつ維持してきたからではないか。

しかしこういう構造が、九〇年代後半から急速に崩壊に向かいつつある。競争の上位では競争はいっそう激烈になりつつあるが、底辺層では競争への参加意欲を最初から剥奪された一群が生み出されつつある。激しくなったグローバル競争の中で、①競争が早期化して早いうちに格差が拡大し、そういう意味では競争に決着がついてしまい、競争意欲が早いうちに失われてしまうグループが増大していること、②同時に新自由主義的階層化が拡大するなかで、児童虐待、経済的困難、などによる競争参加への家庭のバックアップ力が失われたグループが増加しつつあること、③さらに競争の底辺層をも安定した社会的参加へと導いていくシステムが崩壊したことで、この底辺部分の子ども・青年の競争への囲い込みが機能しなくなるという状況が急速に進んでいるのではないか。

ＯＥＣＤの学力調査でも、前回に比して学力低位の生徒の割合が顕著に増加しており、それが全体の平均値を押し下げる大きな要因であるように思われる。落ちこぼれ＝落ちこぼしへの対策、新自由主義化が生み出している階層化、格差化の克服、そして学習意欲回復の根本的対策なしに、ただ学力テストで競争を強化しても、決して学力低下の動向を止めることはできないだろう。

2　生きる方法の選択可能性――競争と「政治」のアンバランス

学力へのこだわりは、人が日本社会で生きる方法――戦略と呼んでもよい――をどう選択するかということに深く結びついている。その点で、日本社会は、①競争以外に生きる方法を見出せないという社会改革の閉塞状況におかれ、②同時に弱者に対し、その弱さを「自己責任」として個人に押しつける競争のイデオロギー効果が非常に強い。③くわえて、競争を相対化する運動や価値理念の欠落――たとえば宗教的な相互援助思想や、労働運動による労働者間の競争を抑制し連帯する精神の弱さなど――を指摘することができる。さらに後でみるように、④人権を行使し、統治主体として社会の仕組みを変えていく市民としての力を育てる「市民形成」、「統治主体形成」の視点が非常に弱いという学校教育の特徴がある。それは競争社会という日本社会の基本的性格と深く結びついている。

たしかに、戦後の出発は、平和と民主主義の方法をどう回復するかという強い願いをともなっていた。にもかかわらず、高度成長の中で、より良い生き方は経済的に豊かな生き方へと一面化され、高度成長の分け前をどれだけ有利に獲得するかという日本経済の豊かさの個人への再分配＝獲得競争へと焦点化されていった。この構造は、自分の所属する企業の利益を増やし、その中で自分の取り分を多くするという二重の競争（企業間競争と企業内労働者間競争）に参加するという行動と意識の形態となって、日本型「企業社会」を作り出してきた。そしてそういう企業社会で勝ち抜く最も確実な力量が学校的な学力であると意識され、学校教育はより強い競争場として機能していった。

そしてそれと反比例するかのように、政治というもう一つの方法が衰退していった。戦後日本社会が、その出発点において目標としたのは、「平和国家、文化国家」であり、その担い手は「平和的な国家及び社会の形成者」（教基法）として期待された。そして一九六〇年代までは政治の時代が続き、政治の担い手が再生産される構造があったとみてよい。しかし七〇年代に入り、そういう政治的な主体形成の力は急速に衰退していった。高度経済成長のなかで、豊かさ＝幸せは、政治の世界への参加や政策選択によってもたらされるよりも、経済競争とその成果をどれだけ獲得するかという競争に勝利することによってより確実にもたらされるものだという観念が次第に広まっていった。

政治によって生きる方法を憲法の方法だとするならば、競争によって生きる方法は企業社会の論理、すなわち資本の論理そのものであり、学校教育はその競争の過程の一環に組み込まれることで、統治主体形成という役割を次第に忘却、放棄していった。

それは、同時に青年から思想によって考える力量を奪っているように思われる。「思想によって考える」という表現は奇妙に聞こえるかもしれないが、これを欠くと人は社会に主体的に関与して生きることが困難になる。人は、生きることに関わる目的意識や価値意識をさまざまな仕方で自己のなかに蓄積し、それを自己の感覚や思考の土台にすえ、さらにはそれを論理化し体系化し、自分の思想を形成し、社会や歴史、他者と自己との関係を主体的に選択していくことができるようになる。青年期に、人は、その思想化という営みによって、歴史の意味、自分が社会に生きる意味等々を本格的に把握し、自分の個々の行動に統一性と目的性を一貫したものとして組み込むことができるようになる。

しかし個人の主体的判断力に関わりなく必ず一つの正解が存在するという学習の世界での体験のくり返し、自分の独自の判断と意見表明を抑圧する日本の学習＝教室空間の性格などによって、自己一身上の真理と目的の体系化の営みとしての思想化の課題がほとんど探究されることがない。社会は競争によって切り開くものと把握され、社会そのものを読み解き改造するという問題意識は抑圧されてしまう。この競争世界への子ども・青年の閉じこめは、社会的関心を衰退させ、青年期において学習目的を最も強力に支えるはずの思想形成を困難にする。

くわえて、最近の大学生のなかには、思想を持つと「偏向」してしまい、公正な判断力を失ってしまうかの如き奇妙な「思想ぎらい」、あるいは「思想を恐れる」感覚とでもいうものが広まっている。ここでいう思想喪失は、たんに進歩的な思想の喪失を意味しているのではない。思想という形を持った主体性の根拠を各自が獲得することとしての思想化の営みから、日本の青年が遠ざけられてきているのではないかということである。

このような社会の構造は、今日の社会矛盾を解決する主体形成を促進するのではなく、問題が困難になればなるほど問題を個人化し、「自己責任」として把握させ、競争へと駆り立て、困難を循環させていくシステムとして機能しているように思われる。

3　共同性の展開と日本型雇用の社会機能

くわえて今日、社会の土台に組織されるべき共同性が解体され、社会が社会として成立する基盤自体がゆらぐという状況がもたらされている。だがその過程は単純ではない。

日本では、高度成長の中で、急速に農村部から都市への人口移動が起こった。日本の農山村は、家族や地域共同体に人格を包み込み、同時にまた自然と人間との共生の感覚を養う場でもあった。しかし急速な都市化は、そういう旧い共同体的な人格関係を解体していった。孤立した個の析出は、本来自立した市民形成の歴史的契機となる可能性を持ったものであったが、日本の場合には、市民社会の形成に向かう面を持ちつつも、一方では階級的な対立構造の展開を背景に、労働組合などへの結集と連帯というかたちで再組織されるとともに、高度成長期にはなによりも強力に、企業＝会社単位の連帯へと再編されていった。日本型企業社会の基礎単位（会社や職場）は、旧い紐帯から放たれてゆらぎ始めた個の存在をつなぎ合わせて共同性を再組織する場を提供したとみることができよう。そのような再組織された共同性を資本の利益のために組織された擬似的共同性と呼ぶこともできるだろう。そして労働組合も、次第に労使一体型に再編され、やがては企業社会を支える強固な社会組織へと組み替えられ、この擬似的共同性を支えるものとなっていった。

その結果、日本の戦後の民主主義は、個の自立を徹底するなかから市民的連帯を生み出す方向に向かうよりも、社会的中間集団への個人の取り込みを媒介項として、その団体間の対抗を通して保守と革新が対抗するような政治構造——それを「団体代行型民主主義」と呼んでおこう——を持つことになったのではないか。その最も大きな組織であった日本の労働組合の多くは、本来、資本に対して労働者の人権を守り、労働者間の競争抑制を理念とするはずであったにもかかわらず、むしろ市場での会社の競争をバックアップし、さらには会社内部の昇進競争のひとつのコースへと堕落することもみられるまでに変質していった。

しかしその現実は、高度経済成長の時代のある種の社会的安定性を保障してきた面があることも否定し得ない。学校から企業への就職先が、学力に応じて分配され、いったん企業に就職すれば、終身雇用として長期に安定した収入を期待することができた。そして「会社」は一面で、そこで働く労働者の生きがいをも実現する場となった。同時に、個の存在感をも取り込んだ企業の集団主義は、過労死やサービス残業を拒否できない状況を作り出し、労働者の個を抑圧する機能を強めた。そこに会社支配が浸透すると、『民主主義は工場の門前で立ちすくむ』（熊沢誠の同名の著書、田畑書店、一九八三年、参照）という状態が生まれ、企業権力と一体になった集団主義による社員への「いじめ」も生まれることになった。

もちろん、一九七〇年代半ば以降の低成長時代には次第にリストラや倒産などの困難も増加した。そしてそれは、七〇年代半ば以降の競争をゼロサムゲームとし、生き残り競争的な厳しさを与えたが、それでも社会の基調は大きく変化することなく維持されていた。たしかにその競争は、次第に社会内部、とくに学校の閉塞性と抑圧性を高めた。その最も典型的な現れが不登校・登校拒否であったとみることができる。とりわけ日本社会においては、学校を無事に卒業することが就職への大前提であったから、この学校からの逸脱は、絶対に許されない失敗として認識された。そのためよけい学校出席への圧力が強まり、神経症的な登校拒否の病理をも引き起こした。しかしにも関わらず、九〇年頃までは、登校拒否・不登校などという大きな逸脱さえなければ、子どもが社会化され、一人前になっていくルートはやはりかなり安定したものとして存在し続けていたということができる。

ところが、一九九〇年前後から、その基底部分が急速に崩壊を始める。第一に、グローバル化の波が日本の地域の産業を襲いはじめ、地場産業の衰退、農業のいっそうの衰退、地域商店街の崩壊など、競争の底辺の青年たちに労働と大人社会への参加を可能にしていた産業領域が縮小し始めた。第二に、工場の海外移転や激しいリストラ、企業倒産などによって、失業が拡大した。第三に、フリーターや派遣労働者を大量に創出する雇用構造の変化（日本型雇用の解体）、が進み、使い捨ての短期労働力として消耗され、将来につながる見通しを持てない状態が拡大した。さらに第四に、学校卒業時点で大半が安定した就職口に配分されるという「新規学卒受け入れ型雇用」が急速に減少していった。

それらの変化によって、青年の大人社会への参入は、一挙に高いハードルとなっていった。フリーター（『国民生活白書』、二〇〇一年に四一七万人）、ニート（『労働経済白書』、二〇〇三年に五二万人）といわれる現象の拡大は、まさにこうした社会的一人前への社会参入の急に高められたハードルの前で、足踏みさせられている青年の姿であるとみることができる。

あわせて指摘するならば、日本型雇用においては、企業は労働者個人のライフサイクルをバックアップする福祉的な機能をも提供していた。安定した終身雇用、年功賃金によるより豊かな生活への移行の保障、持ち家支援制度などによるマイホーム主義へのバックアップ、さらには退職金と企業年金等々。しかし今それらが外されて、それを代替する国家的な福祉システムの形成も、新自由主義国家は拒否している。いや、そればかりではなく、国家的な社会保障や福祉の基準もおし下げられ、「自己責任」原則がおしつけられつつある。ライフサイクルの展開を支えるシステムが縮小し、底辺層でとくに急速に困難が蓄積されつつある。結婚すらできない階層の増加が懸念されている。そういう階層が、社会的バックアップのシステムを剥奪されるとき、そこに恐ろしい社会の崩壊ともいうべき諸現象を生み出しかねないだろう。

そのただ中で、学校は一挙に地域ごとに階層化する可能性がある。今日本の青年の多くは、自信喪失や諸困難をかかえ、社会的支えや安定した成長のルートを奪われて、多くの脱落者を生み出していく激しい競争の前に立ちすくんでいる状態におかれているのではないか。学校も有効にそういう青年を励まし、支えることができないような事態におかれてきている。まさに『若者が社会的弱者に転落する』（宮本みち子、洋泉社新書、二〇〇二年）状況が生まれているのである。

4　人とつながる力の衰退

社会的諸困難を、新しい社会創造主体の形成へと転換的に作用させていく力は、弱者のなかに組織される連帯であり、新たな困難をバックアップする施策を新しい社会的正義として押し上げていく世論の形成であろう。しかしそういう転換作用が働くには、人と人とが交わり、コミュニケーションを通して共感し合う人間的な営み、人間的であることを支え合う土台が不可欠である。しかし学校は、人間として交わる力を育てる教育の場から、人間の互いにつながりあう力を閉じこめ、萎縮させる場へと転換したのではないかと考えずにはいられない。

一九五〇年代の生活綴方教育は、まさに個の表現をいかにひらくかを中心テーマとした教育であった。多分に封建的社会生活からの解放をテーマとした側面はあるが、地主制から解放されたばかりの農村では、それは解決すべき大きな課題であった。また青年労働者の職場に広がった生活記録運動は、憲法の人権を行使する主権者、人権主体形成の方法でもあった。重要なことは、これらは自分たちに対する抑圧として作用している社会を自らの力で切り開く主体性の形成、そのための表現、社会への変革的参加主体形成の教育実践であった。

しかし次第に、学力の獲得が中心テーマとなり、その学力を何に生かすかという目的意識の形成、自己を規定する社会を作り替える社会的政治参加、すなわち主権者、統治主体としての力量の形成は後景に退き、限りなく発展するかの様相を呈した高度成長社会で、より有利な位置を占めるみんなとの競争が学校の学習の中心目的となってくる。競争に人権はあまり役に立たない（競争参加の平等を求め、不当な差別を許さないという面はあるにしても）。人権や憲法は、次第に学校空間のなかで影が薄くなっていく。しかし決定的なのは、学校が人間に対する抑圧として顕著に機能するようになる七〇年代末からの変化であろう。

第一に、競争が差別として機能し始めたことが指摘できる。学力による差別は、昔からあった学歴主義――それはとくにエリートの間で意識された――にもみられたが、上下に格差化された高校選びにおいて底辺に押しやられた一五歳の生徒が体験する差別感は、もっと絶望的な様相を呈している。自分の能力というまさに「自己責任」を負うべきものと見える指標によって行われる格差化は、その子どもの一生をランクづける運命というに近いほどの力を持って、一五歳の心に襲いかかる。落ちこぼれの生徒たちにとっては、教室は、不安と沈黙と羞恥心に満ちた空間となる。

第二に、七〇年代末からの校内暴力、その後のいじめの蔓延などを転機として、子どもにとって学校・教室は、生徒間暴力の力学が強力に作用する空間へと変化していった。暴力に日常的にさらされて、子どもたちは暴力の戦略を採らされる。暴力の戦略とは、①支配的な暴力に勝る暴力を行使するか、②その暴力に積極的に従属、同調するか、③見て見ぬふりをして関わりを避けるようにするか、④徹底的に自己を閉じ、時には不登校や登校拒否を選ぶかである。このような暴力の広まりが、少年期や思春期の葛藤を通して他者とともに生きていく人格的力量、社会力（門脇厚司『子どもの社会力』岩波新書、一九九九年、参照）を獲得させる場としての学校・教室を機能不全に追いやる。

第三に、親密圏の崩壊とでもいうべき病理の拡大である。児童虐待の増加がそれを代表している。親と子、兄弟、家族、親密な地域、学校の友達など、直接に人格的に、その人格的関係自体を目的として、しかも特定の人物とくり返し交わる生活圏域を親密圏と呼ぶことが出来る。親密圏なしには子どもは生存できない。また、その親密圏の性格にあわせて子どもの人格が形成される。そこに暴力やさまざまな病理的な関係が入り込むと、自己表現力やコミュニケーション力、他者への信頼感などが抑制されたり破壊されたり病理に陥れられたりする。学校に管理主義が強まると、やはり親密圏としての学校の教育力は低下する。

これらの複合的な変化により、日本の子どもは、他者への信頼を失い、自己を表現する場を奪われ、人間としての交わりの力を獲得するための自由な試行錯誤の機会を奪われ、暴力を含んだ集団の論理に囚われ、不自由を生きることを強制されるようになっていった。大人も子どもも青年も、弱者としての不安をかかえつつ、その思いを心の奥底に封印されて、強者たらんとがんばり続ける孤独が、悪循環を促進しているのではないか。

市民としての政治的統治能力は、①その土台に他者への信頼と人間の尊厳の感覚の層を持ち、②表現とコミュニケーションの層を持ち、③さらにその上に展開する民主主義の方法や価値への信頼、それを行使していく力量の層を必要としている。この重層的な土台をていねいに再構築する教育の計画なしには、今日の市民形成の教育は有効に働かないのではないだろうか。

四　この閉塞的循環を断ち切るもの

いったいこのような把握から何が見えてくるのだろうか。それは、戦後の日本資本主義が引き起こした社会変動が、社会構造を独特に改変し、その組み替えの負の遺産をどう転換するかという視角なしには、次の時代への展開が図れなくなっているということである。もちろんその転換のためには、政治の転換、すなわち新しい政策による強力なイニシャティブが求められる。しかし、そのような社会の変革を拒否し、おしとどめる力、日常の生活感覚において人々を現実の秩序へと同化させる方向へ向かわせる力学が、相当に成熟した姿で、深く日本社会に組み込まれている。

しかもそれらは、たんに孤立した要素として部分的に存在するのではなく、今なお多くの人々を意欲づけ、目的を与え、その論理で生きることを意欲する人間を日々再生産する活力を持った社会システムとして、働き続けている。しかしまた、そのシステムに、かつてない矛盾が蓄積され、その転換への社会的圧力が高まりつつあることも事実であろう。したがって私たちの変革の営みは、個別の領域でその諸困難の一つひとつと取り組むとともに、全体的な関連それ自体をどう取り替えるかという新しい社会構想ともいうべきものをもあわせて探究する必要がある。そのためにも、今どういう全体的関連が組み込まれているのか、それがいかなる機能不全に陥りつつあるのかを把握しなければならない。

しかしそれにしても今日の社会を相対化する別の論理が、新しい社会のオルターナティブとしてもっと明確に浮上してこないのはなぜなのだろうか。たしかにそれは一面で、私の叙述が、抵抗の諸運動に接するかたちを採っていないことによる、説得力の弱さに他ならないだろう。しかし同時に、私たち自身の日々生きていく視点や価値意識が、現実に強制されてではあるとはいえ、閉鎖的に循環するその内部へと生活者を組み込んでいく目の前の競争的な価値にとらわれていることがあるからではないか。

グローバルな競争のなかで、資本の自由をもっと保障して、労働者の権利をもっと切り下げないと日本は持たないという強迫。これだけ激しいグローバルな競争のなかで個人の人権などというものをひとしく支える国家的な福祉システムを構築することは不可能であり、自己責任システムを貫徹し、自己責任に耐えられるたくましさを国民みんなが身につけることで乗り切っていかなければならないという「自己責任」論の蔓延。学力の低下は自己責任、家庭責任であり、競争をもっと明確に求める学力テストを網の目のように組織して、競争の意欲喚起力を高めることで学力低下を克服しようという論調。社会が階層化するのは避けがたいとして、どう安全な地域、職場、学校などを自由に選べるシステムを創り出すか、そこでの選択の競争に有利な地位を確保しようという「勝ち組」あるいは「勝ち組」幻想にとらわれた人々の生き残り戦略。暴力や戦争が起こるのは不可避とすれば、我々日本こそが、自らの安全を守り、ならず者たちを遠ざける軍事力を強める軍事的強国にならなければならないという利己的「一国主義」――国際貢献という理由付けにもかかわらず――等々。そしてその強者の論理を国家的原理とするために、人権や人間の尊厳、軍隊の禁止などの原則を日本に強制している憲法や教育基本法をも改正してしまえという声の広がり。

これに対決するには、生活の各所で起こっている人間として生きられない困難の一つひとつを取り上げ、目に見えるようにし、弱者として共感しあい、強者の論理を疑い、どうすれば異なったあり方――オルターナティブ――とその循環構造を作り出せるのかをていねいに探っていくほかに道はないだろう。今日、そういう探究が、あらゆる生活の場で、急速につながりあう可能性が生まれつつあるのではないか。それがつながり、今日の支配的システムへのオルターナティブとして認識されるには一定の時間がかかるかもしれない。何しろそれはまさに世界的なシステム連関を必要とするグローバルなオルターナティブ、新しい二一世紀世界を創出する人類的営みなのだから。

憲法改悪と教基法改悪という、まさに戦後六〇年をどう総括するかが争われる事態のなかで、全力を挙げてこの政治的危機とたたかうとともに、日本社会の構造をも転換させる新しい社会創造を展望しうる視野と協同を広めていきたいものである。

第12章　新自由主義の教育改革の構図

教育改革国民会議の提案を受ける形で、文部省改め文部科学省は、二〇〇一年一月二五日に「二一世紀教育新生プラン（案）」を提起した。それは、「家庭や地域社会の『教育力』の著しい低下」とともに「個人の尊重を強調するあまり『公』を軽視する傾向が広が」ったことにより、子どもの問題が拡大しているとし、「行き過ぎた平等主義による教育の画一化や過度の知識の詰め込みにより、子どもの個性・能力に応じた教育がややもすれば軽視され」、「科学技術の急速な発展、経済社会のグローバル化、情報化など社会が大きく変化する中で、これまでの教育システムが時代や社会の進展から取り残されつつあ」るという認識に立ち、教育改革国民会議の「最終報告」の提言を具体化するようにとの森総理の「指示」を受けて、「国政の最重要課題の一つに位置づけられる教育改革の今後の取り組みの全体像」を提示したものであると説明されている。

具体的な内容としては、①最近の学力論争を踏まえる形で「わかる授業で基礎学力の向上を図（る）」というのをトップにしつつ、②「奉仕・体験活動の促進」、③「問題を起こす子どもに対する適切な措置（出席停止に関する改善等）」、④「学校評価の実施」、⑤「優秀な教員の特別昇給の実施」、⑥「国立大学の独立行政法人化」や「任期制などによる大学教員の流動化」、⑦「教育基本法の見直し」等が提起されている（以上の文中の「　」内は「二一世紀教育新生プラン」からの引用）。

この間の経過を見れば、これらのプランの根底に、教育改革国民会議で唯一の現場教員として、「教育は管理である、問題生徒は排除しろ」との議論を展開した河上亮一氏の「子ども論」、「教育は必ず強制の要素を含むから奉仕活動も強制して良い、国民の義務とすべきである」という曾野綾子氏らの「道徳教育論」、第一部会に集められた保守右派の憲法・教育基本法改正論という、いずれもいままでの通常の論議では、教育論としてはあまりに粗野で、公然と主張するのがはばかられてきたような内容が組み込まれていることも、この「新生プラン」の特徴と言わなければならないだろう。

ここでは、これらの内容について直接批判するのではなく、なぜこのような変化が進行したのかを考えてみたい。そのため、一九九〇年代の社会構造と教育の変化に焦点を置き、その中から、今日の教育改革に求められているものを解明していきたい。

一　九〇年代の教育の変化

今日の教育改革が、このような方向を採用する背景として、一九九〇年代の社会と教育の構造的な変化が進行したことを見ておかなければならない。

第一に、一九八〇年代後半からのグローバル化、多国籍資本主導の自由化、規制緩和が急速に進展し、また従来の保守支配の構造を維持してきた自民党も、橋本首相の下で新自由主義の党に変身して

「六つの改革」（一九九七年一月）を提唱し、福祉と権利の解体、教育費の削減、競争の論理の急速な導入、市場化、膨大な国家予算をつぎ込んだ財界支援、貿易のいっそうの自由化、等が進行し、その結果引き起こされる矛盾や日本の役割の変化に対応して、小選挙区制の導入、自衛隊の「国際貢献」参加、国家主義的な社会管理、などが進められている。その結果、国家主義とセットになった新自由主義が全面展開しつつある。この多国籍資本主導の自由化と国家主義に対抗して、どう国民の人権と生活・労働権、福祉の権利を維持、向上させ、世界の諸民族、諸国民と連帯しつつ地球的な平等と共生を維持する二一世紀を開くかが、日本の、また世界の共通した課題になりつつある。

第二に、終身雇用、年功序列の雇用システムが組み替えられ、一九六〇年代から続いた学校の学力競争と企業（雇用）と社会との、矛盾を含みつつも効率的で社会統合的な要素を持った循環構造が破綻をきたし、青年層の失業の急速な増加、とりわけ高校中退、中卒等々の底辺層の矛盾が急速に拡大し、従来の職業配分システムがそのままでは機能しなくなりつつある。若者が、失業とフリーターを経験しつつ職業選択と自分選びを行っていく不安定な青年期をおくることが一般的になりつつある。

第三に、従来の教育政策をめぐる対抗構造――①従来の国家が一定の教育水準を国民に保障するという名目の下に教育を国家管理・統制し、それに対して、②国民（親・教師）の側から教育条件の改善と教育の自由、教師の自由を要求し、この両者の対抗を前提とした土台の上で、自由な教育運動と教師の教育実践が強まっていくことで、子ども・国民の教育権、学習権がよりよく実現されていくという枠組み――が、急速に組変わってきた。規制緩和、地方分権、民営化、学校選択、学校間競争、等々の新自由主義の論理が拡大され、教育をめぐる矛盾の関係は、教育市場を介して〈学校・教師〉と教育の要求主体である〈親・住民・子ども〉とが対決しあう関係へと組み替えられ、政府の責任が免罪されるという構造が生まれつつある。その中で、教育の公共性が保障される枠組み自体をどう再設定するのかをめぐって大きな論争と試行錯誤が展開されつつある。そういう中で、「参加」と「選択」の論理を対抗軸にしつつ、住民・親が学校教育を自分たちのものであると確信し、また学校を支え改革していく主体の位置に登場できるような学校制度、教育の公共性のシステムとはどのようなものであるか、またそこでの国家の責任がどのようなものであるかが、教育改革の中心問題として争われる事態が生まれている。

第四に、九〇年代前半に最も大学入試が厳しい状況であったが、それが急速に変化し、今日では急激な少子化の中で、競争の様相が大きく変化しつつある。それともむすびついて、子どもの人格的な危機、学習意欲の衰退が深刻になり、今までの、競争に追い込み、一定の「高学力」を達成し、そこからはみ出すものを管理主義で囲い込むという、ここ三〇年間継続されてきた日本の学校と学習の枠組みが、もはや学力獲得を促すシステムとして機能しなくなり、そこからどう脱出、転換するかが大きな課題になってきている。この点では、国際的な競争力のある頭脳の獲得を求める財界からも、現状に対する強い不満が表明され、政府の「ゆとり」の学力政策への緊急の手直しが求められるという事態に至っている。

第五に、増加し続ける登校拒否、少年事件、子どもたちの攻撃性、等々の子どもの人格的危機が、学級崩壊に至るまでに蓄積し、人間としての道徳性がこのままでは社会的に継承され得ないのではないかという危機感が広まっている。それは従来型の管理主義の破綻といってもよい。それに対して、奉仕活動が提案されたり、非行生徒の学校からの排除が提案されるに至っている。さらにはこの文脈の中で、教基法の改訂が主張されるに至っている。このようななかで、子どもの人間的な道徳性の形成を促すシステム、方法を社会と学校教育のなかにどう組み込むのかが大きな争点になってきている。

第六に、一九九〇年代後半に拡大してきた学級崩壊という事態に直面して、従来の学校の役割、機能、システムをどう組み替えていくかが問われている。それは二〇―三〇人学級の緊急性についての認識、いわゆる学校「スリム化論」を採用するかどうか、学校に一定の学力保障の機能を組み込むのかどうか、学校選択の論理、教師の役割、教師の「資質向上方策」、教師の評価制度（人事考課制度）の導入、学校評議員制度、等々をめぐる論争と深く関わっている。それは、主に学校の自治と教師の教育の自由、および教育条件の整備という論理で学校論を構成してきた運動の側の理論枠組みにも大きな転換・発展を求めている。

第七に、新自由主義の規制緩和と民間活力路線の一環として、教育行政の規制緩和、地方分権が進行しつつあり、文部省の統制的な教育行政が大きく変化しつつある。この変化は一定の民主主義拡大の条件を開く面を持ちつつも、しかし多くの地域で新自由主義的な流れに立った地方行政の再編動向が、従来の官僚機構による上からの統制を部分的に引き継ぎつつ、教育予算削減を伴い、教育の論理を無視して乱暴に教育自治を侵している。さらにこの攻撃は、「自由主義史観」グループや「新しい歴史教科書をつくる会」などの下からのナショナリズム運動によって各個撃破的に学校や運動へと向けられてきており、教育の民主主義、教職員の権利と自由をどう守るか、教育の公共性にたった教育の自由をどう対置できるかが、改めて大きな課題になってきている。

第八に、九〇年代の後半に、大学の位置が急速に変化し、今日の教育改革にとって、大学入試を含んだ大学改革の構想なしには、教育改革の全体構造を持ち得ないような事態が生まれている。すなわち、①一八歳から二〇代前半の青年の約三分の一程度が進学する学習機関から、過半数の国民が人生のどこかで在学して学ぶ大衆的生涯学習機関へという、大学の変化、②少子化によって従来型の競争システムが崩れ、誰でも大学へのアクセスが可能な状況とともに、高等教育の階層化が進みつつあること、③大学四年間の教育の「空洞」現象への批判が強まっており、エリート養成と生涯学習機関としての大学教育の中身をどうするかが正面から論議され始めていること、④大学入試を頂点とする詰め込み型、記憶型の学力評価システムをそのままにしておいては、今日の子どもたちの「学力問題」の歪みを克服し得ないとの認識の中で、大学入試制度への批判がさけて通れなくなってきていること、⑥専門家養成機関の大学院への移行が進行しつつあること、⑦高等教育機関の民営化、独立行政法人化の進行、などがある。

少し羅列的になったが、一九九〇年代の変化は、まさに構造的変化と呼ぶべきもので、この変化によって教育改革をめぐる対抗軸は大きく変化した。以下、いくつかの点をさらに詳しく検討しつつ、教育改革の課題がどう設定されているのかを探ってみよう。

二　学校と子どもの変化、学力の歪み

1　一九七〇年代からの学校の変化

まず、学校の変化を見てみよう。一九六〇年代、日本の学校は、高度経済成長を支える労働能力を獲得させ、生徒・学生を学力に応じて職業配分、企業配分する機構へと組み込まれていった。年功序列と終身雇用という賃金制度が、高度成長という中で生涯の生活、さらには差別的ではあるが一定の生活向上を保障する見通しが成立しており、その見通しに支えられて、親や子どもは受験学力競争へ意欲的に参加していった。この「学力競争の場としての学校」、「労働市場における競争」、そして「企業による恩恵としての生涯生活保障」という三者の連関・循環が、矛盾を伴いつつも三〇年間にもわたって学校への期待を成立させてきたのである。しかし、日経連「新時代の『日本的経営』」（一九九五年）に示された日本的雇用構造の廃止・転換の急速な変化を背景とし、また子どもたちの矛盾の爆発ともいうべき学級崩壊などに直面して、この循環構造は機能しなくなりつつある。

ふり返ってみると、日本の学校教育の矛盾は、何段階かの子ども・青年の「反乱」を経て、重なる管理的抑圧と閉塞性の強制のなかで、今日の極限にまで突き進んできた。

第一次の子ども・青年の反乱は、一九七〇年前後の大学闘争、高校紛争として展開した。この中には、学生・生徒の組織化された自治が働いていた。西欧諸国は、同時期の学生運動の要求の中から「参加」と「子どもの権利」などを取り出し、子どもの表現と能動性を学校のなかに組み込んでいった。しかし日本では、強力な企業社会と競争の論理がそれを押さえ込み、純化された資本の競争の論理、「企業社会」の論理に国民生活の全体が飲み込まれ、受験競争がいっそう強化されていった。

第二次は、一九八〇年前後の中学校の校内暴力として爆発した。ツッパリたちは一方で暴力のとりこになりつつも、「もうこんな学校では生きられないよ」というメッセージを発した。しかし彼らの願いを生徒による自治と学校作りへつなぐ学校改革は拒否され、逆に、荒れていない進学に有利な学校を選ぶ競争、私立学校選択（受験）が強化され、また荒れを抑え「企業社会」の競争秩序に順応できるように受験競争へと生徒を囲い込む管理主義がいっそう強化された。生徒の爆発的な意見表明に対して、競争と行動に対する管理強化が進行した。

第三次の子どもたちの反乱は、もはや彼らを取り囲む権力的システムへの抵抗として外向することなく、イライラが内向する形で、登校拒否やいじめとして、自他に対する目当てのない攻撃性としてあふれ出し始めた。家庭内暴力のような形で、親殺し、子殺しの極限にまで至るという不幸をも招いた。それほどに学校や親子関係にも支配と管理が浸透し、子どもたちのストレスを拡大していった。この段階では、能力主義的評価は、子どもの内部で、「悪いのはお前の能力だ」、「お前自身が悪の根元なのだ」というメッセージを送り、子どもに自己への断念といらだちを極度に蓄積させる作用を持った。

そして九〇年代後半から、もはや競争と行動の管理主義を越えて、子どもたちのストレスや攻撃性が学校や社会にあふれ出し、さらには自分への絶望から自己破壊と世界の破滅への願望の衝動的爆発とも言うべき「事件」が発生するようになってきた。これを現在の学校システムへの人間性の反乱として、第四次の反乱と見ることができるかもしれない。学校はこの管理を越える秩序破壊の中で各地で学級崩壊に襲われ、荒れた公立学校は学校の階層化と塾による学力「補填」でぎりぎりのところで維持されている。子どもたちの中に攻撃性が拡大し、その暴力の不安に囲まれて人間らしい感情や意志の表現はより困難になり、攻撃性と閉塞性の悪循環が進行している。どの学校でも安心して子どもを通わせられるとは必ずしもいえない状況が生まれ、学校選択が親たちの一定の要求になりつつある。

このような事態を招いた責任は、「ジャパン・アズ・ナンバーワン」の経済的「成功」の下で進行しつつある子どもの危機（反乱、警告）を放置し、差別的な競争の論理に固執し、学校改革を拒否し、教育財政を切りつめ、事態に対処する教職員の力量と自由を剥奪し続けてきた支配政策に第一の責任がある。しかし今やその結果は一つの社会システムとなり、それとどう対決するかが、国民的な課題となっている。

注意しなければならないのは、新自由主義の市場の論理は、その矛盾を、親の要求に応えるべき教師の力量不足による矛盾として描き出し、政府や教育行政の責任を免除するイデオロギーとして機能しているということである。そして国民、親の面前で競争をさせて教師と学校を「勝ち組」と「負け組」に分けることで、矛盾の責任を「負け組」に背負わせるのである。そして親は学校選択によって「勝ち組」を選べるという形で、負け組に「自己責任」をとらせるという正義を、行政とともに実現することができるとするのである。

しかし今までみてきたような矛盾が、単純な教師の怠けや教師としての不適格性によって起こったものでないことは明白である。市場の論理が新しい活力を生むという幻想に寄りかかって、政治の責任を免罪し、教育予算の削減を進めるような対応では、事態はますます悪化せざるを得ないだろう。

2　学力問題の進行とその性格

改めて、子どもたちの学力がどのようにゆがんできたのかを見てみよう。

第一に、詰め込みと余裕のない学習でわからないことを放置し、大量の「落ちこぼれ」が生み出され、多くの子どもが学習から脱落させられている。

第二に、しっかりわかる余裕が奪われていることと、受験への効率を重視する学習によって、学習が断片的な知識の記憶訓練へと矮小化され、考える力を後退させ、ハードな記憶訓練は文字どおり苦役と化している。またこういう学習の性格のなかでは、勉強ができないのは覚える努力をしていない結果と見なされ、多くの子どもに勉強はこの苦役に耐える訓練として受け止められている。

第三に、生活や社会現実と学習との分断、学習のリアリズムの喪失、学習の意義の抽象化が進み、自分の意見を形成・表現し、討論し、調査していく力量を鍛えるなど、人間としての探求力や分析、表現力を獲得していくような学習スタイルとなっていない。そのために、学力の順位に関わらず、学習それ自体の楽しさやおもしろさ、感動の体験、自分自身の成長への確信などによって、子どもが自信を獲得するということが少なくなっている。

第四に、以上のような学習の性格の結果、日本の子どもの多くが、勉強すればするほど、学習嫌いになっていくにもかかわらず、強い競争圧力によって子どもたちは学習意欲をいわば無理矢理絞り出され、「苦役としての学習」に向かわされてきた。しかしその結果、多くの子どもたちが大きなストレスを蓄積し、もはや競争と管理で子どもたちを学校秩序、競争秩序に囲い込むことができなくなり始めているのである。

　ここで、今日の子どもの学力問題で一番重要なことは、なぜ子どもが学習嫌いになるかという根本を解明し、子どもが意欲を持って学習に向かうような環境と指導を回復することであろう。ただ競争を強化し、また従来型の学習指導を「緻密」にするだけならば、矛盾はいっそう深刻になるだけだろう。日本型高学力を実現してきた条件が同時に「学びからの逃走」を拡大してきたという問題を、ふまえておかなければならない。創造性がないという根本には、自発的な学習、切実な課題を持って挑戦していく学習、自分自身の意見を生み出し作品を作る学習などが欠落していることがある。したがってそれを克服するには、たんに個々の知識や計算や漢字が書けることや公式を覚えることで学力を向上させるというような対応にとどまってはならない。日本での多くの受験による学力評価は、このレベルの学力評価にとどまるものとなっている。だから、受験学力獲得の効率を高めるためには、これ以上の「無駄」な学習の展開は抑制されてしまうのである。

　自分で課題や疑問に挑戦し、それを調べ、分析し、物事を科学的に処理し、またみんなと討論して意見を述べ、協同を作り出していくプロセスの全体を、主体的・自発的・創造的学習実現の不可欠の過程として位置づけ、それらの過程に「習熟」「熟達」することが必要なのである。そしてそういう高い質の学力を励まし評価するシステムを作り出すようにしなければ、今日の矛盾は克服され得ない。一言でいえば、一九六〇年代から継続されてきた日本型受験学力をどう転換するかという課題に直面しているのである。そういう問題意識なくしては、子どもたちを二一世紀の創造的、自主的、科学的な担い手として育てることはできない。

大学教育が教育改革の非常に重要な一つの焦点になってきている背景には、たんにグローバルな競争力を担えるエリートの養成という資本の側からの要求だけではなく、我々の側から見ても、今までのような記憶主義的な大学入学時の学力競争が、それまでのすべての教育階梯――高校、中学、さらに小学校――の学習の質をそれにそった受験学力型へと組み替え、日本の子どものすべての学力の質がゆがめられていくシステム――その中核としての大学入試の現在のあり方――を「改革」する必要があるからである。そして、別の質を持った学力要求が、大学の側からも高校、中学、小学校へと送られていくような大学教育と大学入試のあり方を構想しなければ、教育改革が進み得ないという地点にあるからである。そしてその課題は、最初に述べたような本格的な生涯学習社会に適合した高等教育を求める機運と結びついているのである。

三　教育政策の変化

1　日本の新自由主義について

一九九〇年代後半からの教育政策の変化の中心は、本格的な新自由主義が教育政策にも導入されてきたことである。一九八五年のプラザ合意による円高と、それに伴う日本企業のアジア進出、貿易の自由化、公共サービス部門の民営化による市場の開放と拡大、農業や中小企業の破壊、福祉制度の後退と市場化、等々が進行しつつある。

古典的な自由主義は、レッセ・フェールとして、資本の活動の自由と市民の活動の自由とを含んだ概念であった。しかし今日の新自由主義は、長年にわたる労働者や市民のたたかいによって確立されてきた人権や福祉の理念や制度を資本の活動に対する規制、資本の自由を制限するもの、国際的な資本の生き残りを困難にする制限措置として批判し、その規制の緩和・撤廃を要求するようになってきた。またその背景には、巨大資本の海外進出要求実現と引き替えに、アメリカからの市場開放要求に屈した日本政府の政策があり、日本の第一次産業や地域産業をグローバルな競争に直接さらして崩壊の危機に直面させるという反国民的な性格を強く持っている。

したがってそれは、第一に、当初から「強者」の自由、強大な資本の自由を拡大して、彼らのグローバルな競争力を獲得することを直接の目的としている。教育においてはそれを支えるエリート養成に力点が置かれている。第二に、資本の自由を制約するところの人権や生存権を保障する国家的政策（福祉政策）や規制（企業活動への統制、労働者の権利擁護のシステム等）を「緩和」、「撤廃」、すなわち後退させることを目的としている。第三に、国民生活を支える公共的システムあるいは公益事業は、利権と官僚制と財政の非効率を生み出すとして民営化し、これらのサービスは市場の論理で配分されるべきだとする。第四に、その背景に、公共的な制度を支える国家予算を削減するという「小さい国家」論があり、それは必然的に公共的サービスの低下を伴っている。国民は権利保障の制度に甘えるのではなく、「自助努力」、「自己負担」で生活していくことを求められる。また市場こそこのサービスを最も効率的に配分する機能を持っているとする。第五に、膨大な国家予算をつぎ込んだ銀行支援に見られるように自国の強大な多国籍資本を支援することを「国民的課題」とし、その政策の正否が国民経済の国際的な勝ち残りを保証するとして、大資本支援の「大きな国家」論を合わせ持っている。第六に、さらに多国籍資本の活動の安全を確保するために、グローバルな秩序の維持に介入できる軍事力を世界に展開させる国家主義、軍事力の保持（軍事的な「大きな国家」論）を強い要求として持っており、自衛隊の海外派兵、日米ガイドライン路線の推進、憲法第九条の改廃などを強力に推進しようとしている。

その点で、今日の日本の新自由主義は国家主義――二つの国家主義、すなわち大企業支援の「大きな国家」と、軍事大国化をめざす国家主義とを併せ持っていることを見ておかねばならない。後者は、国旗・国歌法の制定、民族や国民の「伝統」を強調しナショナリスティックな国民統合をはかろうとする強い衝動などに現れている。

そのような新自由主義が、教育政策にどう現れてくるかを、かなり機械的に対応させれば、次のようになるだろう。すなわち、①グローバル競争化という視点からは、エリート養成、競争の多様化、ＩＴ技術対応の教育、国際競争力に対応した学力形成や大学改革、②規制緩和、民営化という点では、教育課程に対する一定の多様化、格差化、それらを促進するための自由化、学校スリム化論、学校民営化論、学校の「自由化」論、教育の地方自治の拡大、大学設置基準の弾力化、③自由競争と市場化論、選択の自由論という点では、学校間競争の活性化、学校選択、学校の「個性化」、校長権限の強化、教師評価と人事考課制度（「問題教員への厳しい対処」もこれに含まれよう）、学校評価システムの導入、学校評議員制度、④国家主義・ナショナリズムという点では、国旗・国歌の強制、教育基本法「改正」、「日本人としての自覚」の形成、等。もちろんここに挙げたのは、論理的文脈によってであり、実際には次に見るような傾斜がかかっている。

2　権限の委譲と地方自治の現実態

まず、中央統制の緩和、地方自治の拡大、権限の地方委譲、という視点を見てみよう。一九九八年九月の中教審答申「今後の地方教育行政のあり方について」は「教育行政の規制緩和」として、①学校の設置基準の規制緩和、②教育課程の規準の大綱化、弾力化、③学級編成規準の一定の緩和、④教育長の任命承認制度の廃止、議会同意制の採用、⑤教育委員の人選のあり方の見直し、人数の弾力化、⑥学校管理規則の見直しと「学校の自主性・自律性の確立」、⑦校長選考方法の見直し、校長、教頭、主任等の管理職の位置づけの明確化、⑧校長の諮問と意思伝達機関としての職員会議の位置づけ、⑨「学校評議員」の任意設置、等を打ち出した。

この内容を評価するためには、次のような視点での検討が不可欠である。

第一に、「地方自治の規制緩和」論にいう教育行政の「規制緩和」は、いわゆる団体自治としての地方自治体の権限を強化するが、それはおそらく独立採算制の下での地方自治体の「生き残り」を工夫せよという行革国家の意図と結びついている。したがって、金のかかる福祉や公共的なサービスは民営化され、住民は消費者として自治体が提供する「商品」をその蓄えに応じて選択する「消費者市民」と位置づけられるだろう。だから住民自治、住民参加は極力抑制される。

第二に、学校については、親の学校選択の自由の論理を持ち込むことで、今日の学校の困難を個々の学校経営、教師の授業の質の問題として、学校の「達成」を親・住民が監視し「評価」し「選択」

することで、それに応える教師の「努力」が引き出され、教育の荒廃を解決するという、新自由主義の教育の公共性の枠組みを組み込むことに最大のねらいがあると見るべきだろう。その結果、行政の責任は免罪され、住民の要求の名による教師統制が容易になるという効果を伴っている。教育費の削減と学校の困難の増加のなかで、義務教育学校全体にある一定のレベルを保障する行政努力のレベルアップを放棄して、学校の格差化、あるいは学級崩壊にまかせ、この格差化のなかに起こってくる親のよい学校をという要求を、学校選択へと吸収することで、親の批判が行政や行革政策それ自体に向かうことを阻止し、教師批判と統制に向かうベクトルがここから引き出され合理化されていくのである。

したがって第三に、この枠組みのなかで、地方教育行政の自由化と学校の自主性は、①個々の学校を競争し選択される対象とする点では学校経営の独自性と効率性を高めるための一定の自主性を学校管理職に与えつつ、②校長や管理職は、効率的な学校経営を進めるために教職員統制の方法として人事考課制度、勤評制度を導入し、職員会議の諮問機関、伝達機関化等を進め、③さらに学校評議員制度などで住民の要求にもとづく学校（教師）評価制度を作り出すことで、親・住民の学校参加制度に代替し、校長権限の強化をバックアップするシステムとして機能させせようとしている。したがって、全体として地方教育行政の自治の拡大は、非常に中途半端で不十分なものにとどまらざるを得ない。具体的には、教育委員の選出方法で、住民自身が自分たちの代表を選び出す方法が全く触れられず、学校評議員制度も学校を構成するメンバー（教職員・親・住民）からの代表制ではなくて校長や教育委員会の指名制であり、本来の学校評議会とはほど遠いものになっている。逆にもう一方で教職員の自由を奪い、従来の権利を剥奪して、行革と新自由主義政策、国家主義的な統制の前に教職員の運動、教職員組合運動を解体する意図すら併せ持つものとなっている。

さらに第四に、行革と新自由主義的自治体経営再編の権力的な動向が、地方自治の規制緩和の性格を大きく特徴づけている。それは石原東京都政に典型的に現れている。東京では、八〇年代半ばから知事部局のイニシャティブで教育行政が一般行政の一環へと組み込まれ、その下で行革一般の方法が教育行政へも導入されていった。すでに一九九七年の「都立学校等のあり方検討委員会」報告は「職員会議を校長の補助機関とする」方向を打ち出し、九九年一〇月には、「学校間競争を促」し、「校長、教頭のリーダーシップ」を確立し、「教員の資質能力の向上と意識改革を進める」ために人事考課制度の導入を強行決定した。二〇〇〇年度からは管理職の任用制度も、一般行政手腕を持つ「行政感覚にも優れた教育ゼネラリスト的な管理職」(A選考)と「学校運営のスペシャリスト的な管理職」(B選考)にわけ、さらには民間人の登用を開始し、強力な学校経営・管理体制を推進している。そしてその下で、学校の自治にふわさしい合意や協議のシステムが攻撃され、廃されつつある(児玉洋介「東京都における教員への人事考課制度の導入をめぐって」『季刊教育法』一二四号、エイデル研究所、二〇〇〇年六月刊、による)。

このような形での一般行政の論理の導入を伴った国からの地方(都)への「権限の委譲」は、むしろ教育の論理、教育の自由の論理を敵視する意図をもつものとして機能し、また従来の都と教職員組合との合意をも強引に踏みにじり、教師の権利を後退させつつある。さらに石原知事が自ら国立市の問題を「一点突破、全面拡大」と位置づけているように(MXテレビ、二〇〇〇年一二月二一日)、国旗・

国歌問題などに強力に介入し、保守系議員を扇動役にしつつ、教員の処分を多発し、「新しい歴史教科書を作る会」などの教科書攻撃グループとも呼応しつつ、教育の右傾化を先導しつつあるという事態が生まれている。それは新自由主義の持っている国家主義の側面とも呼応しあっている。地方自治体の性格が民主化されるならば、これと異なった規制緩和、地方自治の拡大の積極面がもう少し展開する可能性を含みつつも、現実はじつに厳しいといわざるを得ない。

3　選択と参加の論理の対抗

新自由主義の性格を把握する上で、教育の公共性の組み替えという問題を改めて検討しておく必要がある。それは、新自由主義政策それ自体がもたらすものと、新自由主義を引き寄せる社会的土台の変化によってもたらされている面との二種類がある。

「社会的土台の変化」とは何を意味しているのか。それは、第一に、先にも見たように、一九八〇年代からの進学競争の加熱と学校の荒れの中で、私立中学選択が拡大し、義務教育段階でも困難な公立学校から「脱出」する学校選択（同時にそれは学校の側からの生徒選抜）が親たちの「よい教育」を獲得するための行動として広まっていったことがある。

第二に、地域の階層化、家庭の階層化に連動した学校の困難の格差的な現れの進行である。学級崩壊やいじめが多くの学校で起こり、それが学校の評価・評判となり、学校選択への要求を高めている。それは義務学校の平均的な水準を維持する公共的な政策責任（たとえばその典型としての二〇—三〇人学級の実現など）が放棄されてきたことと深く結びついている。この第一と第二の変化のなかで、東京の区部では、いわゆる越境入学が次第に拡大し、いじめなどによる緊急避難としての転校要求も含めて、学区の自由化、学校選択が急速に広まりつつある。

第三に、学校の親・住民への応答責任が果たされず、学校の自己改革力への信頼が喪失されてきたことがある。その際、教育行政や学校の管理システムが、中央からの命令と指示を忠実に実施し、教師をその統制に服させ、まさに中央集権のシステム、縦の命令システムをくみこみ、教師の自主性、学校ごとの改革の自由を奪い、教師や管理職の目を住民や親に向けることができなくさせられてきていたことが、この困難を倍加させたと見ることができる。

第四に、とりわけ日本の場合、教育行政と学校段階での親・住民参加のシステムが拒否され、学校の困難が高まっているにもかかわらず学校に関与する道が閉ざされ、学校選択以外の有効な意思表示方法を奪われていた点が挙げられる。ＰＴＡや父母懇談会なども一定の取り組みがあったが、学校改革とはなかなかつながらなかった。

これらの「土台」の変化に誘い出される形で、学校選択、学区の自由化が導入されることとなったのである。この学校選択によってよりよい「教育サービス」を獲得する行動様式を多くの親が取り始めると、教育の公共性についての観念が変化し始める。先にも見たように、国家と自治体に義務教育を保障する責任があり、教師と親とがこの行政の責任遂行を求めて対政府への要求闘争を行い、同時に教育の自由を要求してたたかうという一九五〇年代からの教育の公共性実現についての教師側と親側とが共有しあっていた認識が成立しにくくなる。教育サービスを提供する側（学校）とサービスを受ける側（消費者＝親）とが市場を介して結ばれることで、国家の役割は公正な市場を提供し、競争を活性化することへと退き、いわばこっそりと公教育保障の責任を免罪される位置へと身を隠すのである。新自由主義の下、とくに教育・福祉予算縮減の中では、政策の責任放棄によって生まれる矛盾が、「政策批判」へ向かわず、格差化された市民諸階層間の矛盾や、直接の公務サービス提供者（教師）とそのサービスの受取人（親・住民）との対立として機能し、行政への批判を回避する装置として働いている面がある。

いずれにしても、今日の教育・学校改革は参加と選択の論理を対抗軸にして、論争的に進行していくだろう。私たちの課題は、先程述べたような市場の論理の土俵で教師と親・住民とが対決し、政府や行政の責任を後退させるような構造を、教職員と親・住民の学校作りのための共同を核として教育の公共性を実現する構造へと組み替えていくことである。

しかしそれは、ただ運動的に両者がいわば「善意」で共同をするということではない点に留意する必要がある。教職員と親・住民の双方が決定権を持って参加し（参加制度の実現）、その合議によって教育課程を含む学校計画、学校運営方針を策定し（学校計画の作成）、それにふわさしい人事計画にも一定の関与をし（とくに校長の決定・採用などに対する関与が不可欠であろう）、校長と教職員による成果の達成については親・住民の側からの評価が行われるような（親・住民による学校評価制度）、緊張関係を含んだ教育の公共性が実現されなければならない。そしてその公共性を担った教育の自由、学校の自治の内側から――したがって学校づくりのために協同する教職員と親、住民の側から――、政府や自治体に対して国民の教育権、学習権を保障する条件整備の要求が提示され、それが尊重されるシステムが不可欠である。

四　道徳性の再建について

最後に道徳性の形成について簡単に触れておこう。率直な言い方をすれば、今日本社会が直面しているのは、社会がヒューマンな形で継続されるための道徳性をどうやって次の世代に獲得・継承させることができるのかという根本問題である。

競争主義的社会秩序と子どもの競争への囲い込みは破綻を来している。この価値観とシステムは、もはやごく一部のエリートにしか、魅力がない。しかしそれが社会秩序である限りそれに多くの青年がとらわれざるを得ない状況も厳然として存在している。学力によって人間の値打ちを差別してみる感覚は、現代における差別を生み出す意識の基盤となっている。新自由主義はまさにそういうグローバル時代の勝者の競争イデオロギーに他ならない。

ナショナリズムは、二〇世紀の歴史全体によって批判的に総括されるべきイデオロギーである。しかし社会的孤立感が広がっているなかでは、民族や国家に自己の所属意識を依存させたいという欲求が根強く呼び起こされる。青年の世界把握の要求、世界の主体として自己を確立したいという深い要求は、民主主義的政治文化を欠く下では、ナショナリズムという政治意識に吸い寄せられる可能性がある。「小林よしのり」現象はその現れであろう。しかしそれは、二一世紀の多民族共生社会、平和と人権の社会、そこへ至るための和解の論理と敵対している。

学校の管理主義は、それ自体が精神的、道徳的、思想的な自由を奪うことを通して、日本の子ども・

青年の道徳性の自由な探求を妨げてきた。体罰をも含んだ管理主義は、身体の自由を奪い、人間の尊厳の感情をも抑圧することで、ヒューマニズム、人間の尊厳の感覚を奪ってきた。管理主義の土台をなしていた競争主義や「豊かな社会」への信頼が崩れつつあるなかで、管理主義が自らの道徳的空白を暴露され、力を失いつつある。

さらに付け加えるべきは、日本社会に暴力が拡大されつつあることである。子どもたちにとっては、学校は、暴力の脅威にさらされる可能性が非常に高い生活空間であろう。いじめの広まりはその現れであろう。そして暴力の論理は、民主主義や人権意識を後退させる。教室から平和や民主主義が後退させられつつある。

競争主義や管理主義は、もはや新しい世代の道徳性を形成する力量を持ち得ない。その空白をぬってナショナリズムの論理が拡大しつつある。もちろん、人間的なコミュニケーションを開くことから生まれる他者への信頼の感情、憲法や「子どもの権利条約」の精神、自治の精神、侵略戦争への反省から導き出される平和と多民族共生の精神、環境問題への探求から喚起される地球社会存続への強い要求と倫理、等々こそ、我々の依拠する二一世紀のための道徳性を発達させる基盤であろう。しかしそれらを最大限に機能させ、しかも子ども自身がそれを主体的に獲得していくことを励ます自由と自治を基盤とする学校と学習の論理は、未だ十分には解明されていないといわざるを得ない。

子どもと教師が、二一世紀をいかなる仕組みと価値意識を持った社会として創造していくのかをともに探求する中から、子どもの道徳性の形成を支える場へと学校を作り替えていかなければならない。大人社会がすでにそういう道徳性を確固として保持しているという幻想はもはや成り立たない。大人社会のゆがみ、矛盾を大人である教師と子どもとがともに批判し合う中から、大人と子どもの新しい協同、新しい約束として、二一世紀への人間のあり方を切り開いていかなければならない。教師はそういう形で現実の社会を批判的に把握することによって、新しい道徳性の探求のために、子どもと協同することができるのではないか

第13章　人と人とのつながりから公共性の再建へ
――社会の急激な構造転換の中で――

現代とはいったいどういう時代なのであろうか。私自身は団塊の世代に属している。そしておよそ三〇年以上にわたって続いてきた「企業社会」の構造にあわせて生きてきた。「あわせて」という意味は、その論理に支配されてきたという意味を含んでいるが、それだけではなく、ある意味ではその恩恵にも浴し、またそれに抵抗しつつ生きてきたということを含んでいる。そしてその生き方の全体が、いい意味でも悪い意味でも「企業社会」という枠組みと論理の土俵の上に構築されたものであったということを意味している。しかし一九九〇年代の後半を大きな境目として、そういう土俵が急速に組み替えられ、今までのような生き方のスタイルが、多くの若者に保障されない状態が出現しつつある。一九五〇年代半ばから高度成長が始まったとすると、およそ二世代の間続いてきた生活スタイルが、一挙に時代遅れの行動パターンとなり、従来の日本の青年に適用されてきた自己実現と未来への希望を見出す道が閉ざされつつあるのである。

日本社会が世界の先進国に比しても安定的で豊かな社会であると認識されていたその仕組みが、一挙に崩壊し、新たな方向へと再編されつつある中で、その変化の質を明らかにし、人間が人間らしく生きていくことのできる生活基盤、政治や経済のあり方を、これからを生きる若い世代が、自らの手で求め、創造していくことが求められている。ここでは、そういう社会の急激な構造転換の中で、いかなる能力と価値意識、生き方が求められているのかを検討してみたい。

一　現代とはどういう時代か――グローバル化の進行と人権の切り下げ

最初にまず、現在進行している変化の基本性格を見ておきたい。それは、グローバルに展開する資本およびその国家が、発展途上国の社会を自己の有利な経済市場として利用するための強引な構造改革を進めるとともに、いわゆる先進国といわれる自国の社会・経済システムをも、この世界競争に有利な方向で、強力に改造しつつあることにある。そのため、かつて予想もしなかったことであるが、基本的人権、労働者の労働条件が大きく切り下げられ、今まで曲がりなりにも国民全体に与えられてきた一定レベルの雇用や福祉、生活の水準が、崩壊の危機にさらされている。

それはまさに、国際規模で展開している現代グローバリズムによる人権と福祉切り下げの一環として進行している。そういう動向は、たとえば、グローバル化の中でEU（ヨーロッパ連合）が東ヨーロッパや旧ソ連圏に拡大し、その縁辺地域に生まれた低賃金地帯（たとえばドイツの賃金の数分の一の地域）へドイツなどの自動車工場が移転しようとし、それを阻止するために、高い水準の労働条件を獲得していたドイツの労働組合が、一定の条件切り下げ（労働時間の延長など）に応ぜざるを得ないというような状況にも現れている。グローバル化の進行の中で、世界が単一の競争市場になり、巨大多国籍資本が国境を越えて安い賃金、安い工場立地を漁り、また先進国の中でも自国の労働者の賃金をどれだけ下げられるかという競争を政府がイニシアチブを取って強引に進めるという異常な状態が出現しているのである。日本での規制緩和による短期雇用の増大、フリーターの増加も、そういった文脈の中で起こっている。

フリーターについてマスコミや政府は、「青年の中で労働意欲や目的意識、職業意識がはっきりしていないためにフリーターが多数生まれている」、「だからもっとキャリア教育を推進し、しっかりした職業選択能力を獲得させる必要がある」などと主張しているが、それは正しくない。一九九五年、日経連（日本経営者団体連盟）は新しい時代に対応する雇用政策（「新時代の『日本的経営』」）を出し、この中で労働者を三つに区分し、特別なエリート労働者（世界を股にかけて競争を組織し技術を開発する企業戦略を決定していく幹部労働者＝「長期蓄積能力活用型」労働者）に長期雇用（終身雇用）を限定し、それ以外の労働者（「高度専門能力活用型」労働者と「雇用柔軟型」労働者）は短期雇用にしていくという基本方針を固めた。ＵＦＪ総合研究所の調査では、二〇〇一年に二一・二％（四一七万人）だった若年労働力にしめるフリーター比率が、二〇一〇年には二八・二％（四七六万人）、二〇二〇年には三〇・六％（四四四万人）にまで高まるという予想をしている。不安定かつ短期的雇用を急速に増やすという資本の側の雇用戦略の転換でフリーターが増えているのである。国際競争力を高めるためには、従来のような年功序列賃金や終身雇用などという高くつく雇用形態をリストラすることが、至上命題となっているのである。こういう政策的背景を無視して、フリーター増加の責任を青年の「弱さ」に転嫁するというのは、欺瞞と言うほかない。

同じくＵＦＪ総合研究所の推計によると、今フリーターで生涯を送ると生涯賃金が五二〇〇万円、それに対して正規雇用の場合は二億一五〇〇万円となっている。生涯賃金が五二〇〇万円では、結婚、子育て、住宅取得、子どもの教育、さらには老後への備えは不可能に近い。またフリーターや派遣労働者の仕事の大半は、そこで技術や専門性を向上させ将来への可能性を高めていくような条件をほとんど持たず、まさに使い捨て労働力として利用されている。したがって、フリーターの仕事は、一人前としてのライフサイクルを支えることができず、また自己の労働能力を高めてキャリアアップにつなげられる可能性もほとんどないという意味で、二重に希望を剥奪するようなものになっているのである。

自殺数がこの数年三万人を超え続けている（二〇〇四年＝三万二三二五人）。人口一〇万人に対する自殺率は二六で、欧米諸国の自殺率一〇前後と比較して二・五倍、しかもその多くが中高年男性で、四五歳から六〇歳男性の自殺率は六〇を超えるという。このことは、上に述べたような困難は、若い青年にとどまらず、日本の全階層に広がっていることを予想させる（野田正彰「閉ざされた不安から開かれた対話へ」『世界』二〇〇六年二月号、岩波書店、参照）。

これらの変化は何を意味するのか。一言で言えば、従来型の社会システムが、乱暴に破壊され、人間が未来社会に対して一定の見通しを持って日々を生き、明日へのアプローチをしていく筋道が破壊されつつあることを意味している。従来、未来への見通しを確保するために、そしてこれが重要なことであるが、その能力の違いにかかわらず、誰もが、一定水準の生活を送れるように、人間の平等の理念が確認され、さまざまな社会的な福祉が組み立てられ、相互援助の社会システムが構築され、職に就くことが人間の権利として保障され、労働に対しては一定水準の給与を雇用者が支払うことが義務づけられ、それら全体が憲法的人権として法的に保障されてきたのではないか。今その人権と福祉の水準が、かつてない乱暴さで切り崩されようとしているのである。このような日本社会の乱暴な「改造」をそのままに傍観して、自分だけの勝ち残りをめざすだけでは、多くの若者は自分の未来を見通すことができなくなっているのである（後藤道夫「岐路に立つ日本」『日本の時代史28　岐路に立つ日本』吉川弘文館、二〇〇四年、参照）。

二　参加の困難性――社会的排除を組み込んだ社会システムへの変化

人が自己実現していくためには、社会へ「参加」していくことが非常に重要である。しかしこの社会への参加が、今、非常に困難になりつつある。

日本の高度経済成長社会・企業社会は、過労死や単身赴任や企業人間などといった非常に大きな矛盾を持ちつつも、もう一方で、人と人との共同を企業の支配の下に再構成してきたと見ることができる。戦前や戦後一九五〇年代にまで継承された農村の共同体的なつながりは、高度経済成長下での若年労働力の農村から都市部への大移動によって解体されていった。しかしそれに替わるものとしての企業体（会社、職場）ごとのつながりが、広範に組織されていった。それは一部労働組合運動による階級的な連帯としての共同性の再編としての側面を持ちつつ、しかし中心的には労使一体のイデオロギーに支配された擬似的な会社共同体ともいうべき性格を色濃く帯びていたのではないかと思われる。

そして新規学卒労働力という形で、青年は、学校の成績に応じて、差別的にではあるが会社へ就職することで社会へと参入していった。会社は、その多くの労働者を、終身雇用と年功序列賃金制度の下で、一人前としての成長のルートに乗せていった。そういう意味では、企業社会が人間の共同性を実現する場を提供し、そういう場に多くの青年を安定的に組み込んでいったということも否定できない。そこで人々は自分の生きる目的を実現し、人と人とが共同していく場として企業を考え、だからこそ長時間労働も、職場の同僚に対する責任を果たすためと認識して、会社を第一として懸命に働くという状況も生み出されていったと考えられる。

ところが、九〇年代半ばに入り、新自由主義的なシステムとグローバルな競争の中で、企業自身がそういう雇用システムを破壊し、大量の短期使い捨て労働に依拠して国際的な競争力を確保するようになってきた。フリーターは、使い捨てとして消耗され、より働きがいのある安定した労働の場へ移行するという希望が奪われている。細切れの短期労働で専門的な力が蓄積されていく条件がほとんどない状態で、しかも常勤への移行の保障もない。賃金は、年収二〇〇万円などの水準で、ライフサイクルを計画する条件も奪われている。つまり、現在多くの青年が働く短期雇用システムは、「一人前」として社会に参加していくルートとして機能しないものとなっているのである。それは、未来に対する希望を形成する力を剥奪された使い捨ての雇用形態と言うべきであろう。

高度成長期から一九九〇年代初めまでは、日本社会は、たしかに能力主義による激しい差別を含みつつ、全体として日本の青年を社会へ参加させるシステムを維持してきた。ところが今出現しているのは、もはや底辺階層におかれた青年にとっては、未来の希望へとつながる上昇階段を持った社会参加のテーブル自体を奪う、文字どおりの社会的排除（exclusion）を強要するシステムとなっているのである。

ここで重要なのは、人とつながることがどれだけできるかということだろう。社会が困難になったとき、最後は人と人とがつながって生きる力が人間を救うとよく言われる。どんな困難、貧困、災害のときにも最後は人々がつながって協力し合って乗り越えていけるかどうかが問われる。今日私たちは非常に困難な状況にいるにもかかわらず、それを協同ではなく競争で乗り切ろうとしている。ここにこそ大きな現代社会の困難が胚胎しているのではないか。人間が人間らしく生きるシステムの崩壊を目の前にしながら、雇用というルートによる参加の見通しを奪われ、また一方、人権を行使して、「政治」の方法によって、主権者としてこの危機へ対処していく政治を作り出すテーブルにも参加できない状況、二重の「参加」の剥奪が、引き起こされているのである。

政治の世界を見ても、未曾有の社会的危機に直面しているにもかかわらず、若者の人間的雇用を回復する新しい対案（オルターナティブ）が、若者たちの前で、議論されるという状況にもなっていない。そして逆に、いままでに倍する競争が始まっている。その結果「勝ち組」と「負け組」とに社会が分裂する方向へと進みつつあるように思われる。そして、「負け組」となるのは自己責任であるとされる。底辺において、困難を共有しあい、支え合うのではなく、「自己責任」という言葉によって、困難の責任は個人が背負わされ、人々が協力し連帯するベクトルが断ち切られつつあるのである。

三　現在の困難を深める要因

もちろん、こういう事態をもたらした第一の原因は、グローバリズムの進行にあり、そういう中で、このグローバリズムの論理を日本の社会システムに全面的に導入して、国際競争力を確保しようとする日本の多国籍資本、その利益を背負って新自由主義政策を推進する日本の政府＝小泉内閣の規制緩和政策にあることはいうまでもない。一九八〇年代までの日本の生産システムと異なって、九〇年代からの日本の国際競争力は、もはや国内の生産システムと国内の労働者に依拠するのではなく、アジア諸国の民衆の低賃金に依拠したものへと大きく移行しつつあり、比較すれば圧倒的に高賃金となった日本の労働者の雇用を縮小して、日本の中にも低賃金短期雇用を大量に作り出すことで、国際競争力を確保しようとする戦略が採用されているのである。そしてその資本の意図を忠実に実行しているのが小泉内閣である。

しかしここで考えてみたいことは、このような社会的な危機とも言いうる事態の中で、国民の行動様式、とりわけ青年の行動様式が、この流れを大きな抵抗もなく受け入れる方向で、変化してきているように見えることである。それは、ヨーロッパ社会で、たとえばフランスに見られるように、資本主導のグローバリズムに対して、大きな反対運動が展開し、学生や高校生、あるいは社会的マイノリティー、労働組合による抵抗が次第に高まりつつあることと比較しても、日本の顕著な特徴であるように思われる。どうしてなのだろうか。じつはそこに、戦後日本社会が、長期にわたって「企業社会」

という姿をとり、さらには「競争の教育」が展開してきたことのマイナスの影響が、深く関与しているのではないかと思うのである。

第一に、高度成長期、そして企業社会時代に日本人に保障された高度の生活水準と安定性、それを保障する労働と福祉は、じつは、日本企業が勝利しつづける中で、その恩恵として、労働者に再配分されてきた側面が強かったと考えられることである。福祉も、権利として国家が国民に保障するというよりも、個別企業が、労働者を確保するために、企業内福祉として住宅制度などを実現し、また何よりも年功序列賃金という形でライフサイクル――子育て、住宅取得、教育、老後への蓄え等々――をわたっていくことが可能な給与が支払われていった。ところが九〇年代に入って企業経営が破綻すると一挙にこれらの恩恵がカットされ、年功序列賃金が縮小され、多くの労働者が、自己のライフサイクルを見通すことができない状況に投げ出されることになった。しかし、権利としての福祉理念を獲得してこなかったこと、企業の繁栄によってこそ労働者は豊かな生活保障が実現されるという考え、すなわち労使協調主義の観念に深く影響されてきた結果、抵抗はほとんど起こらないままに推移している。いうまでもなく、ヨーロッパの福祉国家は、このライフサイクルをわたるに必要な資金を、国家が国民に権利として保障する福祉として実現してきた。したがって、福祉の後退は直ちに人権の削減として国家と国民との対決――国民の側からの異議申し立て――を引き起こすのである。

また本来企業の業績にかかわらず、権利として被雇用者の一定水準の待遇――人間として生きていく上に必要と考えられる社会的な水準の賃金――が保障されるべきであるのに、日本ではそういう社会的基準についての意識が希薄なままに、人間として生きていくことすら困難になるような極度の低賃金雇用が際限なく広まるという異常事態が拡大し続けているのである。日本の労働者における、人間の権利として自分たちの生きる社会的水準を獲得してきたという認識（そしてそういう認識を支える運動）の欠落が、今日の後退を放置させる大きな要因となっているのではないか。

第二に、一九五〇年代半ばから展開してきた高度経済成長社会は、激しい能力主義的競争社会であった。その結果、社会システムの中に競争的な正義観念が、深く組み込まれることになった。憲法の基本的人権の保障などの理念が否定されたわけではないが、よりよい生活を確保するためには、この企業社会の競争に勝ち抜いて、競争の上位へと昇ることが必要であると考えられた。学校はそのための競争の場と捉えられた。そして学校における学力競争と入社競争、さらには会社内の昇進競争とが連動した。学校空間は、企業社会を先取りして、競争こそ正義という観念を子どもたちに植え付け、現代社会の競争システムを受容する心性を子どもに植え付けてきた。今はやりの「自己責任」という観念は、すでに学校の中で子どもたちを圧倒してきた理念に他ならない。すなわち、「自己責任」という意味での新自由主義の雰囲気は、すでに一九九〇年代以前に、学校の中で当然の姿として展開し、子どもたちに受容されてきたということができるだろう。

第三に、「政治」の方法の喪失である。「競争」を正義とする観念の圧倒という事態は、政治によって自分たちの要求や正義を実現するという方法についての意識喪失とでもいうものと一体のものであろう。それは企業社会で国民が生き抜いていく方法が「競争」に集中され、また子どもたちが学校で生き抜いていく方法がやはり「競争」に集中されてきたということを反映している。労働組合運動もその多くが、次第に企業内闘争に閉じこめられ、労使協調主義へとからめ取られていった。人権を行使し、主権者、統治主体として、自分たちの要求や正義を実現していくという自己実現の方法や政治運動の喪失、あわせてそういうものを担う市民的統治主体としての人間像の喪失という状況が、この高度成長と企業社会の中で深く進行したのではないだろうか。

その結果、社会の危機の到来の中で、ただ「競争」という方法にのみ依拠して――すなわち「勝ち組」に残ることで――この危機から個人的に脱出するという方法が、支配的になっているのではないか。

こういった事態の中で、今一度、人間がつながり、協同する力が求められている。困難に直面したとき、一部の「勝ち組」となることで個人的にその危機を脱出するのではなく、危機に直面している者が互いにつながり、連帯し、その危機そのものと取り組むという方向である。そのためにも、「自己責任」というイデオロギーとたたかうことが不可欠である。なぜならば、この「自己責任」観念の下では、みんながかかえている矛盾や困難は、自分の弱さに由来する当然の報いとされ、その困難を引き起こしている社会的な根拠と正面からたたかうことを放棄させられているからである。弱者が連帯するためには、この「自己責任」イデオロギーを退けて、その背後にある社会の矛盾や困難こそが、一人ひとりの困難を作り出しているのだという理解を広げていかなければならない。皆が持つ弱みを「自己責任」として隠すのではなく、むしろこの弱さを共有しあうことで、個人に降りかかっている矛盾を社会化し課題化することが求められているのである。

四　主体性剥奪システム

そのように考えるならば、今日の困難を克服するためには、もう一度本当の意味での「政治」を立ち上げ、市民として人々が連帯し、この社会で皆が人間らしく生きられるような社会的基盤――人間が人間らしく生きていくことを支える社会の水準――を回復するほかないだろう。

そのためには、そういう社会の底辺におかれた人々がつながり、そこから人間らしく生きるための社会的基盤を再構築することが不可欠である。そしてそのためには、人々が競争の論理を越えて、その弱者としての弱さにおいてつながることが求められている。人は強い自分を保持しているときには、他者とコミュニケーションをとることは比較的容易である。しかし今求められているのは、社会的弱者としての位置に置かれている人々が、その弱さをこそ共通項にして、つながりあうことである。その弱さにおいて、真に主体的に行動し、自分を表現し、他者と共感し合い、つながりあうことが求められているのである。それははたしてどのような方法によって可能となるのだろうか。

しかしその点で、大きな困難が存在している。現代社会の中で、人間の人格の内的な構造において、弱者が、その主体性を弱められるような状況が生まれている。その土台には、「主体性剥奪システム」とでも呼ぶべきものが広がっている。

たとえば、継続する暴力である。ドメスティックバイオレンス、児童虐待、家庭内における性的虐待やいじめのような形の長期的暴力、あるいは老人介護における暴力などが様々に取り沙汰されている。この長期的暴力にさらされると人間はどのようになるのか。攻撃者の意図をできるだけ早く読み取りそれに服従することにより、その攻撃を回避するようになる。つまり、攻撃者に絶対的服従の姿勢をとることが、攻撃から身を守ることにつながる。したがって、被攻撃者は攻撃をさけるために、自分の表現（言葉など）から自分の意志を徹底的にキャンセルする。自分の中から主体的な自分の願い・意志、等々を徹底してなくすことによってできるだけ攻撃を受けないようにするのである。

連続する暴力に対して身構える過度の過敏状態を想像できるであろうか。たとえば、大きな地震に遭遇すると神経が過敏になり、重ねておそってくる余震に極度の緊張で身構えてしまう。余震への恐怖から体が身構え、少しでも異常を察知すると過敏に反応し、身体機能を司る分泌系や神経系に異常が引き起こされる。そのような繰り返される一方的な暴力にさらされると、人は、自分の主体性を徹底して自己解体し、支配者に従属することで生き残るという戦略をえらばざるを得なくなるのである。

徹底的に服従することを相手に表明しない限り、いつその攻撃にさらされるかわからないという恐怖感の中で、児童虐待の子どもたちは生きているのである。つまり、自分の表現に自分の思いをのせてそれを伝えようとすると自分の安全が犯されるという関係におかれているのである。そして表現することを止め、逆に他者に従属するための意思表示としての表現をせざるを得なくなる（ジュディス・L・ハーマン『心的外傷と回復』（増補版）みすず書房、一九九九年、参照）。

これは、今日の子どもたちのいじめの空間においても見られる現象であろう。さらには同調圧力の高まりも指摘されている。社会の中で孤立することほど恐ろしいことはなく、そのためには自分の意見をできるだけ言わず、全体の中で強く支配的位置にある人間、あるいは全体的雰囲気にどれだけ自分を合わせられるかによって攻撃や仲間はずれを避けようとする。そこにも自分というものを表現しないという「表現抑圧」の力学が働く。

これらはいささか極端な例であると思われるかもしれない。しかし今日の学習の論理自体が、それと類似した構造を組み込んでいることを見ておかなければならない。それは競争による学習への追い込みである。「この世の中で勉強ができなければ人生を歩むことはできない」という脅迫の中、テストに合格しなければ自分の存在価値を認めてもらえないという現状がある。そして本来の学習意欲は明らかに下がり、「学力低下」が心配されてはいるが、日本の学力は全体としては、世界のトップレベルにある。それを支えているのは競争によってかき立てられる「競争的学習意欲」に他ならない。しかしこの「競争的学習意欲」は非常に大きな矛盾を含んでいる。競争が組織されている空間の中でしかこの意欲は発揮されない。競争から解除されると——したがってたとえば大学入学後は——、この意欲は消えてしまう。競争を組織する側の課題にあわせて学習をすることの繰り返しの中で、自分自身の学習目的が脱落してしまう。競争ということ自体が学習の目的に転化する。そのようにして次第に自己を内から突き動かすはずの内的目標がやがて他者によって管理されるという人間人格の構造が形成される。その結果、抽象的な競争それ自体を自己の内的エネルギーの源泉に組み込んでいく。「競争の教育」は、人間人格に対して、主体的目的を奪うように作用するのである。

中島梓の『コミュニケーション不全症候群』（ちくま文庫、一九九一年）に書かれているように、現代社会は人間を商品化し、その社会的評価基準にどれだけ自分を適合させられるかという脅迫的とも言えるまなざしの中に投げ込む。「ダイエット症候群」を例とすると、細い自分でなければ自己実現できない、価値がないというように考えさせられ、その基準に沿うように自分を破壊し続けていく。受験にしても同じことが言えよう。自分が学びたいのではなく、どれだけ学力をつけるかということで人間が評価される。

外部の評価に脅迫的に自分を適合させるという点では、ダイエット症候群にしても、学力競争にしても、暴力に対する服従も、共通の性格を持っている。青年が「キレル」という現象は、誰からもありのままの自分を受け入れられず、絶えず他者の評価基準に適応するための努力を続けてきた中で、それが何らかの理由で行き詰まり、外部からの強制に対する爆発的な抵抗として噴出したものと見ることができるのではないか。

また、「自己責任」社会は、自分の弱さを表現することを萎縮させるように作用する。自分の中の弱点は自分の弱さとして笑い飛ばすことや、他人に隠すという形でしか対処ができなくなる。しかし、今日の青年や子どもたちのかかえる困難や問題性は、個人の責任ではなく、社会のシステムに由来するものである。そのシステムの問題性へと認識を展開していくためには、個人の「弱さ」、「自己責任」感を越えて、困難を表現し、共感し合い、人と人とが人間らしく生きる中で関わりあえる関係を作り出すことが重要である。この弱者としての自分と他者への共感を土台として、コミュニケーションを立ち上げ、そこから人と人とがつながっていき、社会の中で実現されるべき価値を皆で下から押し上げてゆくことで、社会のあり方を考えていくことが可能となる。現代社会のシステムを対象化し、批判し、克服する公共性が立ち上がっていくのである。

あるがままの自分――その弱さを含んで――を土台としながら、その上に自分の望む新しい自分を作り出していくこと、そういう自分を他者の共感を得つつ作り出すこと、そしてそこで作られた自分は、自分の思いに沿って作ったものであるからこそ、かけがえがなく、愛しい自分の回復として受け入れることができる。そういう愛しい自分を積み重ねていくことで、自分自身が自分にとってかけがえのないものとなっていく。そういった形の自己創造、自己展開を繰り返すことで、やがて自分が自分で生きているという実感が獲得されてゆくに違いない。またそういう自分たちを共有しあうこと、互いに守りあい、強いものにしていくことから、自分たちの世界として公共的な世界が立ち上がって行くに違いない。そういった自己実現のレールへ自分（たち）を乗せていくために、自分（たち）の表現とコミュニケーションを作り出すことが求められている。

そのためには、主体性が剥奪されたコミュニケーションは障壁となる。自分の思いを組み込まない会話では議論は成り立たない。自分の弱さを組み込んで自分の思い・考え・無念・矛盾の感覚等々を他者に伝えるコミュニケーションが求められている。そしてそういうコミュニケーションの中から、公共的世界を立ち上げ、社会的要求を成立させていくことが求められている。公共圏とは、コミュニケーションを介して各自の正義や要求が、共通の正義や要求へと転化し、人々が社会統治・社会運営の主体へと組織されていく空間である。今求められているのは、新自由主義社会の下で生み出されている社会的弱者が、その弱者としての声を交流しあい、社会的な声とし、この社会のあり方を問う公共的な主体として登場することである（佐貫浩「現代社会における青年の自立とコミュニケーション」雑誌『高校のひろば』二〇〇五年冬号、参照）。

五　「平和的な国家及び社会の形成者」へ

じつは、このような人と人とのつながりを公共性へと高め、社会の統治主体を確立していくという方法は、戦後の社会的危機において、教育基本法が構想したものであったことを改めて思い起こす必要がある。

教基法は、ナショナリズムは否定したが、公共性や国民的統合を否定したわけでは全くない。教基法の「改正」を主張する者は、教基法には、「公＝おおやけ」の思想がないという。だから「私民」主義（＝私的わがまま）がはびこり、道徳が衰退し、国民的なまとまりが失われ、社会が荒廃し、国力も衰えるという。しかしこれは、教基法の成立当時の事情を全く無視した議論である。当時、社会崩壊に近い中で、国民が心から求めたものは、平和と生活の安定であり、そういう保障を何よりも、新しい国家と政治の創出に期待したのである。そして教基法は、まさにその期待を受けて、「平和的な国家および社会の形成者」の育成を教育の責務としたのである。

もちろん戦前的な「公」は否定した。それは、「公」とはすなわち国家であり、天皇であり、それへの一体化に日本人としての生きがい、存在価値があるという「公」概念であった。個人を従属させ、個をそのために奉仕させる絶対的な価値を持った「公」であった。社会の意味はこの「公」によって与えられており、したがってこの「公」のための死（戦争参加による死）は、個（「私」）を実現する道であるとされた。しかしそのような公はフィクションに過ぎないことが明らかになった。では私たちが立ち上げるべき公共性とはいかなるものか。

社会が社会として成り立っていくためには、公共的な正義が、その社会成員から立ち上げられていくことが不可欠である。市民社会は、決して民主主義を毛嫌いする論者がいうように、「私民」社会なのではない。そもそも民主主義は、他者との関連をどう取り結ぶかという方法であり、コミュニケーションを通して公共的正義についての合意と了解を生みだしていく方法である。教基法は、このようなプロセスを通して、個々人が自立した政治主体へと形成され、民主主義を通して平和的な政治を作ることを理想として掲げた。憲法の理念である「民主的で文化的な国家を建設し、世界の平和と福祉に貢献しようとする決意」（前文）を明記し、教育の目的（第一条）に「平和的な国家及び社会の形成者」の育成を掲げたのである。さらにそのために、統治主体形成のための「政治的教養」を不可欠のものとして、その実現を第八条に書き込んだ。

しかしにもかかわらず、その理念は、今日の時点にたって顧みるならば、未だ成功していないというべきであろう。その理由として、政府が、教基法第八条二項の「特定の政党を支持し又はこれに反対するための教育」という規定を拡大解釈し、社会・政治問題を学習すること自体が偏向教育であるかの如くに問題視し、その結果、日本の学校教育では、子どもを統治主体に育てる教育が衰弱し、統治主体形成という公教育の最も重要な役割がほとんど機能不全状態にまで縮小してしまっていることを挙げることができよう。しかしはたしてそれだけであろうか。困難は、日本の学校教育の一九六〇年代からの競争主義的な展開がもたらしたより深刻な教育の性格にも由来している。

第一に、受験学力競争への効率性が競われ、問題の「正解」を記憶し、あるいは知識と方程式を組み合わせて「正解」への筋道を早く発見する学習に焦点が置かれた。そのような学習は、社会問題、政治問題のように、単一の普遍的な「正解」が存在せず、多様な見解が公共の広場で討論され、民主主義を介して国民的な合意、社会的な正義を見出していく価値や真理探究の方法を、学校の学習の中からやせ衰えさせていった。教室の学習空間は、学力優位者が常に勝利する競争空間となり、多様性や異質性が存在せず、ただ競争によって人間が上下に区分される競争空間へと変質していった。それは、教室を、現在進行しつつある新自由主義の論理をいち早く取り込んだ競争空間へと作り替えていったのではないか。

第二は、公共性空間とは、異質性、異なった意見が存在し、その中から、表現の自由を介して、共生と協同の論理が立ち上げられる空間である。そのためには、その中で、個の尊厳と人権が尊重され、コミュニケーション能力が鍛えられ、民主主義が徹底して訓練され、表現の自由が守られる平和的な関係が保障されなければならない。しかし、現在の日本の学校・教室空間は、それと対極の位置にある。幼児的な自分本位性が肥大化し、競争的管理によって自己喪失感とストレスが多くの子ども・青年に広がり、他者への攻撃性が強まり、他者への共感能力の発達が押しとどめられる。生きる空間のほとんどが競争の磁場に満たされ、異質な他者との間にともに生きる安心感と人間的心地よさを感じとることがむずかしくなっている。いじめに見られるような異質性の排除と暴力の衝動が拡大し、本音を表現する自由と安心感が奪われている。表現への意欲は萎え、同調と自己を閉ざすことが人格の構造に刻み込まれる。それは、政治の方法としての民主主義を獲得することを困難にし、公共的空間において統治主体として自己を表現する能力を奪う。このような空間の性格は、むしろ大衆的な同調を土台としたポピュリズム的な政治と暴力的な社会管理を呼び寄せる。

では新自由主義論者がいうように、市場こそが公共性を立ち上げるのであろうか。公共的な価値の意識的な追求なしに、ただ市場において、アトム的な欲望を持った市場人として人々が生きていけば、「神の見えざる手」によって、その行為が社会を形成する主体的活動として機能しうるのか。否である。

市場の論理は、市場という場での私的利益の追求が予定調和的に公共性を生み出すとする。それは人格において、他者と生きるという意識的な契機を必要としない。市場はむしろ「私益」＝利己主義を促進する。だからこそ、市場の論理の肥大化は、社会的統合を解体するものとして、国家的視点に立った国民の行動を生み出す上では欠陥があると新自由主義の政府自身によって自覚されてもいるのである。だから強者のための膨大な新自由主義国家の予算支出――大企業や多国籍資本への手厚い支援と、その世界的展開を守る強力な軍事支出――を正当化するには、「私益」とは別の「公益」を上から注入せざるをえなくなるのである。そういう点で、今日本が選択しつつある新自由主義社会は、国家や民族の伝統に依拠した上からのナショナリズムによって国民を統合する衝動をますます強めつつある。新自由主義は不可避的にナショナリズムを呼び寄せるのである。

今、問われているのは、このような新自由主義的な市場と競争の論理とナショナリズムによる国民統合によって出現しつつある恐ろしい格差社会、人権と安心を剥奪する社会に対して、人間としての、社会的な弱者としての共感を土台に、人間が人間らしく生きられる社会への要求を社会的正義として、公共的な願いとして、対抗的な社会構想として、社会の中に押し出していくことであろう。そして教育は、このような社会的課題を担うことのできる「平和的な国家及び社会の形成者」の育成を焦点的な課題として取り組むことであろう。

そのためには、競争と格差の中で、孤立、暴力の浸透、人間的共感力の衰退、等々の人格の奥深くにまで浸透しつつある人間の危機を、現代社会の危機と一体のものとして把握し、その克服を教育の中心的課題とする姿勢を貫けるかどうかが問われている。さらに、教室空間を、統治主体の形成を可能とする公共的な性格を持つ学習空間、生活空間へと組み替えていくことである。先にも指摘したように、教室空間こそがじつは最も新自由主義の論理に親和的な論理で組み立てられているのではないか。学校は、競争社会の論理へと生徒を同化させていく訓練の場として機能しているのではないか。その足下を、「平和的な国家及び社会の形成者」を育てうる論理で組み替えることが、教育に求められている。

六　求められる学力・個性

参加、すなわち人と人との関係の中にはいることによって、人は自分の存在の固有性を実現し実感することができる。すなわち個性を実現することができるのである。そう考えるならば、参加が拒否されるということは、人間が人とつながり、自分の存在が支持・期待される中で自分の生きている意味を実感し、生き甲斐を感じるという関係を剥奪されることを意味する。

今日の社会では、個性とは、特別な才能を有し、周りからも称賛されるごく一部のエリートに与えられたものというイメージが広がっている。しかし本来、人間の個性というものは、人がみんなの中で生き、みんなに期待される自己の役割を果たし、みんなの存在を支えるという相互の支え合いの中で、自分の存在の固有の意味が実現されるときに、実感されるものなのである。みんなの中で、自分の固有の役割を担うことにおいて、自己の存在の価値が証明され、他者からもその存在が支持される状態こそが個性が実現されている状態であるというべきものなのである（佐貫浩「個性論ノート二」

『生涯学習とキャリアデザイン』第三号、法政大学キャリアデザイン学会紀要、二〇〇六年三月、参照）。そういう関係の中で、自分のかけがえのなさ、個人の存在の意味が自覚されたときに、自分の存在を個性的存在として受け入れることができるのである。

しかし、今日の新自由主義社会では、人が人間らしく他者とつながりながら生きていく条件を剥奪して、個人を孤立させつつ、労働力商品として他者に圧倒的に勝利し企業に利益をもたらす特別な能力としての「個性」を脅迫的に求める状況がある。そういう「個性」を持たない人間は一人前としての社会的処遇を受けられなくてもそれは「自己責任」だとして、「ふつう」の人間が生きる希望を剥奪してしまうシステムが広がりつつあるのである。個人は、そういう「個性」競争をあおられて、多くは自信喪失状況に追いやられていく。新自由主義の社会は個性を伸ばす社会ではなく、個性の名において、人の生きる希望を格差化し、差別する社会になっているのである。

重要なことは、つながりであり、そのつながりの中で、自分の役割と位置を発見し、その役割を担うことにおいて、他者と支え合う自分を作り出し、他者と自分とによって承認され期待される関係、その関係の上に展開する日々の生活を作り出すことである。

そのことは学力のあり方とも深く関連している。競争の教育の中では、「他者に勝る学力」の獲得が学習の目的となっている。しかし、本当に重要なのは、学力を身につけることで自分と他者を理解する力を高め、人と人とがつながりあい、新しい価値やあり方を見出し、新しいつながりの中でその価値を共有化し、その価値の組み込まれた新しい生き方＝ライフスタイルや社会を作り出していくことに他ならない。そしてそのために必要なことは、学習する場が、人間らしくつながることを目的とした協同の空間として組織されることである。

競争の中では、学力は競争力を高めるものとして期待され学ばれる。競争の中では学力はその競争の手段として、競争に勝つ方法や内実として獲得されるのである。逆に、人と人とがつながる土俵の中では、そのつながりを生かすための力として知識が組み替えられ、獲得されるのである。だから、学校の中で子どもたち一人ひとりがつながり、協同するために生きるという関係が作られない限り、そこで獲得される学力の質が協同のため、つながりのため、また新しい価値をみんなの合意によって社会システムの中に組み込む学力として獲得されることはできないのである。つまり、そういった知識や学力の組替えを可能にするのは、たんに子ども個々人の頭の働きではなく、子どもたちが生きている生活と学習の場の価値意識、その中での子どもたち同士のつながりの様相なのである。学校の中で、子どもたちが何を目的に、何を課題にして、どう生きようとしているのかという方向を意識的に組織すること――その方向を協同に向けて組織すること――なしには、学力の質を変えることはできないのである。

ユネスコ学習権宣言（一九八五年）を参照してみると、学習とは競争のためではなく、より良く人間らしく生きていくためにこそ不可欠であると書かれている。「学習活動はあらゆる教育活動の中心に位置付けられ、人々を、なりゆきまかせの客体から、自らの歴史をつくる主体にかえていくものである」とある。つまり、学習は、民衆の生きる意欲と結合されたときに、本当の学習として、権利としての学習として展開することが明確にうたわれている。自分の思い・願い・矛盾・提案・要求などを基盤に据えて、弱者という位置に置かれているその基盤から表現とコミュニケーションを立ち上げ、学習主体となり、統治の主体へとさかのぼっていく成長の筋道を、切り開いていかなければならない。その道こそが、憲法と教基法が理想とする、この社会を作る基本の筋道であり、人間が人間らしく生きていくことのできる社会を作り出す主人公、「平和的な国家および社会の形成者」を育てていく方法である。

おわりに——教育学の課題

最後に、今述べてきたような現代的課題に向かうための、教育学の役割について触れておこう。教育学は一般に人間の発達について解明し、それを実践に適用していく学問ということができよう。しかし人間の発達の様相は、時代によって異なってくる。したがって、現代の人間の発達が、どういう様相を呈しているかを解明することが課題になってくる。

一つの特徴は、従来当然と考えられた人間的なるものの獲得が、非常に困難になっていることである。従来、子どもは善なる存在と把握される面があったが、最近、犯罪の低年齢化や、凶悪犯の低年齢化の中で、子どもの中に悪魔的なものを感じるような状況も生まれている。しかしこれは、子どもの性格や人間性が変化したというよりは、幼い子どもが人間化されていくそのプロセスに、今までとは異なった複雑かつ人格をゆがめるような働きかけが行われた結果であると見る必要があるだろう。じつは今までも、子どもが子どもらしさを獲得していくためには、非常に複雑な働きかけが行われており、今までの社会は、共同体的な関係の中で保持されてきていた親密圏の力で、それをいわば無意識に、しかし非常に成功的に行ってきていたのである。しかし社会の大きな変化、情報の拡大と大量化、大人と子どもの境界の崩壊、さらには暴力や性との早期からの遭遇、競争と商品化の浸透、等々の変化が、幼い子どもの多様な可塑性・発達可能性（それは同時に人格の崩壊可能性という面をも併せ持っていると見るべきだろう）に、いわば無秩序に洪水のように働きかけるなかで、かつてない発達の様相が生まれているのではないか。

したがって、今日の教育学は、また教育的な働きかけは、か弱い幼児が、人間的なるものを獲得していく一つひとつのプロセスを深く解明し、そういう働きかけを再構成し、そういう働きを組み込んだ新しい制度やシステムを再建し、子どもが人間らしく成長できる意識的な働きかけの体系を再構築しなければならなくなっている。そのためには、今までにおいては当然とされていた成長の諸局面を、人間化と非人間化との双方の可能性に開かれた人間の発達可能性の中における激しい格闘の過程として把握するリアリティーを求められるであろう。私たちは今、そういう人間性のより高度でより自由な再組織化とでもいうべき課題に直面しているのである。競争と国家主義的管理で子どもを囲い込むことでこの危機を乗り越えようとする今日の教育改革の新自由主義的な方向は、幻想でしかない。

もう一つは、そういう働きかけの際に、たんに、子育ての技術の学にとどまらず、どのようにして、人間らしさを獲得しうるのかという根本問題を深く探求することが求められている。たとえば「人はなぜ人を殺してはいけないか」という問いは、今日真剣に問われるべきテーマとなっている。今日の子どもたちにとって「生きる」、「命」などというものは煩わしいものであり、あるいは自分の中から「人を殺してみたい」といった気持ちが沸き起こってくることを押さえきれないというような状況も生まれているのである。道徳的に訓練されていないが故にではなく、今日の社会に生きるということ自体が、そういう要求をまさに「人間的な要求」――人間が生きようとすることの中から必然的に生じてくる要求、人間存在に根拠を持つ要求――として生み出してきてしまうのである。つまり、「悪」というものが、何か道徳的に不十分な結果として生じるというよりも、じつは人間存在そのものがある環境の中におかれたときに生み出されてくるもの、エーリッヒ・フロムの指摘するように、人を殺すことや、ものを破壊する欲求すらもが、ある種の「人間的情熱」の表れとして生じてしまう事態が、広がっていると考えられるのである（エーリッヒ・フロム『破壊　人間性の解剖（上下）』作田啓一、佐野哲郎訳、紀伊國屋書店、一九七五年、参照）。

コミュニケーションが奪われ、人間が孤立し、暴力におそわれ、自分の存在基盤を剥奪されるとき、生きようとする人間的情熱が異様な様相を呈しつつ、なおかつ生きようとして格闘するそのぎりぎりの様態にまで及んで、人間学としての教育学が迫っていくことが求められる時代になっているように思う。人間の道徳性の危機に直面して、安易にナショナリズムに同化することで個人の自由を奪い、社会への画一的忠誠を組織することで全体主義的な秩序を回復するというあの破局を招いた方法へと後戻りしてはならない。

もう一つ、何よりも重要なことは、人間を全体的な人格として把握することであろう。企業社会の下での「競争の教育」は人間を狭い意味での労働能力所有者としてのみ把握してきた。そしてその延長で「個性」競争をけしかけている。しかし人は他者とつながり、ともに生きる中でこそ自己実現が可能な存在である。そのためには自らを表現し、コミュニケートし、協同する能力が不可欠である。

さらに今まで検討してきたように、自由な表現が可能になる平和の空間、暴力の脅威からの解放が不可欠である。そもそも人格とは、他者との関係性の中で維持され発展していくものであるとするならば、表現とコミュニケーションの発達なくして、人格の発達自体があり得ない。たんに労働能力としてではなく、コミュニケートし協同する力が、社会的な力の土台となり、その土台の上に統治主体としての力が展開する。労働と統治というこの二つの領域で主体として生きていくために、まさに全体的な人間的能力の発達が保障されなければならない。「企業社会」の「競争の教育」が一面化してきた教育の性格、また教育目標としての人格の性格を、今こそ組み替え、二一世紀の主体形成にふさわしい公教育のあり方を作り出していかなければならない。教育学はそれらの課題にこたえることを求められている。

あとがき

教育基本法「改正」批判は、この本で二冊目になる。二〇〇三年三月二〇日に中教審答申が出され、教育基本法の「改正」が答申された時、『新自由主義と教育改革――なぜ教育基本法「改正」なのか』を旬報社から出版した（二〇〇三年一二月）。この「改正」を許してはならないという強い思いから短期間に集中して執筆を進めた。しかし今回は、その「改正」案の国会提出がついに現実のものとなった。

すでに二〇〇四年六月には、自民党と公明党の与党協議会によって、教基法改正の「中間報告案」が提出されていた。それをめぐって、いくつかの論点を私も展開してきた。しかしこの間は同時に、かつて見られなかったほどの強権的でドラスティックな姿で、政府主導、自治体の首長と教育行政主導の学校改革が進行した二年間でもあった。それは、教基法が「改正」されたときは何が起こるかを予想させるような事態でもあった。特に東京都の国旗・国歌強制は目に余るものがあった。しかしより重大なことは、そういう事態が、都民の大きな抵抗に遭うことなく、そのまま遂行され続けていることである。それはなぜなのだろうかと考えざるをえなかった。その問題は、戦後日本社会の軌跡をふり返ることを必要とするものであると考えるようになった。また人間が協同しつながりあうという、社会の土台のあり方にも立ち戻って考える必要があると考えるようになった。

この本は、そういう思いを、数年間考え続けてきたことのまとめである。したがって、直接教基法「改正」の批判に当てられているのは、第Ⅰ部の三本の論文だけである。しかしお読みいただければ、全体が、現行の教基法を今の時点で如何に読み解くかの試論でもあり、そういう検討をふまえての教基法「改正」批判であることをご理解いただけるであろう。

各章の論文について、以下に初出のタイトルと出典を記しておく。

第二章　「教育基本法『改正』は日本の教育と社会をどこに導くのか」雑誌『前衛』二〇〇五年一月号、日本共産党。

第三章　「国家と教育――教育基本法を考える」『しんぶん赤旗』連載二〇〇四年七月二三日〜八月一二日、日本共産党。

第四章　全教（全日本教職員組合）主催の「学校づくり・学校評価・教職員評価討論交流集会」（二〇〇六年三月四日）集会での報告。

第五章　「日本型NPMの浸透と学校教育の危機」雑誌『高校のひろば』二〇〇四年夏号（五二号）、旬報社。

第七章　「今問われている学力問題とはなにか」雑誌『教育』二〇〇五年九月号、国土社。

第八章　「学習を考える」お茶の水女子大学付属小学校研究推進部『児童教育』二〇〇四年二月。

第九章　「今憲法の教育を考える――シチズンシップとしての憲法教育」雑誌『高校生活指導』一六六号、青木書店、二〇〇五年一二月。

第一〇章　民教連(日本民間教育研究団体連絡会)「九条の会」(二〇〇五年一〇月一六日)での報告。

第一一章　「戦後六〇年・日本資本主義と教育」雑誌『経済』二〇〇五年三月号、新日本出版社。
第一二章　「一九九〇年代の変化と今日の教育改革の課題」雑誌『経済』二〇〇一年五月号、新日本出版社。

なお、かなり書き直したものもあることをお断りしておきたい。

最後になったが、花伝社の平田勝氏と直接この仕事を担当していただいた柴田章氏には、深く感謝したい。お二人とも大学時代からの先輩、同輩である。花伝社からの出版は二冊目である。最初は、『学校改革を考える』（一九九〇年）で、臨教審をめぐる議論をまとめたものであった。今回は、国会論争に間に合うようにと本当に超特急でいろいろ無理を御願いした。深く感謝したい。あわせて、教育基本法の改正をなんとしても阻止したいものである。

二〇〇六年五月一七日

佐貫　浩

第 10 条（教育行政） 2　*教育行政は、この自覚のもとに、教育の目的を遂行するに必要な諸条件の整備確立を目標として行われなければならない。*	第 17 条（教育振興基本計画） 政府は、教育の振興に関する施策の総合的かつ計画的な推進を図るため、教育の振興に関する施策についての基本的な方針及び講ずべき施策その他必要な事項について、基本的な計画を定め、これを国会に報告するとともに、公表しなければならない。 2　地方公共団体は、前項の計画を参酌し、その地域の実情に応じ、当該地方公共団体における教育の振興のための施策に関する基本的な計画を定めるよう努めなければならない。
第 11 条 *（補則）* この法律に*掲げる*諸条項を実施するため*に必要がある場合には、適当な*法令が制定されなければならない。	第四章　法令の制定 第 18 条 この法律に規定する諸条項を実施するため、必要な法令が制定されなければならない。

第8条（政治教育） 良識ある公民たるに必要な政治的教養は、教育上これを尊重しなければならない。 ２　法律に定める学校は、特定の政党を支持し、又はこれに反対するための政治教育その他政治的活動をしてはならない。	第14条（政治教育） 良識ある公民として必要な政治的教養は、教育上尊重されなければならない。 ２　法律に定める学校は、特定の政党を支持し、又はこれに反対するための政治教育その他政治的活動をしてはならない。
第9条（宗教教育） 宗教に関する寛容の態度及び宗教の社会生活における地位は、教育上これを尊重しなければならない。 ２　国及び地方公共団体が設置する学校は、特定の宗教のための宗教教育その他宗教的活動をしてはならない。	第15条（宗教教育） 宗教に関する寛容の態度、宗教に関する一般的な教養及び宗教の社会生活における地位は、教育上尊重されなければならない。 ２　国及び地方公共団体が設置する学校は、特定の宗教のための宗教教育その他宗教的活動をしてはならない。
第10条（教育行政） 教育は、不当な支配に服することなく、*国民全体に対し直接に責任を負って行われるべきものである。*	第三章　教育行政 第16条（教育行政） 教育は、不当な支配に服することなく、この法律及び他の法律の定めるところにより行われるべきものであり、教育行政は、国と地方公共団体との適切な役割分担及び相互の協力の下、公正かつ適正に行われなければならない。 ２　国は、全国的な教育の機会均等と教育水準の維持向上を図るため、教育に関する施策を総合的に策定し、実施しなければならない。 ３　地方公共団体は、その地域における教育の振興を図るため、その実情に応じた教育に関する施策を策定し、実施しなければならない。 ４　国及び地方公共団体は、教育が円滑かつ継続的に実施されるよう、必要な財政上の措置を講じなければならない。

	第10条（家庭教育） 父母その他の保護者は、子の教育について第一義的責任を有するものであって、生活のために必要な習慣を身に付けさせるとともに、自立心を育成し、心身の調和のとれた発達を図るよう努めるものとする。 ２　国及び地方公共団体は、家庭教育の自主性を尊重しつつ、保護者に対する学習の機会及び情報の提供その他の家庭教育を支援するために必要な施策を講ずるよう努めなければならない。
	第11条（幼児期の教育） 幼児期の教育は、生涯にわたる人格形成の基礎を培う重要なものであることにかんがみ、国及び地方公共団体は、幼児の健やかな成長に資する良好な環境の整備その他適当な方法によって、その振興に努めなければならない。
第７条（社会教育） *家庭教育及び勤労の場所その他*社会において行われる教育は、国及び地方公共団体によつて奨励されなければならない。 ２　国及び地方公共団体は、図書館、博物館、公民館等の施設の設置、学校の施設の利用その他適当な方法によつて*教育の目的の実現に*努めなければならない。	第12条（社会教育） 個人の要望や社会の要請にこたえ、社会において行われる教育は、国及び地方公共団体によって奨励されなければならない。 ２　国及び地方公共団体は、図書館、博物館、公民館その他の社会教育施設の設置、学校の施設の利用、学習の機会及び情報の提供その他の適当な方法によって社会教育の振興に努めなければならない。
	第13条（学校、家庭及び地域住民等の相互の連携協力） 学校、家庭及び地域住民その他の関係者は、教育におけるそれぞれの役割と責任を自覚するとともに、相互の連携及び協力に努めるものとする。

第６条（学校教育） 法律に定める学校は、公の性質をもつものであつて、国又は地方公共団体の外、法律に定める法人のみが、これを設置することができる。 ２　法律に定める学校の教員は、全体の奉仕者であつて、自己の使命を自覚し、その職責の遂行に努めなければならない。このためには、教員の身分は、尊重され、その待遇の適正が、期せられなければならない。	第６条（学校教育） 法律に定める学校は、公の性質を有するものであって、国、地方公共団体及び法律に定める法人のみが、これを設置することができる。 ２　前項の学校においては、教育の目標が達成されるよう、教育を受ける者の心身の発達に応じて、体系的な教育が組織的に行われなければならない。この場合において、教育を受ける者が、学校生活を営む上で必要な規律を重んずるとともに、自ら進んで学習に取り組む意欲を高めることを重視して行われなければならない。
	第７条（大学） 大学は、学術の中心として、高い教養と専門的能力を培うとともに、深く真理を探究して新たな知見を創造し、これらの成果を広く社会に提供することにより、社会の発展に寄与するものとする。 ２　大学については、自主性、自律性その他の大学における教育及び研究の特性が尊重されなければならない。
	第８条（私立学校） 私立学校の有する公の性質及び学校教育において果たす重要な役割にかんがみ、国及び地方公共団体は、その自主性を尊重しつつ、助成その他の適当な方法によって私立学校教育の振興に努めなければならない。
※関連：第６条２項	第９条（教員） 法律に定める学校の教員は、自己の崇高な使命を深く自覚し、絶えず研究と修養に励み、その職責の遂行に努めなければならない。 ２　前項の教員については、その使命と職責の重要性にかんがみ、その身分は尊重され、待遇の適正が期せられるとともに、養成と研修の充実が図られなければならない。

第３条（教育の機会均等） すべて国民は、ひとしく、その能力に応ずる教育を受ける機会を与えられなければならないものであつて、人種、信条、性別、社会的身分、経済的地位又は門地によつて、教育上差別されない。 ２　国及び地方公共団体は、能力があるにもかかわらず、経済的理由によつて修学困難な者に対して、奨学の方法を講じなければならない。	第４条（教育の機会均等） すべて国民は、ひとしく、その能力に応じた教育を受ける機会を与えられなければならず、人種、信条、性別、社会的身分、経済的地位又は門地によって、教育上差別されない。 ２　国及び地方公共団体は、障害のある者が、その障害の状態に応じ、十分な教育を受けられるよう、教育上必要な支援を講じなければならない。 ３　国及び地方公共団体は、能力があるにもかかわらず、経済的理由によって修学が困難な者に対して、奨学の措置を講じなければならない。
第４条（義務教育） 国民は、その保護する子女に、９年の普通教育を受けさせる義務を負う。 ２　国又は地方公共団体の設置する学校における義務教育については、授業料は、これを徴収しない。	第二章　教育の実施に関する基本 第５条（義務教育） 国民は、その保護する子に、別に法律で定めるところにより、普通教育を受けさせる義務を負う。 ２　義務教育として行われる普通教育は、各個人の有する能力を伸ばしつつ社会において自立的に生きる基礎を培い、また、国家及び社会の形成者として必要とされる基本的な資質を養うことを目的として行われるものとする。 ３　国及び地方公共団体は、義務教育の機会を保障し、その水準を確保するため、適切な役割分担及び相互の協力の下、その実施に責任を負う。 ４　国又は地方公共団体の設置する学校における義務教育については、授業料を徴収しない。
第５条（男女共学） *男女は、互いに敬重し、協力し合わなければならないものであつて、教育上男女の共学は、認められなければならない。*	※削除。２条三号に関連あり。

	第２条（教育の目標） 教育は、その目的を実現するため、学問の自由を尊重しつつ、次に掲げる目標を達成するよう行われるものとする。 一　幅広い知識と教養を身に付け、真理を求める態度を養い、豊かな情操と道徳心を培うとともに、健やかな身体を養うこと。 二　個人の価値を尊重して、その能力を伸ばし、創造性を培い、自主及び自律の精神を養うとともに、職業及び生活との関連を重視し、勤労を重んずる態度を養うこと。 三　正義と責任、男女の平等、自他の敬愛と協力を重んずるとともに、公共の精神に基づき、主体的に社会の形成に参画し、その発展に寄与する態度を養うこと。 四　生命を尊び、自然を大切にし、環境の保全に寄与する態度を養うこと。 五　伝統と文化を尊重し、それらをはぐくんできた我が国と郷土を愛するとともに、他国を尊重し、国際社会の平和と発展に寄与する態度を養うこと。
※関連：第７条	第３条（生涯学習の理念） 国民一人一人が、自己の人格を磨き、豊かな人生を送ることができるよう、その生涯にわたって、あらゆる機会に、あらゆる場所において学習することができ、その成果を適切に生かすことのできる社会の実現が図られなければならない。

資　料　　現行教育基本法と「改正」案の比較

現行教育基本法の下線付斜体は削除、「改正」案の下線付は追加の文言（ただし大筋で）。

現行教育基本法	「改正」案
前文 *<u>われらは、さきに、日本国憲法を確定し、</u>*民主的で文化的な国家を建設して、世界の平和と人類の福祉に*<u>貢献しようとする決意を示した。この理想の実現は、根本において教育の力にまつべきものである。</u>* *<u>われらは、</u>*個人の尊厳を重んじ、真理と*<u>平和を</u>*希求する人間の育成を期するとともに、*<u>普遍的にしてしかも個性ゆたかな</u>*文化の創造をめざす教育を*<u>普及徹底しなければならない。</u>* ここに、日本国憲法の精神に則り、*<u>教育の目的を明示して、新しい日本の教育の基本を確立する</u>*ため、この法律を制定する。	前文 <u>我々日本国民は、たゆまぬ努力によって築いてきた</u>民主的で文化的な国家を<u>更に発展させるとともに、</u>世界の平和と人類の福祉<u>の向上に貢献することを願うものである。</u> <u>我々は、この理想を実現するため、</u>個人の尊厳を重んじ、真理と<u>正義を</u>希求し、<u>公共の精神を尊び、豊かな人間性と創造性を備えた</u>人間の育成を期するとともに、<u>伝統を継承し、新しい文化の創造</u>を目指す教育を<u>推進する</u>。 ここに、我々は、日本国憲法の精神にのっとり、<u>我が国の未来を切り拓く教育の基本を確立し、その振興を図るため、</u>この法律を制定する。
第１条（教育の目的） 教育は、人格の完成をめざし、平和*<u>的な</u>*国家及び社会の形成者として、*<u>真理と正義を愛し、個人の価値をたつとび、勤労と責任を重んじ、自主的精神に充ちた</u>*心身ともに健康な国民の育成を期して行われなければならない。	<u>第一章　教育の目的及び理念</u> 第１条（教育の目的） 教育は、人格の完成を目指し、平和<u>で民主的な</u>国家及び社会の形成者として<u>必要な資質を備えた</u>心身ともに健康な国民の育成を期して行われなければならない。
第２条（*<u>教育の方針</u>*） 教育の目的は、*<u>あらゆる機会に、あらゆる場所において実現されなければならない。</u>*この目的を達成するためには、学問の自由を尊重し、*<u>実際生活に即し、自発的精神を養い、</u>*自他の敬愛と協力によつて、*<u>文化の創造と発展に貢献するように努めなければならない。</u>*	

佐貫　浩（さぬき ひろし）

1946年、兵庫県篠山市生まれ。

東京大学大学院を経て
現在、法政大学キャリアデザイン学部教授。

民主教育研究所運営委員、教育科学研究会副委員長。

教育基本法「改正」情報センター代表（同センター　URL：http://www.stop-ner.jp/）。

主要著書
『学校改革を考える』花伝社、1992年。
『平和を創る教育』新日本出版社、1994年。
『「自由主義史観」批判と平和教育の方法』新日本出版社、1999年。
『知的探究の自由』教育史料出版会、2000年。
『イギリスの教育改革と日本』高文研、2002年。
『新自由主義と教育改革』旬報社、2003年。
『学校と人間形成』法政大学出版、2005年。

教育基本法「改正」に抗して——教育の自由と公共性

2006年6月20日　初版第1刷発行

著者 ——佐貫　浩
発行者 ——平田　勝
発行 ——花伝社
発売 ——共栄書房
〒101-0065　東京都千代田区西神田2-7-6 川合ビル
電話　03-3263-3813
FAX　03-3239-8272
E-mail　kadensha@muf.biglobe.ne.jp
URL　http：//www1.biz.biglobe.ne.jp/~kadensha
振替 ——00140-6-59661
装幀 ——澤井洋紀
印刷・製本 —株式会社シナノ

ISBN4-7634-0466-0 C0037